산재보험의 진화와 미래 상권

산재보험의 진화와 미래 상권

| 김상호·배준호·윤조덕·박종희·원종욱·이정우

21세기북스

우리의 삶은 사망(death)과 부상(injury)이라는 사고(accident)를 당하거나 질병(disease)에 걸리는 등 늘 재해(disaster)의 위험에 직면해 있다. 문명사회 이전에도 그랬고 각종 이기(利器)와 정보가 발달한 오늘날도 마찬가지다. 과학과 정보의 발달로 과거보다 자연재해에 따른 위험은 줄었지만, 인구증가와 공업화 등 산업활동이 활발해지면서 인재 같은 비자연재해가 늘었다. 다행히 소득이 높아지고 삶의 질에 대한 인식이 개선되면서 안전의식이 제고되고 그 결과 비자연재해가 감소하고 있다.

이 책에서 사용하는 '재해'는 고의나 자해가 아닌 부주의나 잘못, 기계설비 결함이나 잘못된 작업환경 등으로 유발되는 부상, 질병, 장해 또는 사망을 지칭한다. 여기서 장해는 부상과 질병으로 인한 노동능력의 상실 또는 감소 상태를 말한다. 재해는 일상적 업무 외 취미나 여가 선용 활동에서도 발생한다.

본서의 주제는 산업재해인데 국내에서는 이를 업무상재해로 한정한다. 우리는 산업재해를 근로자가 "업무에 관계되는 건설물·설비·원재료·가스·증기·분진 등이나 작업 등의 업무로 사망, 부상 혹은 질병에 걸리는 것"으로 정의한다.[1] 한편 산업재해를 국제노동기구(ILO)와 미국 직업안전위생관리국(OSHA)에서는 'occupational injury and illness'로, 미국 사회보장청에서는 'work injury'라는 용어로 표현한다.

우리 주변에서 발생하는 재해 중 업무상재해는 일부에 불과하다. 교통사고와 범죄, 운동을 포함한 일상생활 속의 사고 중 업무상재해로 인정되는 사례는 극히 일부이다. 그래서 우리는 이들 재해위험에 대비하기 위해 법정강제보험인 자동차책임보험[2]을 포함하여 다양한 임의가입의 민영보험에 가입한다. 민영보험사는 연간 100조 원 이상의 보험료를 거둬 이 중 일부를 보험금으로 재해자와 유족에게 지급한다.[3]

이것이 문제라고 보아 일부 전문가들은 산재보험의 적용대상을 넓히고 보상수준을 강화하여 자동차보험과 민영보험 의존도를 줄이면 근로자의 보험료 부담이 줄어 복지가 증진될 것이라고 주장한다. 한편 산재보험의 운영주체를 다양화하여 경쟁을 도입하거나 관민협조 방식을 활용하면 적은 비용으로 양질의 재해보상이 가능할 것이라고 주장하는 전문가도 있다. 어느 방향으로 나아갈지는 우리 현실에 대한 정확한 인식을 토대로 시간을 갖고 검토해야 할 것이다.

ILO 추계에 따르면 전 세계에서 산재로 매년 사망 234만 명, 부상 3억 1700만 명이 발생하고 있다.[4] 우리나라도 중대재해발생률[5]이 높아 2012년(2013년) 기준 업무상사고 사망자가 1134명(동 1090명), 사망만인율(死亡萬人率)이 0.73(동 0.71)이나 된다.[6] 같은 해 재해보상 직접비용이 3조 8500억 원에 이르고 간접비용인 생산성 저하에 따른 산출 감소, 재해근로자 상실소득, 사회와 정부 부담의 추가 복지비용을 합한 경제적 손실은 19조 2600억 원이다. 이는 국내총생산(GDP)의 1.5%로 주요국의 3~5%와 ILO 추정치(4%)보다 적지만 산재로 처리되어야 할 재해가 여러 가지 이유로 공상 등 비산업재해로 처리되어 산재 통계에서 누락되는 경우가 적지 않아 직접 비교하기는 어렵다.

또한 산업재해 인정범위가 매우 좁다. 2013년 기준으로 산업재해자 수가 9만 1824명[7]인데 인구가 우리의 1.6배인 독일은 산재 발생건수가 91만 9025건(2011년, 통근재해 제외)이고, 우리와 산재보험 적용대상 인구가 비슷한 미국 캘리포니아 주는 52만 6970건(2011년)이다. 그 배경에는 재해사업장에의 감독 강화 같은 사업장 측 사정으로 산재은폐가 공공연하게 행해지고 있고, 근로복지공단 등 심사기관의 까다로운 심사와 관련 기준이 있다. 이를 산재 은폐에 의한 것으로 볼 수도 있지만, 그만큼 산재 인정범위가 좁다고 해석할 수도 있다. 우리의 재해근로자는 주요국보다 산재보험의 사각지대에 놓일 가능성이 높고, 실제로 경제적으로 어려운 상황에 놓여 있는 재해근로자와 그 가족이 다수 있다.

장해연금 수급자는 다수가 국민연금(장애연금)을 함께 받는데 이 같은 사회보장성 현금급여 수준이 은퇴기에도 그대로 유지된다. 간병급여 등 장애 관련 사회적 서비스가 국가별로 다르므로 직접 비교는 어렵지만 현금급여는 상위 등급(1~3급)의 경우 주요국에 비해 낮지 않고 4급 이하는 주요국 수준이거나 약간 낮은 편이다.[8] 우리의 경우 장해등급 확정 시 결정되는 장해연금 등의 급여는 사망 시까지 그 가치가 유지되면서 지급된다. 이에 비해 주요국에서는 장해연금 등 사회보장급여의 합이 세후(稅後)평균임금(또는 평균임금의 80%)을 초과하지 않도록 조정하고 수급자가 은퇴연령에 들어가면 정상인의 국민연금(노령연금) 수준에 맞춰 장해연금 등의 수준을 낮춘다.[9]

우리의 산재보험제도는 1964년 7월의 시행 이후 30여 회에 걸쳐 개정되어 왔지만 개선해야 할 곳이 적지 않다. 사업장의 재해예방과 재해발생 시의 대응, 요양기관의 관리와 요양 서비스 제공 및 통제, 직장복귀 지원을 위한 재활 서비스, 보험료 부과와 급여 지출 등 재정운영, 내외부 감시가 약한 근로복지공단 중심의 운영체계 등 관행적으로 운영돼온 각종 업무, 제도와 정책 등에서 고쳐야 할 곳이 많다.

산업재해 대책은 사전 예방을 강화하여 발생 빈도와 재해 수준을 최소화하는 것이 왕도이다. 일단 재해가 발생하면 재해근로자에게 의료와 재활 서비스를 제때 적절히 제공하여 회복과 직장복귀를 지원하며, 영구장해가 남거나 사망하면 재해근로자와 유족에게 적정 수준의 상실소득을 보상해주는 등 삶의 기반을 마련해줘야 한다. 또한 좁게 규정된 업무상재해의 범위를 단계적으로 넓혀 가입자가 충실한 산재보험의 혜택을 받을 수 있고, 산재 인정과 관련하여 발생하는 억울함과 불공평을 최소화하고, 보험사기에 따른 재정누수로 사업장의 보험료 부담이 부당하게 높아지지 않도록 해야 한다.

우리는 이상의 문제의식에 기초하여 산재보험에 대한 알기 쉬운 교양서 집필을 시도했다. 다루고 있는 내용은 산재보험의 역사, 현황, 문제점과 개선방안 그리고 미래상이다. 우리나라 사례를 위주로 설명하되 필요하면 주요국 사례도 언급하고 있다. 정책당국, 사업장 관계자, 근로자, 전문가, 학생 등 독자 여러분은 자신의 관심도에 따라 처음부터 순서대로, 또는 알고 싶은 주제로 바로 들어가 읽어도 좋을 것이다.

CONTENTS

제**1**장

산재보험의 개요

김상호(광주과학기술원(GIST) 교수) | 배준호(한신대 대학원장)

우리는 늘 재해의 위험 속에 살고 있다. 직장에서 일하다가 또는 본인이나 주변 사람의 실수로 집 안팎에서 다치거나 질병을 얻어 장애자가 되거나 죽을 수도 있다. 그런데 이러한 일들이 업무와 관련되어 발생하는 것은 일부에 불과하고 훨씬 많은 경우에 업무와 무관하게 발생한다. 교통사고만 보더라도 업무와 연관된 것보다 그렇지 않은 사고가 더 잦다. 지금처럼 고령자가 빠르게 늘어나면 집 안팎에서 미끄러지거나 실족하여 다치는 이들도 급증할 것이다.

아쉽게도 국내에는 이러한 다양한 재해위험에 국민이 효과적으로 대응할 수 있는 정부 주도의 보상제도가 충분하게 갖춰져 있지 않다. 정부주도로 도입하여 운영하는 제도는 업무상재해에 대한 산업재해보상보험(산재보험)과 법정강제가입의 자동차책임보험 정도뿐이며 나머지는 직장이나 개인이 필요에 따라 가입하여 보상받는 민간보험의 영역이다. 이러한 재해보장이 미흡하다는 지적이 많아 정부는 2013년 9월에 농어업인 안전재해보장법 제정법률안을 입법예고했다.

이 책의 구성은 산재보험의 기원과 발전(2장), 법적 지위와 특성(3장), 재원조달과 재정수지(4장), 현금급여(5장), 요양급여(6장), 예방기능(7장), 재활기능(8장), 관리운영체계(9장), 산재보험의 미래(10장)로 되어 있다.

산재보험이란?

　인류의 역사를 돌이켜보면 제대로 된 국가에서는 당대의 권력자를 도와 전쟁에 나가 싸우다가 죽거나 다치면 유족과 당사자에게 적지 않은 보상이 주어졌다. 이러한 보상이 제도화된 형태로 지속돼온 국가는 많지 않지만 일시적으로 보상을 행했다는 기록은 적지 않게 찾아볼 수 있다. 이렇게 해야 사기를 북돋워 다음번 싸움에서 이길 수 있다는 것을 권력자는 경험을 통해서나 전해 들어 알고 있었을 것이다. 그래서 주요국에서는 퇴역 군인과 공무원 대상의 은급 또는 연금이 다른 제도에 비해 먼저 성립되었다.

　그런데 근대에 들어와 시민의 권리가 확립, 증진되고 산업혁명이 일어나 생산력이 비약적으로 증대되었다. 서구 국가들은 경쟁적으로 경제력을 키우는 데 몰두했다. 경제력이 곧 군사력의 척도가 되는 시대가 도래한 것이다. 부국강병과 산업육성이 이들 국가의 공통된 슬로건이었다. 그런데 산출량 증대를 우선하다 보니 안전에 대한 인식이 약하고 안전시설도 턱없이 부족해 수많은 노동자가 작업 중 다치거나 사망했다. 또한 매연, 분진 및 독성 가스로 직업병을 얻는 노동자도 다수 발생했다. 이때 노동자들의 환심과 지지를 얻기 위해 도입된 것이 노동자 대상의 산재보험이었다.

독일 수상이던 비스마르크는 1884년 근대식 사회보험의 형태로 블루칼라 노동자 대상의 산재보험을 처음 도입했다.[1] 이렇게 하여 국민 다수인 노동자를 대상으로 한 최초의 체계적 재해보상제도인 산재보험이 역사에 등장했다. 물론 우파 성향이 강했던 비스마르크가 좌파 성향의 제도를 도입한 데는 정치적 목적이 있었다. 그는 당시 노동자 사이에서 싹트기 시작한 사회주의 운동을 선제적으로 제압하기 위해 다소간의 부담을 안고 정치적으로 선수를 친 것이다. 이후 서구 각국이 다소간의 시차를 두고 산재보험을 도입했으나 그 방식은 독일 같은 사회보험방식만은 아니었다.

산재보험은 영어로는 'workers' compensation'이라고 하는데 노동재해보상제도를 압축하여 표현한 것이다. 재해를 입은 노동자에 대한 보상은 사용자가 직접 할 수도 있고, 사회보험이나 민간보험으로 할 수도 있다. 실제로 각국에서 다양한 방식의 노동자 보상이 이루어지고 있다.

우리는 업무상재해를 입은 노동자에 대한 보상은 먼저 산재보험을 통해 이루어지지만 사용자나 가해자에게 고의나 과실이 있으면 근로기준법에 따라 보상과 손해배상을 받을 수 있고, 민사소송을 통해 추가로 손해를 배상받을 수도 있다. 또한 재해를 당한 노동자가 국민연금에 가입한 경우에는 국민연금공단에서 유족연금과 장애연금의 절반

산업혁명기의 혹독한 노동환경(1870년 독일)

정도를 지급받을 수 있다. 이처럼 노동재해에 대한 보상에는 산재보험

보상 외에 근로기준법상의 사용자 보상과 손해배상, 민법상의 사용자

나 가해자 손해배상, 민영보험사의 보험금·환급금, 국민연금의 연금급

여 등이 있다. 관련 내용이 2장에 상세히 서술되어 있다.

　산재보험과 관련하여 적지 않은 이들이 궁금해하는 것 중 하나가 명

칭일 것이다. 대부분의 나라가 노동자재해보상보험(노재보험) 또는 그와

유사한 표현을 사용하는데 우리는 산업재해보상보험(산재보험)이라고

지칭하기 때문이다. 사실 제도 도입 시 크게 참조한 것으로 알려진 일

본에서는 당시나 지금이나 노재보험으로 부르고 있다. 그 배경에는 여

러 가지 이유와 사연이 있겠지만, 짐작건대 가장 큰 이유는 도입 당시

의 시대적 배경 때문이 아닐까 싶다.

　산재보험 도입이 본격 논의되던 1960년대 초는 군사정권 시기로 북

한과 중국, 구소련 등 공산주의 체제에 대한 대결의식이 컸다. 그래서

당시의 정치가, 관료 및 전문가들은 '노동'이나 '노동자'보다 '근로'나 '근

독일 산재보험법(1884년)과 비스마르크 수상(1815~1898년)

로자'라는 표현을 선호하고, 재해용어도 '노동재해' 대신 '산업재해'를 택하고 싶었을지 모른다. 사실 당시에는 노동조합의 결성과 활동이 법으로 엄격히 제약되어 지금 같은 노조활동은 엄두도 내기 어려웠다.

1884년 비스마르크 수상의 리더십으로 도입된 산재보험은 초기에는 노동자 중에도 적용되지 않는 이들이 상당수 있었고 보상내용도 미흡했다. 그러나 이 제도는 당시의 일선 노동자들에게 크게 환영받아 비스마르크와 그의 정부에 대한 지지기반을 강화시켜주었다. 비스마르크와 대립하면서 사회주의 이념의 확산을 꾀하려 했던 당시 노동자 지도층의 시도는 일선 노동자의 지지를 끌어낸 비스마르크의 정치적 계산에 휘말려 좌절되었다.

최초 도입 후 130년이 지난 2014년 현재 산재보험은 OECD 34개 회원국을 위시한 많은 국가에 도입되어 있다. 대부분의 국가에서는 한국, 독일, 일본, 캐나다 및 영국 등이 채택한 정부주도 방식을 따르지만, 미국과 호주 등의 정부·민영보험사 혼합 방식이나 싱가포르의 관민협조 방식도 있다. 그동안 국내에서도 산재보험의 민영화가 몇 차례 거론되었지만 실현 가능성은 높지 않아 보인다.

산재보험은 정부가 주도하여 도입, 운영하는 제도로 업무상재해에 대하여 요양, 휴업, 장해, 유족, 간병, 직업재활급여 등으로 보상해준다. 주요국에서는 출퇴근 재해에 대해서도 폭넓게 업무상재해로 인정해주지만, 국내에서는 매우 제한적으로밖에 인정하지 않는다. 또한 적용범위가 근로자 사용 사업 또는 사업장으로 제한되어 있고 적용제외 범위가 광범위하다(산재보험법 제6조, 동 시행령 제2조). 2012년 기준으로 그 범위를 살펴보자.

먼저 전체 취업자 2540만 명 중 산재보험 가입자는 1555만 명으로 39%인 985만 명이 산재보험의 사각지대에 놓여 있다. 대부분의 자영자가 적용대상에서 제외된다. 임금근로자로 한정하면 전체 1839만 명 중 16%인 286만 명이 산재보험 적용대상에서 제외되는데 공무원 106만 명, 사립학교 교직원 27만 명, 군인 18만 명 등 특수직역종사자 151만 명은 별도 방식으로 산재보험과 유사한 제도를 적용받는다. 이를 고려하면 산재보험 사각지대는 전체 취업자 중 834만 명(33%), 임금근로자 중 135만 명(7%) 정도로 추정해볼 수 있다.

또한 산업재해보상보험법 시행령(제2조 1항 6호) 규정에 따라 농어업인의 다수가 적용대상에서 제외되어 있다. 농어업인 대부분이 법인이 아닌 자의 사업으로서 상시근로자 수 5명 미만 사업에 해당하여 적용제외되기 때문이다. 이는 그동안 지속적인 문제점으로 지적돼왔는데, 2012년 말 대선에서 박근혜 후보가 이들에 대한 재해보장 강화를 약속했고 당선 후 곧바로 법제화 작업이 시도되었다. 이를 토대로 정부는 2013년 9월과 11월에 농어업인안전재해보장법 제정법률안을 입법 예고했다.

이처럼 일하다가 발생한 업무상재해에 대해서도 이런저런 이유로 산재보험이 적용되지 않는 사례가 적지 않다. 재원 등 여러 가지 여건이 허락한다면 모든 업무상재해에 대해 산재보험을 적용하고, 업무와 연관이 깊은 출퇴근 재해에 대해서도 지금보다 폭넓게 인정해줄 수 있을 것이다. 그리고 법에 규정한 각종 적용제외 대상도 단계적으로 축소하여 근로자를 사용하는 모든 사업에 산재보험을 적용하는 것이 바람직할 것이다.

독일과 네덜란드 등 일부 국가에서는 실제로 이와 유사한 형태로 재해보상보험을 운영하고 있다. 나아가 이들 국가에서는 비업무상재해인 일상생활 중에 발생한 재해에 대해서도 상당한 수준까지 보상보험을 적용하기도 한다. 우리의 경우 이러한 형태로의 제도 확대는 도덕적 해이의 만연과 이에 따른 막대한 재정 소요가 우려되어 지금은 생각조차 하기 어렵다. 그러나 장래 도입을 검토해볼 수 있는 바람직한 재해보상제도 사례의 하나로 참조할 수 있을 것이다.

다음에서는 이 책에서 서술하고 있는 내용을 간략히 요약, 정리하여 소개한다. 서술하는 순서는 제2장 산재보험의 기원과 발전, 제3장 법적 지위와 특성, 제4장 재원조달과 재정수지, 제5장 현금급여, 제6장 요양급여: 의료 서비스, 제7장 예방기능, 제8장 재활기능, 제9장 관리운영체계, 제10장 산재보험의 미래 순이다.

산재보험의 기원과 발전

1884년 세계 최초로 제도를 도입하고 2011년 기준 전체 국민의 94% 이상을 적용대상으로 하는 독일을 중심으로 설명하도록 한다. 1871년의 독일은 통일로 관세장벽이 완전히 철폐되어 경제활동이 활성화되면서 19세기 후반에 산업화가 빠르게 진행되어 인구가 도시로 대량 유입되었다. 공업이 빠르게 산업의 중심으로 자리 잡아가는 과정에서 미흡한 산재예방 조치 때문에 사망자와 중상자가 속출했다. 이에 따라 산업재해를 예방하고 재해근로자를 보호할 필요성이 대두했다.

당시 수상이었던 비스마르크는 산재보험을 도입하여 재해발생의 귀책사유가 누구에게 있는지에 관계없이 모든 재해근로자에게 적절한 수준의 보상을 제공함으로써 그동안 보상받지 못하던 많은 재해근로자의 불만을 완화시키고자 했다. 당시에 재해근로자가 보상받으려면 책임배상법에 따라 사업주의 귀책사유에 기인하는 산재임을 재해근로

위험한 작업장(19세기 말 독일, 재해보험 가입 안내 책자)

자가 증명해야 했다. 그러나 근로자가 이를 입증하기는 쉽지 않았으며, 그 결과 당시에 발생한 사고의 약 20%만 보상되던 열악한 상황이었다.

우리나라에서는 5·16 쿠데타로 집권한 군사정부가 근로자의 환심을 사고 군사정부가 계획한 산업화를 지원하기 위해 1964년에 산재보험 제도를 도입했다. 결과적으로 사회보험 중 가장 먼저 도입되었다. 도입 이후 점진적으로 적용범위를 확대하고, 현금급여 수준을 인상했으며, 예방사업과 재활사업을 사업범위에 포함시키면서 발전해오고 있다. 우리의 산재보험은 일본 제도를 벤치마킹하여 도입되었으며 제도 개선 시에도 일본 사례를 참고했다. 이는 1980년대까지만 해도 일본 이외 선진국의 제도를 깊이 있게 이해할 수 있는 산재보험 전문가가 부족했기 때문이다.

법적 지위와 특성

우리의 산재보험은 근로기준법상 사용자의 재해보상책임에 책임보험 원리를 도입하여 입법화한 것이다. 이는 산재보험이 근로기준법상 근로자의 업무상재해를 대상으로 하면서 사용자의 과실책임이나 재산 유무에 관계없이 재해보상을 할 수 있도록 설계되어 있는 점에서 확인할 수 있다.

최근에는 산재보험에 대해 책임보험으로서의 성격 이외에 사회보장으로서의 성격과 특성이 강조되고 있다. 산재보험을 사회안전망의 하나로서 공공부조와 사회복지 서비스 같은 사회보장 체계를 구성하는 하나의 틀로 이해하게 되었다. 초기에 책임보험적 성격이 강하게 지배했다면 시간의 경과에 따라 사회보장적 성격이 더욱 강하게 투영되는 특징을 가지고 있다.

법적 특성의 고찰과 관련해서 먼저 산재보험 적용대상의 확대과정을 법적인 측면에서 살펴본다. 산재보험법에서는 근로자임에도 적용범위에서 제외되는 경우가 있는 반면, 사회보장적 성격을 강조하여 특수형태근로종사자처럼 근로기준법상 근로자가 아닌 자도 적용대상에 포함시키는 경우도 있다.

이어서 업무상재해 인정기준 등에 관해 현행법 규정의 내용과 향후입법 정책의 운영 측면에서 개선해야 할 방향을 검토했다. 이의 일환으로 통근재해를 업무상재해에 포함하는 방안을 검토했다. 덧붙여 산재보상 이외의 다른 배상이나 보상에도 해당할 경우 급여 지급관계가 어떻게 정리될 수 있는지 살펴보고 산재보험과 자동차보험의 관계에 대해 고찰했다.

재원조달과 재정수지

산재보험의 재원은 대부분 보험료이지만 영국을 포함한 일부 국가에서는 조세가 주된 재원인 곳도 있다. 사회보험방식으로 운영하는 국가에서는 대부분 사업주가 보험료를 전액 부담하지만, 일부 국가에서는 근로자가 보험료 일부를 부담하기도 한다. 가입자 관리, 부상과 질병의 진료, 재해보상의 신청과 심사, 장해등급의 판정, 보험료의 징수와 보험금 지급, 기금 관리 등의 업무를 한 기관이 주도적으로 수행하는 국가가 있는가 하면, 이를 분담하여 수행하는 국가도 있다.

이들 업무를 분담하여 수행하는 국가에서도 보험료의 징수와 보험금 지급, 기금 관리는 일반적으로 한 기관이 맡아서 운영한다. 이러한 업무를 수행하는 기관은 국가(주정부 포함)나 공공기관, 조합 등 나라에 따라 조금씩 다르다.

우리는 공공기관인 근로복지공단이 이들 업무를 일괄적으로 수행하고 있다. 1년 단위로 운영되며, 징수한 보험료에서 지출한 보험급여와 관리운영비를 빼고 남은 금액을 책임준비금으로 적립하고 있다. 참고로 2012년 산재보험 결산자료에 따르면 보험료수입이 5조 5124억 원, 순지출이 4조 7134억 원(산재보험사업 4조 1298억 원, 산재예방사업 2991억 원, 노동행정지원 2845억 원)이었으며, 적립금은 2012년 말 기준 7조 4578억 원이다.[2]

산재보험 재정방식은 크게 부과방식과 적립방식(또는 충족부과방식)으로 구분할 수 있다. 부과방식(pay-as-you-go system)은 언제 발생한 산재사고에 기인하는 보험급여인지에 관계없이 보험연도에 발생한 모든 보험급여 지출을 보험연도에 가입한 사업주에게 부담시키는 재정방식이다. 부과방식의 예로 우리의 국민건강보험이 있다. 이와 달리 적립방식(funded system)은 산재사고가 발생한 보험연도의 사업주에게 미래에 발생할 모든 보험급여를 부담시키는 재정방식이다. 민영 생명보험사가 이 방식을 적용하고 있다.

우리나라는 부과방식으로 산재보험제도를 운영해오다가 2000년대에 연금수급자가 급격히 증가하자 이들에 대한 미래 보험급여 지출을

확보하기 위해 책임준비금을 적립하기 시작했다. 그러나 적립한 책임
준비금이 누적부채보다 훨씬 적은 규모여서 책임준비금을 확충하라는
노동계의 요구에 직면해 있다.

보험료는 가입 사업장 근로자의 보수총액에 보험료율을 곱하여 산
정하는데, 보험료율은 다음의 두 단계를 거쳐 산출된다. 첫째, 업종별
과거 3년 보수총액에 대한 업종별 과거 3년 보험급여 총액 비율을 반
영하여 산정하는 업종별 보험료율이다. 2013년에는 58개 업종으로 분
류한 업종별 보험료율을 적용했고, 평균보험료율은 1.70%였다. 둘째,
개별 사업장의 산재예방 성과를 보험료율에 반영하는 개별실적요율제
도로 업종별 보험료율을 최대 50% 범위에서 할인 또는 할증한다. 개
별실적요율은 20인 이상 사업장이면서 보험관계가 성립한 지 3년 이상
이 된 사업장에 적용한다.

현금급여

산재보험의 현금급여는 소득대체적 급여와 소득보충적 급여로 구분
할 수 있다. 소득대체적 급여는 소득의 흐름이 단절되었을 때 별도의
대체소득을 보장하는 현금급여로 휴업급여, 상병보상연금, 장해보상
급여, 유족급여 등이 있다. 그리고 소득보충적 급여는 산재환자의 간
병이나 장제 등으로 발생하는 비용을 지원하는 급여로 간병급여, 장의
비 등이 있다.

휴업급여는 업무상 부상이나 질병의 치료를 위한 요양 때문에 근로

할 수 없어 임금을 지급받지 못한 기간에 대해 제공하는 단기적 성격의 소득보장급여이다. 상병보상연금은 장기요양 산재환자가 일정한 폐질등급 기준에 해당할 때 휴업급여 대신 지급하는 것으로 그 수준이 상대적으로 높고 연금 형태의 장기성 급여로 제공된다. 장해급여는 상병 치유 후 남은 영구적인 노동능력의 상실을 보전하기 위한 소득보장 성격의 급여이다. 한편 유족급여는 산재사고로 사망한 근로자의 임금에 의존하여 생활하던 유가족의 생활을 보장하기 위한 목적으로 운영되는 급여이다.

간병급여는 산재사고에 의한 부상이나 질병이 치유되어 증상이 고정된 상태이지만, 다른 사람의 도움 없이는 일상생활이 불가능하게 된 재해근로자의 간병을 지원하는 급여이다. 또한 장의비는 근로자가 업무상재해로 사망했을 때 장제에 소요되는 비용을 지원해주는 급여이다.

요양급여: 의료 서비스

요양급여는 산재근로자의 손상이나 질병을 치료해주는 의료 서비스이다. 요양급여를 현금으로 지급하지 않고 현물인 의료 서비스로 지급하는 이유는 요양급여가 산재환자의 건강회복이라는 목적에 적절하게 사용되면서 양질의 의료 서비스를 받을 수 있도록 하기 위해서이다. 요양급여가 산재보험의 총급여액에서 차지하는 비중은 2012년 기준으로 18.6%로 44.4%를 차지하는 장해급여보다 작지만 모든 급여 중 가장 먼저 발생한다. 또한 휴업급여와 장해급여 등 다른 급여가 요양급여의 결과에 영향을 받기 때문에 중요한 급여이다.

건강보험이 의학적 근거에 기반을 둔 경제적 효율성을 강조하는 반면, 산재의료는 재해근로자의 직장복귀를 최선의 목적으로 추구하므로 양질의 의료 서비스 제공을 추구한다. 요양급여에 많은 비용이 지출되어도 요양 서비스의 질이 향상될 수 있다면 휴업급여와 장해급여가 감소될 수 있으므로 산재보험 관점에서 보면 경제적 효율성이 증가할 수도 있다.

요양급여는 4일 이상 요양을 필요로 하는 모든 업무상질병을 대상으로 하며, 원칙적으로 요양비 전액이 산재보험에서 지원된다. 다만, 특진료와 상급병실 사용료는 부분적으로만 지원되며, 기타 산재보험이 적용되지 않는 요양 서비스는 산재환자나 사업장이 부담한다.

요양급여를 서비스로 제공하는 가장 좋은 방법으로 근로복지공단에 의한 직접적인 의료 서비스 제공이 고려될 수 있지만, 제한된 의료기관 수 때문에 산재환자의 의료기관 접근성이 떨어지는 문제가 발생한다. 그래서 공단에서 운영하는 몇 개의 산재병원 외에 공단 지정 의료기관을 이용토록 하는 방식을 함께 사용하고 있다. 이 방법은 환자의 접근성을 높일 수 있지만, 지정 의료기관의 의료 서비스가 양과 질 측면에서 얼마나 잘 관리될지가 관건이다.

산재요양은 최선의 의료 서비스를 추구하므로 의료의 질 관리가 중요하다. 보험재정의 한계 때문에 제공되는 의료 서비스는 적절한 수준에서 제한될 수밖에 없으므로 요양관리가 필요하다. 선진국에서처럼 우리도 산재의료 서비스에 대한 질 관리와 산재의료기관에 대한 요양관리를 점차 확대하고 있다.

예방기능

산재보험은 산재사고 발생 후 제공하는 요양급여와 현금급여 위주로 출발했지만, 점차 예방활동을 강화하여 근로자의 복지를 제고하면서 비용도 절감하는 방향을 추구하고 있다. 대부분의 국가는 법률적 규제는 물론이고 경제적 유인을 활용하여 예방활동을 강화하고 있다.

한국산업안전보건공단은 사업장에서 산업안전보건법의 안전기준이 준수되는지 여부를 감독하며, 사업장의 안전을 진단하고, 산재예방을 위한 안전시설 자금을 지원하고 있다. 또한 산재보험에서는 경제적 유인을 활용하기 위해 개별실적요율제도를 통해 사업장별 예방활동 결과를 해당 사업장의 보험료 산정에 반영하여 보험료율을 차등적으로 적용하고 있다.

현실에서는 사업장의 예방활동 강화를 막고 있는 다양한 규정과 관행이 아직도 꽤 남아 있다. 사망만인율이 2012년의 업무상사고 사망 기준으로 0.73(2013년 0.71)으로 이는 미국 0.35(2011년), 독일 0.17(2011년), 영국 0.05, 일본 0.20, 싱가포르 0.21 등에 비해 월등히 높다.[3] 다만 주요국과의 격차는 지난 10여 년 사이에 꽤 줄어들었다.[4]

효율적인 예방정책을 실시하려면 산재사고의 발생 원인을 정확히 진단해야 하며, 이를 위해서는 신뢰할 수 있는 산재통계를 우선적으로 제공해야 한다. 그러나 산재사고 보고체계가 확립되어 있지 않아 신뢰할 만한 산재통계를 산출하지 못하고 있어서 효율적인 예방정책 수립에 큰 장애요인으로 작용하고 있다.

재활기능

산재장애인은 선천성 장애인과 달리 비장애인으로 직장생활을 한 경험 때문에 재해발생 후 자신이 장애인이라는 사실을 수용하기 어렵다. 또한 산재사고의 발생 이전에 가정, 직장 및 사회에서 수행하던 역할이 갑자기 제한되면서 사회관계의 손실이 발생하여 사회복귀도 쉽지 않다. 이러한 점을 반영하여 최초로 산재보험을 도입한 독일은 산재보상의 우선순위를 현금급여에서 현물급여 위주의 재활로 바꾸었다.

재활급여는 일반적으로 의료재활, 직업재활 및 사회재활로 구성된다. 의료재활은 요양이 종결된 후에도 장해가 남을 것으로 예상되는 재해근로자의 장해 정도를 감소시키기 위해 실시하는 치료이다. 직업재활은 장해근로자가 손상된 직업능력을 회복하여 재취업할 수 있도록 직업훈련을 실시하는 것이다. 그리고 사회재활은 장해근로자가 사회에 적응해서 원만한 사회활동을 할 수 있도록 사회복귀를 지원하는 것이다. 재활의 궁극적인 목표를 달성하려면 의료재활, 직업재활 및 사회재활이 유기적으로 연결되어 실시되어야 한다.

우리의 산재보험은 현금급여 인상에만 치중하여 제도 전반의 균형을 이루지 못했다는 비판을 받아왔다. 재해근로자의 치료 종결 후 직장복귀와 사회복귀 촉진을 위한 재활기능이 미비된 상태여서 장기요양이 일반화되어 있었다. 이후 재활사업의 중요성을 인식하고 1998년 근로복지공단 본부에 재활사업부를 설치했다. 이어서 2000년에는 산업재해보상보험법을 개정, 제1조 목적에 '재해근로자의 재활 및 사회복귀를 촉진하기 위해 필요한 보험시설을 설치·운영하고'를 삽입하여 재활사업의 근거를 마련했다.

근로복지공단은 '찾아가는 서비스' 프로그램의 도입, 이후 맞춤형 통합 서비스로의 개편을 통해 요양 초기 단계부터 요양, 보상 및 재활 서비스를 적기에 체계적으로 지원하여 신체기능을 최대한 회복하고 심리적 안정을 도모하면서 원활한 직업복귀를 지원한다.

관리운영체계

산재보험의 관리운영은 고용노동부 산재예방보상정책국에서 산재예방과 산재보상 관련 정책을 담당하며, 실질적인 업무는 분야별로 구분되어 산재보상은 근로복지공단, 산재예방은 한국산업안전보건공단이 수행하고 있다.

관리운영방식에는 크게 나누어 세 가지가 있다. 모든 업종을 단일 조직이 관리하는 통합방식, 직종별·직역별·지역별로 분리하여 운영하는 조합방식, 그리고 공적 보장기관과 사적 보험기관 간 경쟁방식이 그것이다.

우리가 채택하고 있는 단일 보험자가 독점운영하는 통합방식은 위험분산 기능의 강화를 통한 행정관리비 절감, 일관성 있는 업무 처리로 국민의 편익 제고, 보험료 산정과 급여에의 통일기준 적용을 통한 형평성 강화라는 장점을 지닌다. 단점으로는 행정관리의 경직성과 독점의 폐해 발생 가능성, 다양한 복지욕구 반영의 어려움, 업종 간 교차보조를 통한 산업구조 조정의 지연 가능성 등이 지적된다.

조합방식은 구성원 상호 간 동질성과 조직의 연대성을 유지할 수 있는 장점이 있다. 반면 단점으로는 소규모 조직에 따른 과도한 행정관리비 발생과 동일 위험에 대한 조합별 서로 다른 보험료 적용이라는 불공평성 등이 지적된다.

공사 경쟁방식에서는 소비자주권이 확보되어 근로자와 사용자의 선택 폭이 크며 시장원리가 작동하여 효율성을 높일 수 있는 장점이 있다. 반면 단점으로 사양산업과 취약계층 근로자 대상의 사회보장 기능 제한, 공급자 간 과잉경쟁에 따른 보험상품의 수급불균형 초래 등이 지적될 수 있다.

지금까지 2장부터 서술된 내용을 간략히 요약하여 정리했다. 글을 마무리하면서 안전(safety)과 안심(security)이 국가와 사회 및 그 구성원의 후생수준을 높여준다는 사실을 강조하고자 한다. 우리나라는 중대재해발생률이 주요국보다 월등히 높음에도 재해발생 후의 '베푸는 복지'로 논의가 집중되고 있다. '지켜주는 복지'라고 할 수 있는 산업안전과 재해예방은 여전히 주된 사회적 이슈가 되지 못하고 있다.

산재에 의한 사망률이 일본이나 독일보다 3배 이상 높은 것을 빠른 산업화 과정에 따른 불가피한 희생으로 간주하거나, 국민의 도덕이나 민도 수준과 결부시키면서 '세월이 약'이라고 대응하는 것은 시대착오적 대응이 아닐 수 없다. 산업현장은 물론이고 일상생활 전반에서 사고와 질병 등의 재해발생을 줄여 안전하고 안심할 수 있는 직장과 사회를 만들어야 한다. 그래야 진정한 복지국가로 변모해갈 수 있다. 곧 잘 강조되는 국방, 치안, 식품안전과 학교안전 못지않게 산업안전과 일상생활의 안전 또한 소홀히 해선 안 된다. '안전·안심이 곧 복지'라는 평범한 진리를 잊지 말자.

제**2**장

산재보험의 기원과 발전

윤조덕(한국사회정책연구원 부원장)

제2장에서는 산재보험의 기원과 발전에 대해 살펴본다. 산재보험을 세계 최초로 도입한 독일 사례를 중심으로 살펴본 후 우리의 산재보험 도입과 발전 과정을 설명한다. 이어서 우리의 산재보험 도입 시 벤치마킹한 일본의 산재보험과 우리와 완전히 다른 유형인 미국의 산재보험을 간단히 소개한다.

독일의 산업혁명은 영국, 벨기에 및 프랑스보다 50~100년 뒤진 19세기 중반에 진행되었고, 산업사회로 이행하는 과정의 열악한 노동조건 때문에 많은 사고와 질병이 발생했다. 이에 따라 재해근로자의 진료와 보상이 사회문제로 등장하면서 사회적 갈등요인의 하나가 되었다. 당시 독일의 비스마르크 수상은 노동자 계층을 탄압하는 채찍과 더불어 당근정책인 산재보험 등의 사회보험을 국가사회정책의 일환으로 도입하는 양면성을 보였다.

국내에서는 당시의 군사정부가 근로자층의 환심을 사기 위한 대책의 일환이면서 장래의 산업화 과정에 꼭 필요한 제도라는 점을 인식하여 사회보험 중 제일 먼저 산재보험을 도입했다. 제도 도입 이후의 경제개발 과정에서 적용범위를 확대하고 현금급여 수준을 높였으며, 예방사업과 재활사업으로 관련 사업범위를 확대했다.

주요국 산재보험의 기원과 발전 개요

우리의 산재보험은 50년 전인 1964년에 도입되었으며 당시에는 국내에서 유일한 사회보험제도였다. 산재보험 도입을 준비하던 박정희 군사정부(1961년)는 독일과 일본의 제도를 참고하여 우리 실정에 맞는 제도를 도입하려 했다. 시기적으로 혼란스러운 상태에 들어선 군사정부의 핵심세력들은 1960년의 4월 혁명 이후 분출된 사회개혁에 대한 범국민 차원의 요구를 수용, 민심을 얻어 정통성을 확보할 필요가 있었다.

또한 국내 경제에 산업화 물결이 확대되면서 광업과 제조업, 건설업 등 주요 산업부문에서 근로자들의 재해가 빈발하고 이들 사안이 제대로 처리되지 않아 피해자와 피해자 가족이 경제적으로 큰 어려움에 봉착하는 일이 많아지고 종종 사회문제화되기도 했다. 그래서 피해 근로자와 그 가족들이 입었거나 입을 인적·물적 피해를 실질적으로 보장해줄 수 있는 제도적 장치의 도입이 현안으로 부상되었다.

더욱이 신정부는 체계적인 경제개발계획을 수립하여 취약한 산업을 일으킬 야심 찬 계획을 세우고 있던 터였다. 이 과정에서 발생할 산업재해 피해자와 그 가족에 대한 체계적인 대책의 수립은 피할 수 없는 과제라고 느끼고 있었다. 그래서 군사정부의 홍종철 최고위원을 중심으로 관료와 전문가 등이 주요국의 사례에 대한 정보를 수집하고 우리 실정에 맞는 제도의 도입을 검토했다.

그 결과 1964년 광업과 제조업의 500인 이상 사업장 근로자를 대상으로 제도가 도입되었다. 그 후 점진적으로 적용범위를 확대하여 2000년 7월 1일 이후 대부분 업종의 사업장 근로자가 강제가입 대상이 되었다. 그리고 취약한 일부 자영업자에게로 적용이 확대되어 50인 미만의 중소기업 사업주(2007년 7월)와 운송업주(2005년 1월)의 임의가입 허용, 특수형태근로종사자(유사근로자, 2008년 7월)의 특례가입이 허용되었다.

우리 산재보험의 뿌리는 독일의 산재보험이며, 이는 비스마르크 수상 집권 시절인 1884년에 도입되었다. 비스마르크는 당시 독일 노동계에서 싹이 터 세력을 확대하고 있던 사회주의 노동자 운동을 억제할 정치적 목적으로 근로자 대상의 복지제도인 산재보험, 건강보험 및 연금보험 도입을 추진했다. 정치적인 이해에 얽혀 우파 정치인이 좌파 성향의 근로자 복지정책을 전개한 것이다. 그는 업종별 및 지역별로 운영되던 동업조합을 산재보험조합으로 전환시켜 관리운영기구로 활용함으로써 제도 도입에 수반되는 행정관리 비용을 최소화하는 기발한 아이디어를 사용했다. 21세기 들어 산업부문 산재보험조합이 통폐합되어 2013년 기준으로 9개의 업종별 산재보험조합으로 운영되고 있다.

우리와 마찬가지로 독일 제도를 참고하여 산재보험을 도입한 나라가 일본이다(1947년). 태평양전쟁에서 패한 후 인플레이션, 실업 및 빈곤이 심각한 상황에서 일본을 통치하고 있던 연합국군총사령부(GHQ)가 일본 사회개혁의 일환으로 사회보장제도를 개혁하는 과정에서 도입되었다. 일본에서는 산재보험에 앞서 건강보험(1927년)과 연금보험(1942년)이 먼저 도입되어 우리와 다른 양상을 보여준다. 건강보험은 원래 광산노동자 등 위험직군 근로자 조합에서 시작되어 서서히 확대되었으며, 연금보험은 당시 부족했던 전비 조달방안의 하나로 태평양전쟁 중에 도입되었다. 일본 역시 독일 제도를 벤치마킹했기 때문에 우리와 그 내용이 매우 유사하다.

우리는 물론이고 독일 및 일본과 상당히 다른 유형의 제도가 미국의 산재보험이다. 연방정부 법제가 적용되는 위험직종의 근로자(주로 공무원)를 대상으로 1908년에 산재보험제도가 도입되었으며, 연방근로자 보상법(1916년) 제정으로 모든 연방정부의 법제가 적용되는 근로자로 확대되었다. 일반근로자 대상의 산재보험은 1911년에 위스콘신 주에서 처음 도입되었다. 이후 1927년에 연방의회에서 해안과 항만근로자 보상법이 제정되면서 적용대상이 해운업 근로자로 확대되었고, 1929년에 동부 4개 주에서 산재보험법이 제정됨으로써 일반근로자 산재보험이 자리 잡게 된다.

크게 보면 미국의 산재보험은 가입대상자를 기준으로 일반근로자 대상의 주별 산재보험, 공무원 대상의 연방근로자 산재보험, 해안과 항만근로자 대상의 항만근로자 산재보험의 세 체계로 분리되어 운영되고 있다. 한편 사업주는 주정부 산재보험, 민영보험 및 자가보험(self-insurance) 세 가지 방식의 보험을 이용할 수 있다. 또한 각 주의 산재보험을 운영주체 기준으로 구분하면 주정부 독점운영, 주정부와 민영보험의 경쟁적 운영 및 민영보험 운영의 세 가지 형태가 있다. 다음에서는 산재보험이 관련된 산업안전보건(occupation safety and health)의 역사를 수천 년 전으로 거슬러 올라가 이후의 변천사를 간단히 살펴본다.

산업혁명기 이전의 작업장 안전보건

유럽의 작업장 안전보건에 대한 기원은 수천 년 전으로 거슬러 올라간다고 할 수 있다. 『구약성경』의 「모세전」에는 "네가 새집을 건축할 때에 지붕에 난간을 만들어 사람으로 하여금 떨어지게 않게 하라. 피 흐른 죄가 네 집에 돌아갈까 하노라"라고 했다.[1] 기원전 400년경 히포크라테스(Hippokrates)는 특정 분야의 수공업과 공예업에 종사하는 사람이 건강상의 손상을 입는다는 것을 입증했다. 또한 그는 사람들을 진찰할 때 그 사람의 직업과 업무에 대하여 질문하는 것이 필요하다고 했다.[2] 이는 이미 고대에 직업병을 파악하고 있었음을 보여준다.

1200년경 광부 동업조합과 유사한 단체들이 쉬레지엔 지역과 티롤 지역에 생겨났으며, 1300년경에는 가장 오래된 광산법에 최초의 안전 규정이 포함되었다. 1400년경에는 여러 지역에서 직업과 관련된 병원이 생겼다. 14세기와 15세기에 화약이 발명되었으며 광산업, 금속업 및 수공업 분야에서 비약적인 발전이 이루어졌다. 15세기 엘렌복(Ulrich Ellenbog)은 제철소에서 발생하는 유해증기가 작업자의 건강을 해친다는 것에 대해 의학적으로 연구했다.

16세기 파라셀수스(Paracelsus)는 납과 수은이 작업자의 건강장해를 일으키는 원인이라고 주장했다. 아그리콜라(Georgius Agricola) 등은 공업기술의 발전이 작업자의 건강을 손상시키는 것에 대하여 의학적으로 연구하는 동시에 제철소 내의 가스가 황, 비소 및 안티몬 등의 유해물질을 포함하고 있으며 이들 유해물질을 포집하기 위해 밀폐된 용광로를 제조할 것을 주장했다.[3]

산업혁명기 유럽의 작업장 안전보건

산업혁명이 처음 시작된 영국의 소년노동보호법(1802년)이 근로자 건강보호에 관한 법령의 효시다. 영국보다 늦게 산업혁명이 진행된 독일에서는 1839년 프로이센 제국의 황제 칙령에 의해 공장과 광산에서 9세 이하 어린이에 대하여 야간 근로, 일요일 근로 및 공휴일 근로가 금지되었다. 또한 16세 미만자에 대해서는 1일 근로시간이 10시간을 초과할 수 없도록 제한했다.[4]

독일의 산업화는 19세기에 시작되었는데, 이는 영국, 벨기에 및 프랑스보다 50년에서 100년 뒤진 것이다. 1688년의 영국 내 혁명과 1789년의 프랑스 혁명은 사람들의 지위와 사고, 통치체제 등 두 나라의 많은 영역에서 변화를 가져왔다. 독일 최초의 공장은 1783년에 뒤셀도르프 부근의 라팅겐에 설립된 방적공장이며, 두 번째 공장의 설립은 수십 년 후가 되었다.[5]

산업혁명이 진행되었던 19세기 중반 독일 사업장에서의 근로조건은 아주 열악했다. 소년 노동, 부녀자 노동, 열악한 작업환경 하에서의 장시간 노동 및 부족한 영양섭취 때문에 질병과 산업재해가 빈발했다. 한 예로 1850년대 도르트문트 지역 '회어더 광산 및 제철업연맹'에 따르면 이 연맹 소속 근로자 질병 중 3분의 1이 산업재해에 의한 것이었다. 여기에 직업성 질환까지 합하면 산업재해 비중은 훨씬 높아진다.

그러나 이 당시의 근로자에게는 질병을 유발하는 노동환경을 개선해줄 것에 대한 요구가 파업과 쟁의의 주요 사항이 되지 못했다. 파업과 쟁의는 주로 임금과 근로시간에 관한 사항이었으며 건강을 손상시키는 노동환경에 대한 것은 아니었다. 중세 이래의 전통적인 수공업 사회에서 '마이스터, 수업을 마친 도제 및 수업 중인 도제'의 엄격한 지배구조가 이러한 관계의 형성을 묵시적으로 뒷받침했다.

현재의 관점에서는 이해하기 어렵지만 열악한 작업환경에 대한 개선보다 외형적인 복지시설에 대한 개선이 더 잦았다. 예를 들면 근로자의 사업장 소속감을 강화시키고 성실과 충성을 고양시키는 수단으로 공장의 사원주택, 식당 및 독신자숙소 등의 복지시설이 제공되었다. 또한 건강에 관한 복지대책이라는 구실로 체력훈련 성격의 대책이 자주 취해졌다. 무엇보다 의료시설이 사업장에 설치되어 있으면 이에 따른 근로자의 구속과 통제가 심했다. 이러한 부정적이고 통제적인 관료주의적 규정과 함께 긍정적인 소위 '부드러운 빈곤정책'도 있었는데, 이 정책에서는 근로자를 빈곤층으로 보지 않았다. 여기서는 빈민층이 단지 경제활동을 영위할 수 없으므로 가난하다는 관점에서 출발했다.

이러한 사고방식의 출발점으로 프로이센 제국의 '국가' 철학자 헤겔 (G. W. F. Hegel, 1770~1831년)의 법철학 이념을 들 수 있다. 예를 들면

"근로자는 일반적인 경우 공적으로 행해지는 빈곤구조의 대상이 아니므로 스스로 보험과 자치운영에 참여하고 조직에의 참여를 통해 사회형성에 참여해야 한다. 개인적인 원칙(저축)과 연대원칙(사회보험 등에 참여해 사회공동체의 필요에 의한 공동 재원조달)을 이용하여 근로자를 연합할 수 있을 것이다." 이와 같은 사고방식은 시민단체의 자치운영과 보험을 서로 연결시켰다. 이러한 구상 속에서 길드 사회적인 공동금고가 해체된 자리에 근로자들이 비용을 부담하는 보험이 자리 잡게 되었다.[7]

많은 하청 수공업자의 문제와 심각한 사회적 불안 때문에 1845년 프로이센 정부는 최초의 공장법(Gewerbeordnung)을 공포했다. 헤겔의 이념이 반영된 이 법은 근로자의 건강에 대한 고려, 미성년 근로자에 대한 도덕적 고려 및 교육기회 제공 등을 포함하여 공장 설립의 자유, 근로자의 상호부조금고 설립에 관한 사항 및 교육 의무 등에 관한 사항을 규정했다. 1849년 개정된 공장법에서 사업장종업원평의회(Betriebsrat)를 구성토록 했으며, 지방의회를 수공업자 대표, 사업주 대표, 공장주 대표 및 근로자 대표로 구성하여 이해관계를 조정토록 했다. 또한 근로자보호금고 부담금에 대해 근로자가 3분의 2를, 사업주가 3분의 1을 부담하도록 규정했다.

사회주의의 확산과 산재보험 도입: 비스마르크 수상

산업화는 농업국가를 빠르게 변화시켰으며, 공장들이 도시에서 점차 자리를 잡았다. 공장들은 새로운 일자리를 제공하면서 동시에 늘어나는 일자리를 채울 수 있는 인구증가를 간절히 필요로 했고 현존하는 사회질서를 변화시켰다. 점점 더 많은 사람이 농촌에서 도시로 이주하여 수공업 대신 공장 근로자로 고용되었지만, 초기에는 이들을 보호하는 법령이 거의 없었다. 임금이 낮은 반면 노동시간은 길고 노동조건은 비참했다. 교육자 디에스터벡(Adolph Diesterweg, 1790~1866년)은 섬유공장의 아동 노동에 대해 당시의 만연한 상황을 다음과 같이 보고했다.[8]

"아동은 조금 후에 실을 꼬고, 감고, 두드리고, 망치로 치고 기계처럼 매분, 매시간 계속했고, 점심시간 종이 울리고서야 한 시간 동안 일에서 벗어났다. 아동은 서둘러 집으로 가서 빈약한 점심 빵을 먹고는 오후 1시에 다시 그의 감옥으로 돌아와서…… 그의 업무를 매분, 매시간 저녁 7시 또는 8시까지 계속했다."

이처럼 열악한 노동조건 때문에 산업재해 건수는 폭발적으로 증가했다. 1853년부터 프로이센 제국에 배치되기 시작한 소수의 공장감독관이 사업장 근로감독의 시초인데, 소수의 공장감독관이 이러한 결점을 보완하기에는 역부족이었다.[9] 근로자가 사고를 당해도 전혀 보상이 없었고, 단지 해고와 기아가 기다리고 있었다. 1871년 공포된 책임배상법[10]은 거의 개선되지 않았다. 따라서 사고를 당한 근로자가 보상받기 위해서는 해당 사업주의 과실관계를 입증해야 했는데, 이는 대부분의 경우 재해근로자의 열악한 경제상황 때문에 불가능했다. 급속히 증가하는 노동자 계층의 비참한 생활조건은 당시의 사회문제로 부상했고, 비스마르크 수상은 정책적 조치를 취할 필요성을 충분히 인식했다.[11]

비스마르크 수상은 산재사고 발생 시 사업주의 과실 여부에 관계없이 보상받을 수 있는 공적 산재보험을 지지했고, 사업주와 국가가 소요비용을 부담하는 것을 선호했다. 비스마르크 수상은 민영 보험회사들이 산재보험에 참여하는 것을 거부했다. 그는 민영 보험회사들이 사고와 재난에 대한 보험 형태로 배당금을 수반하는 영리 목적의 사업에 참여하는 것을 허락하지 않았다.[12] 많은 사업주

19세기 후반의 계급투쟁(사회주의 홍보용)

가 보험료 부담에 따른 생산비 증가를 우려했다. 그러나 바아레(Louis Baare) 같은 몇몇 철강사업가는 성장하고 있는 산업이 일상생활에 만족하고 건강한 근로자에 의존하고 있다는 사실을 언급함으로써 공적 산재보험 도입에 긍정적으로 반응했다.

한편 비스마르크 수상은 아주 다른 차원의 승리를 기대했다. 사회주의 세력의 확산을 방지하고 탄압할 목적으로 비스마르크 수상이 주축이 되어 입법한 사회주의자진압법[13]과는 별도로 사회문제에 대한 긴장을 완화시키는 도구를 찾고 있었다. 그는 만족하지 않는 근로자를 무마하고 사회주의자들이 주도하는 폭동을 예방하고자 했다.

비스마르크 정치의 기본성향은 비판에 대한 제한과 탄압을 통한 제국통일에 있었다. 특히 사회주의자진압법 시기(1878년 10월 21일~1890년 10월 1일)의 비스마르크 국가는 양면성을 명확히 나타냈다. 사회민주주의적인 노동자 계층을 제한하고 탄압하면서 동시에 국가사회정책을 실시했기 때문이다.[14] 이것이 비스마르크 수상의 소위 당근과 채찍을

병행한 정책이었다. 이러한 그의 정책에 따라 1881년 11월 17일 빌헬름 1세의 황제 칙령에서 사회보험의 기초가 만들어졌다.[15]

"금년(1881년) 2월에 우리는 우리의 신념을 표명했다. 사회민주주의적 난동을 억압하는 과정에서 사회적 손상을 배타적이지 않고 오히려 균형 있게 노동자 복지를 긍정적으로 촉진하도록 추구하여야 한다."

세계 최초의 산재보험 도입

제국의회는 6년(1883~1889년) 만에 세 개의 새로운 법률을 통과시켜 오늘날의 사회보험인 건강보험(1883년), 산재보험(1884년) 및 연금보험 (1889년)의 초석을 놓았다. 1884년 7월 6일 제정된 산재보험법은 그 기저에 그때까지 존속한 여러 요소를 포함하고 있었다. 제도 도입 초기부터 보험료 부담의무를 사업주에게만 부여하는 대신 사업주는 민법적 책임의무에서 벗어나 재해근로자에 대한 보상책임에서 자유로워졌다. 또한 보험료를 위험등급별로 차등화하여 부과하는 원칙이 산재보험조합의 설립과 함께 도입되었으며,[16] 기존에 존재하던 업종별 행정조직을 활용하여 설립한 산재보험조합이 보험관장기구가 되었다.

빌헬름 2세의 사회보험 구축선언 교서(1881년)

이처럼 기존의 업종별 행정조직을 보험관장기구로 활용함으로써 행정비용을 최소화하면서 효율성을 최대화한 것은 비스마르크 수상의 기발한 아이디어로 그의 행정능력을 엿볼 수 있다. 또한 1885년에 독

일제국 및 연방주(州)의 국영기업 산재보험을 관장할 기관이 설립되었
는데, 이것이 오늘날 공공부문 재해보험관리운영기관[17]의 전신이다.[18]

산재보험이 도입된 1884년에는 국가 및 지자체 기업에 대한 별도의
규정이 없었다. 1년 후인 1885년 5월 28일 첫 번째 산재보험확대법[19]에
따라 독일제국, 연방주, 우체국, 전신국 및 군대 종사자를 위한 별도
의 산재보험이 만들어졌다.[20] 지자체와 지자체연맹은 처음으로 1887년
7월 11일 제정된 '건축물에 취업한 자에 관한 산재보험법'[21]에 따라 가
입대상자에 포함되었다. 지자체 산재보험 관리운영기관은 단지 건설작
업을 위해서만 설립될 수 있었으며, 1895년에 남부의 바이에른(Bayern)
지역에 가장 오래된 지자체산재연맹이 설립되었다.

한편 농업인 사회보험에서 가장 오래된 농업인 재해보험제도는
1886년 5월 5일 '농림업 기업의 취업자를 위한 산재보험과 건강보험에
관한 법'을 통해 탄생했다. 1888년과 1889년에 지역별로 관할 영역이
결정되는 48개의 농업인산재보험조합이 설립되었다.

산재보험조합은 초기에 사업주만의 자치로 운영되었다. 노동자들이

사회주의 확산과 노동자 선동(1877년 독일)

관리운영에 참여하여 투표권을 행사할 수 있도록 요구한 것이 의회의 과반수 동의를 얻지 못했기 때문이다. 산재보험조합 자치운영에서 사업주와 노동자의 동등한 참여는 1951년에야 비로소 실현되었다. 한편 제도 도입 초기에는 위험사업장 근로자에게만 노동재해에 대한 보험 서비스가 제공되었다.[22] 산재보험 적용대상 범위는 이후 지속적으로 확대되어 1942년에야 모든 근로자를 적용대상으로 하게 되었다.

재해근로자에 대한 재활과 보상 이외에 산재예방도 산재보험의 중요 관심사였다. 이미 1886년에 어느 한 산재보험조합에서 산재예방 규정[23]이 제정되었다. 1900년까지는 산재보험조합이 사업장에서 산재예방을 실시할 권리를 가졌다. 그러나 그 후에 산재예방은 산재보험조합의 의무가 되었다. 산재보험조합 소속 안전기술감독관(Technische Aufsichtsbeamte)은 1910년에 339명이었다.[24]

생산직 근로자부터 산재보험 적용

산재보험법(1884년) 제87조에 근거하여 설립된 제국보험청[25]이 1884년 7월 14일 업무를 시작했는데, 이 관청은 두 가지의 특징을 가지고 있었다. 첫째, 연방의회 추천자, 사업주 추천자 및 피보험자 추천자를 상근 및 비상근(명예직) 직원으로 활용하면서 자치운영 형태를 취했다. 둘째, 감독기능으로 행정법원적인 행정과 징계 기능을 가지고 있었다. 이러한 운영방식을 통해 사업주와 근로자 의견을 충분히 반영할 수 있었다.[26]

도입 당시 산재보험은 광산, 염전, 선광설비, 건축작업장, 채석장, 조선소, 공장, 야금장 및 제련장 같은 위험사업장에만 적용되었다. 다만, 예외적으로 수공업적·기술적 작업이 수행되는 영역도 적용 사업장에 포함되었다. 제도 도입 초기에는 광산의 생산직 근로자만 가입대상자였으며 관리사무실의 사무직 근로자는 가입대상자에서 제외되었다. 이는 전통적인 생산품과 비교하여 높은 사고위험을 수반하는 기계화된 새로이 생성된 산업의 긴급성에 대응해야 한다는 인식 때문이었다. 그러나 적용범위는 단계적으로 확대되었다.[27]

최초의 산재보험법에는 몇몇 건설부문만 포함되고 국영 건설부문은 제외되었으며 건설부문의 적용확대를 시행령에 위임했다. 건설업 산재보험법은 1887년 7월 11일 제정되었는데, 이 법은 건설업 근로자에 대한 적용대상 확대를 위임한 1884년 산재보험법에 대한 보충적 법으로 건설사업주의 자영 건설작업이 적용대상에 포함되었다. 이어서 세 번에 걸친 연방의회 시행령(1885, 1886, 1888년)을 통해 고층건물 건축작업으로 적용대상이 확대되었다.[28]

해양업의 경우 최초 산재보험법에는 조선소 도크 작업자, 수로안내소 근로자, 해양과 하천 운행을 위한 조명 또는 수리보수 업무 종사자로 가입대상이 제한되었다. 1887년 7월 13일 해양업산재보험법이 제정되었고, 이에 따라 선원과 항해 참여자가 가입대상이 되었다. 어업증기선 선원은 연방의회 시행령(1895년 6월 14일)에 따라 가입대상에 포함되었으며, 기타 해양어업 종사자는 해양업산재보험법(1890년 6월 30일 개정)에 의해 적용대상이 되었다.[29]

산재보험조합 설립과 적용대상 확대

초기의 산재보험조합 설립은 두 가지 방법을 통해 가능했다. 하나는 초기 산재보험법 제12~14조에 따른 자유설립이며, 다른 하나는 제15조에 따라 업종 대표자들의 의견을 청취한 후 연방의회를 통한 설립이다.

1885년 5월 21일 제국보험청 고시로 55개의 산재보험조합이 인가되었다. 이 중 49개는 자유설립이며, 6개는 연방의회를 통한 설립이었다. 1885년 5월 28일 제정된 첫 번째 산재보험 확대법에 의거하여 연방의회를 통해 건설업산재보험조합과 해양업산재보험조합이 설립되었다. 또한 1886년 4월 15일 연방의회를 통해 5개의 산재보험조합이 설립되어 총 64개의 산재보험조합이 설립되었다.[30] 1897년 육류업산재보험조합이 음식료품산재보험조합으로부터 분리되어 설립되었다.

1900년 6월 30일 산업부문 산재보험법이 제정되었으며,[31] 이 법에 근거하여 업종 세분화를 통해 야금업산재보험조합이 설립되어 1902년 1월에 업무를 개시했다. 또한 제국보험법(RVO, 1911년)에 의해 소매업산재보험조합이 보관업산재보험조합으로부터 분리되었으며, 개인차량 및 탑승용 동물 소유자 산재보험조합이 설립되어 1913년 1월에 업무를 시작했다.[32]

1928년 12월 20일 제정된 제3차 산재보험 개정법에 의거하여 보건의료 및 복지업 산재보험조합이 설립되었다.[33] 그러나 그 이후 기술의 발전으로 항공업, 라디오, 플라스틱 제조와 가공, 원자력 등 새로운 업종이 생성되었지만 관할권에 대한 의견 차이로 산재보험조합은 더 이상 설립되지 않았다. 한편 산재보험 적용대상 확대과정을 연대순으로 정리하면 〈표 2-1〉과 같다.

연도	제도 내용
1884	산업재해보험법 도입, 저소득 및 위험시설 근로자로 제한
1885	철도업 등 특수업종 근로자 대상 특별재해보상제 도입
1886	농업·임업 근로자 당연가입, 공무원·군인의 재해보상제 도입
1887	해운업·건설업·육류업 적용
1900	당연적용 요건인 연소득 상한 3,000마르크
1911	제국(산업재해)보험법 제정. 연소득 상한 5,000마르크
1929	세일즈맨·관리직 당연적용. 의사상자에게 적용
1939	농업경영자·가족종사자 당연적용
1942	전체 임금근로자에 적용
1971	유치원생, 학생(대학생 포함)에 적용

자료: 박찬임 외(2003, p.50) 수정 보완. 상세한 내용은 〈부표 2-1〉 참조

농업인 산재보험

독일에서 농업 분야와 관련된 최초의 사회권은 19세기 후반 도입된 일반사회입법에서 찾을 수 있다. 사회입법 도입 당시에는 농업과 임업 영역의 근로자만 사회보험의 혜택을 받을 수 있었지만 농장주, 그 배우자 및 가족종사자 역시 점차 사회안전망에 편입되었다. 이러한 적용 범위 확대과정을 거쳐 형태, 범위 및 의미에서 초기의 빈약함에서 벗어나 농업 분야 특유의 총괄적 시스템이 형성될 수 있었다. 이는 사회 정책적·농업정책적 현실과 필요성을 상호 연계시켰음을 의미한다.

농업인 사회보험 중에서 가장 오래된 제도인 농업인 산재보험은 1886년 5월 5일 '농림업 기업의 취업자를 위한 산재보험과 건강보험에 관한 법'을 통해 탄생했다.[34] 1888년과 1889년에 지역별로 48개의 농업인산재보험조합이 설립되었다. 농업인산재보험조합 설립 이후 농업인

산재보험의 피보험자 수가 지속적으로 증가하여 1913년에는 약 1700만 명에 달해 정점을 기록했다.[35]

산재예방을 위해 이미 1900년에 산재보험 안전기술감독관의 지도와 감독을 받도록 농업인산재보험조합이 의무화하는 것이 법에 명시되었다. 또한 1911년에는 효과적인 재해방지를 위해 산재예방규정을 제정할 것을 농업인산재보험조합에 법적으로 위임하고 의무화했다. 1925년에는 직업병과 통근상의 재해에 대한 보상규정을 신설했다.

1970년대부터 1990년대까지 30여 년간 근로자는 물론 농장주, 그 배우자 및 가족종사자 역시 재해로부터 보호받을 수 있는 특별규정들이 공적 재해보험 영역에 신설되었다. 이처럼 농업 분야 자영자를 산재보험 적용대상자에 포함시킨 것은 이들 역시 그들의 개인적·경제적 상황 때문에 사회적 보호가 필요하다는 인식이 반영된 결과이다. 이는 농림업 기업에 종사하는 고용인만을 대상으로 시작되었던 공적 의무보험으로서의 농업인 산재보험이 사회적 보호의 필요성을 지닌 소규모 영세농장의 가족으로 확대되었음을 의미한다.

또한 1960년대와 1970년대에 농업인산재보험조합의 피보험자를 대상으로 한 관할 영역이 꾸준히 확대되었다. 1997년에 공적 산재보험법이 사회법전 제7권에 삽입되면서 개혁조치들이 취해졌다.[36] 특히 유럽연합의 지침(Directive)을 반영하기 위한 법문상의 변화와 조정은 노동자 안전보건 증진에 기여했다.

공공부문 산재보험

1885년 5월 28일 첫 번째 산재보험 확대법에 따라 산재보험운영기관이 만들어졌는데, 이것이 오늘날 공공부문 산재보험운영기관의 전신이다. 1923년에 독일제국과 새로 설립된 주(州)는 산재보험에 관한 무제한적인 권한을 갖게 되었다. 이어서 1928년 12월 20일 제정된 '산재보험법 개정에 관한 세 번째 법'에 기초하여 지자체 산재보험관리운영기관이 탄생했다.[37] 이 법은 지자체의 기업, 시설 및 업무들을 산재보험 내에 포함시켰다. 예를 들면 병원, 의료기관과 복지시설, 연극공연장, 실험실, 소방서 및 복지지원 기업처럼 지방자치단체에서 관리하는 기관과 시설이 산재보험 적용대상이 되었다.

이와 같은 산재보험 적용대상의 확대는 지역을 벗어나 초지역적 연맹의 형태를 갖게 되었다. 이 법에 25만 명 이상의 주민을 가진 지방자치단체가 산재보험운영기관이 될 수 있도록 규정되었는데, 이에 따라 많은 지자체산재보험연맹이 설립되었다.[38] 참고로 1929년 10월 7일 프로이센 주를 제외한 다른 주에서 산재보험연맹에 대한 논의가 처음으로 있었다. 이 논의에 바이에른, 작센, 뷰르템베르크, 바덴, 튜링겐, 헤센 및 메클렌부르크 주가 참여했다.

직업병의 인정

격렬한 정치적 논쟁 후 산재보험은 직업병으로 적용 영역을 확대했다. 최초의 직업병 시행령은 1925년에 제정되었으며,[39] 이후 점차 직업병 목록을 추가하고 적용 사업장 범위를 확대했다. 오늘날까지 12차에 걸친 개정이 있었는데, 최근의 개정은 2009년이다. 처음(1925년)에는 11개의 직업병 목록으로 시작했지만 2009년에는 총 73개 목록으로 인정범위를 확대했다.

독일 최초의 직업병 시행령은 제국보험법 제547조에 의거하여 1925년 5월 12일 제정되어 7월 1일 시행되었다.[40] 특히 납, 인, 수은, 비소, 벤젠, 이황화탄소 및 그의 화합물에 의한 질병, 파라핀 또는 동물 등에 의한 피부질병, 유리제품 제조종사자 눈의 백내장, 방사선에 의한 질병, 광부의 질병, 눈 덮인 산간지역 광물채취자의 호흡기 질병이 포함되었으며, 당시의 직업병은 직업병 목록에 11종으로 명시되었다. 산재보상은 특정 사업장에서 이루어지고 있는 작업에 기인한 질병에 한하여 이루어졌으며, 직업병 목록에 적용 사업장 종류가 명시되었다.

직업병 시행령을 제정하여 시행한 다음 해인 1926년에 신고된 직업병 사례는 총 3485명이며, 이 중 7.7%(268명)가 직업병으로 인정되었다. 1927년에는 총 3798명의 직업병 신고에 대해 9.3%(323명)가 직업병으로 인정되었다.[41]

제3차 직업병 시행령은 1936년 12월 16일에 개정·공포되어[42] 1937년 4월 1일 시행되었다. 이를 통해 종전 22종의 직업병 목록이 26종으로 확대되었으며, 부분적으로 적용대상 사업장도 확대되었다. 새로이 직업병 목록에 추가된 직업병은 염소에 의한 질병, 석면에 의한 중증질환, 크롬 제조사업장의 폐암 및 방향성 아민에 의한 요도의 암 또는 관련 질병이다.

제5차 직업병 시행령은 1952년 7월 26일 개정·공포되어 1952년 8월 1일 시행되었으며, 직업병 목록이 종전의 31개의 직업병에서 40개로 확대되었다. 중요한 변화는 '중증 폐질환(규폐증)' '중증 석면분진질환(석면증)'에서 '중증'이 삭제되고 모든 기업의 '폐질환(규폐증)' '석면분진질환(석면증)' '불소화합물에 의한 뼈, 지지기관 및 근육의 질환'으로 확대되었으며, 물리적 인자에 의한 손상, 노동기간 동안 필요한 강제적 자세에 의한 신체적 변형이 새로이 포함되었다. 예를 들면 신경의 압박마비와 지하작업에 의한 광부의 무릎연골 손상 등이다.[43]

제10차 직업병 시행령은 1992년 12월 18일 개정·공포되어 1993년 1월 1일 시행되었으며, 1988년 3월 31일 이후 발생한 산재보험 적용사례에 대하여 피보험자의 신청에 의해 소급적용하도록 규정했다. 또한 동독과 서독의 통일조약에 의거하여 동독에서는 인정되지만 서독에서는 인정되지 않았던 직업병이 새로이 추가되었다. 제12차 직업병 시행령은 2009년 6월 11일 적용되었으며, 현재 총 73종의 직업병 목록이 적용되고 있다.

통근재해의 인정

통근재해는 1925년에 산재보험 보호범위에 포함되었다. 당시에 제국보험청은 인정범위를 가정의 영역을 벗어나서 업무지에 도착할 때까지와 동일 경로로 돌아오기까지에 발생한 사고로 적용범위를 제한했다.[44] 여기서 다가구주택은 건물 외벽의 바깥 출입문을 기준으로 했다.

이후 인정범위가 확대되어 현재는 출퇴근 등 통근 과정에 자녀를 유치원 또는 학교에 데려다주기 위해 직접 통행로를 우회하거나 동료 직장인이나 타 피보험자와 공동으로 하나의 차량을 이용하기 위해 또는 업무지 인근에 숙소를 정해놓고 업무와 연관하여 그곳에서부터 가정집까지 오고 가는 우회로 및 통행로 상에서 발생한 사고에도 적용된다.[45]

제1차 세계대전 패전 후: 열악한 보험재정

제1차 세계대전의 후유증과 세계경제의 위기에도 바이마르 공화국 시기의 산재예방은 발전했다. 예를 들면 공적 산재예방기능을 산재보험조합에 위탁했다.

"현재의 기술수준, 의학 및 경제력에 따라 가능한 한 사고를 예방하고 사고 후에는 부상자에게 효과적인 응급처치를 해야 한다"(제국보험법 제848조). 왜냐하면 "위급한 상해의 예방이 현존하는 상해의 치유보다 더 낫고 유리하기 때문이다."

이와 같은 법적 위탁을 적합하게 수행할 수 있도록 이 시기에 산업부문 산재보험조합과 공공부문 산재보험조합은 노동자와 사업주가 산재예방에 많은 관심을 갖게 하기 위해 그림과 영화 같은 홍보매체를 이용했다.

제1차 세계대전의 후유증과 세계경제의 위기 때문에 산재보험은 재정적으로 어려움을 겪었으며, 많은 사업장이 보험료를 납부할 수 없었다. 미납 보험료가 때때로 연간 징수총액의 60%에 달하기도 했다. 그 때문에 정부는 1932년에 긴급명령으로 연금과 임금을 삭감했다. 동시에 재정이 건전한 산재보험조합에서 재정이 취약한 산재보험조합을 지원했다. 흥미롭게도 산재보험에서는 국가의 조정과 중재를 거절하고 자체적으로 재정 문제를 해결했다. 궁극적으로 산재보험은 재정 문제를 국가의 지원 없이 자체적으로 극복할 수 있었다.[46]

제2차 세계대전 이후: 노사 자율의 산재보험

제2차 세계대전 이후 산재보험은 독일 국토와 마찬가지로 갈가리 찢

겼다. 동독 지역에는 일반 국민을 위한 통합 사회보험을 준 국가기관인 독일자유노조연맹이 관장하면서 연금보험, 건강보험 및 산재보험을 포괄하여 운영했다.[47] 또한 산재예방을 국가기관에서 담당하는 하나의 통일된 사회보험이 탄생했다. 반면 서독 지역에는 미국, 영국 및 프랑스가 나치 시대의 산재보험제도를 변경했다. 서독 산재보험의 관장기구가 분권화되어 다양한 기구에서 자치운영 형태로 운영된 반면, 동독에서는 준국가기관에서 통합하여 중앙관리 형태로 운영된 점에서 차이가 있다.

이전에는 산재보험의 자치운영에 사용자만 참여했는데 1951년에 노사 동등의 자치운영 방식이 도입되었다. 또한 이 시기에 피보험자에게 최적의 의료 서비스를 제공할 수 있도록 산재보험조합 소속의 병원이 처음으로 설립되었다. 아울러 의료재활을 위해 예방의 중요성이 커졌다. 1960년대에 법적 위임을 통해 "모든 적절한 수단을 사용하여 사고를 예방한다"는 산재보험의 원칙이 확립되었다.

학생재해보험 도입 이전

학생재해보험 도입 이전에는 상해자 본인이나 그 부모가 스스로 상해를 극복하기 위해 노력해야 했으며, 치료가 필요한 경우 사회보험제도인 건강보험의 지원을 받았다.[48] 그러나 사회정책적 논의에서 건강보험을 통한 요양치료의 제한, 직업재활의 결여, 장기 중증장해에 대한 불충분한 보장 및 취약한 재해예방이 문제점으로 지적되었다.[49]

당시의 의사들은 성인을 대상으로 한 산업재해 치료에 전문화되어 있었기 때문에 사고를 당한 아동의 대다수가 성인에 전문화된 사고외

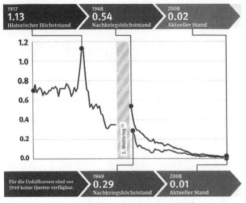

재해사망자(천 명당)의 급격한 감소(1886~2008년 독일)

과에서 치료를 받았다. 더욱이 중증상해를 입은 아동의 경우 어떻게 평생 동안 상해아동의 간병을 보장할 수 있는가 하는 물음이 제기되었다. 상해아동과 그 부모에 대한 지원 부족과 상해아동의 미래에 대한 위협적인 불확실성을 고려할 때 교육기관과 교육기관 담당자들의 책임에 대한 물음이 끊임없이 제기되었다.

학생재해보험 도입 이전에 보상책임의 귀속에 관건이 되는 것은, 예를 들면 담당 직원의 경우 명목상 과오가 있는 해당 관련 계획의 존재 또는 관리감독의무 위반 여부였다. 그러나 부모가 제기한 대부분의 손해배상 요구는 받아들여지지 않았다. 왜냐하면 규범적인 민법상의 보상책임 규정에 의하면 상해자가 보상책임을 요구할 수 있는 증거를 제시해야 했는데, 이때 상해자가 종종 쌍방과실 책임 논란에 휩싸였기 때문이다. 중대 상해를 입은 아동의 학부모가 제기한 재판은 대부분 소기의 목적을 달성하지 못했고, 아동의 학부모들은 재판 결과를 수긍할 수 없었다. 교육기관 입장에서는 손해배상 요구를 그동안 '성공적

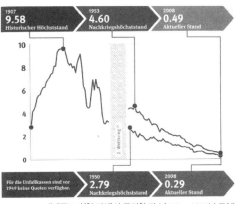

재해근로자(천 명당)의 급격한 감소(1886~2008년 독일)

'으로' 방어할 수 있었지만, 이는 학교의 면학 분위기에는 부정적인 영향을 미쳤다. 이를 통해 학교 안의 내적 평화가 확실히 깨졌다.[50]

독일연방법원은 1967년 1월 16일 판결문에서 운동 중 중대한 사고를 당한 아동의 손해배상 요구를 각하함으로써 관련 사건에 대한 기존의 판결 선고와 동일선상에 있었다.[51] 그러나 법원은 동시에 다음과 같이 판결하여 독일의 사회정책과 학교정책에 새로운 방향을 제시하는 자극제를 제공했다.

"당연히 사회적 법치국가는 취학과 더불어 국가에 맡겨진 취학아동을 적절한 방식으로 보호하고, 이번 체육 시간과 같은 학교의 교육과정에서 생긴 신체의 중대한 상해에 대하여 아동에게 그가 정당하게 요구하는 적절하고 공적이며 법적인 보상을 보장할 수 있는 사전 예방조치를 취해야 한다. 그러나 이러한 규정을 제정하는 것은 판사가 개입할 수 없는 입법자의 임무이다……."

학생재해보험 도입 이후

독일연방의회는 1968년 11월 27일 연방정부에 학교 수업, 기타의 학교 행사 및 등하굣길에서의 사고 시 재해보험을 통한 보호를 보장하는 법률안을 요청했다. 4년의 토론과정을 거쳐 독일연방의회는 1971년 1월 20일 '학생·대학생·유치원생 재해보상보험법'을 제정했다.[52] 민영보험을 활용한 해결책이 역량 부족의 이유로, 특히 예방 관점에서의 불충분성으로 비판받은 후 입법자는 다음과 같은 내용으로 학생재해보험법을 제정했다.[53]

첫째, 학생재해보험을 통한 보호를 유치원과 대학교까지로 확대한다. 둘째, 학교 사고에 따른 보상은 책임 문제에 대한 조사 없이 이루어져야 한다. 셋째, 보상 요구는 사고 후유증의 정도와 무관하다. 넷째, 해당 재해보상보험 주체는 학교 안에서 충분한 예방조치가 이루어지도록 해야 한다. 다섯째, 재해보상보험의 비용은 교육기관의 주체가 부담하여야 한다. 여섯째, 교육기관 주체가 보험비용을 부담하는 대신 관련 기관 주체와 담당자에 대한 모든 손해보상 요구는 근본적으로 배제한다(단, 고의에 의한 사고 등은 예외).

학생재해보험은 1971년 법 도입 당시부터 유치원생, 초·중·고 학생, 직업학교 학생 및 대학생 모두에게 적용되었다. 1996년에 유치원 취학 이전 아동에 대한 주간 보호시설로 적용대상이 확대되었으며, 2005년에는 적절한 주간 보호교사에 의한 돌봄을 받는 아동에게로 확대되었다.

지금까지 독일 산재보험의 발전과 변천 과정을 시기별, 적용대상별로 구분하여 살펴보았다. 다음에서는 일본과 미국의 산재보험 발전사를 간략히 살펴보도록 한다.

일본의 산재보험 발전사

일본의 산재보험은 '노동자재해보상보험(노재보험)'으로 불리며, 제 2차 세계대전에서 패한 후 인플레이션, 실업, 이직 등으로 사회 전체가 빈곤한 상황에서 당시 일본을 통치하던 연합국군총사령부(GHQ)가 각 분야 개혁작업의 일환으로 사회보장제도를 개혁하면서 도입되었다. 노동기준법(1947년) 내의 재해보상규정을 경제적으로 뒷받침하기 위해 노동자재해보상법(1947년)이 새롭게 제정되었으며, 종전 건강보험법 (1922년)에서 다루던 업무상사고가 노동자재해보상보험으로 이관되었다. 일본은 산재보험을 비롯한 사회보험 도입과정에 독일의 사회보험 제도를 많이 참조했다.

산재보험의 초기 형태는 정부가 운영하는 사업 종사자를 대상으로 도입된 구휼제도(1875년의 관역인부 사상수당규칙 및 1879년의 각 청 기술공 예자 취업상사상수당내규)가 시초다.[54] 1887년경부터 독일의 사회보험제도가 소개되면서 의사 출신 관료였던 고토신페이(後藤新平)[55] 등에 의한 노동자질병보상제도 구상이 나오기도 했지만 시기상조라고 하여 실현되지 않았다. 그 후 사회보험에 대한 사회적 관심이 확대되었지만 제도로 실현되기까지는 더 기다려야 했다.[56]

이후 1890년에 민간부문에서 광업조례가 제정되어 사용자가 재해근로자에게 소정의 의료비와 휴업 중의 일당, 유족수당, 장해보조금 등을 지급하도록 규정되었다. 이 조례는 광업법(1905년)에서 법제화된 부조제도로 발전했다. 이후 광업외 산업으로 재해보상제도가 확대되었는데, 그 계기가 된 것은 1916년에 시행된 공장법(제정은 1911년)이었다.

이는 재해부조제도의 일환으로 광업법에 규정된 부조제도를 모방한 것이었는데, 15세 미만자와 여성에 대한 노동시간 제한, 야간근로 금지, 유해·위험 업무의 제한 및 노동자 일반에 대한 재해부조를 규정했다. 그러나 현실에서 관련 사안이 제대로 시행되지 않아 행정당국이 공권력을 동원하는 사례가 많았다.

1927년에 건강보험법이 시행되면서 업무상재해 여부를 가리지 않고 근로자의 부상, 질병, 사망 등의 보험사고에 대한 보상제도가 도입되면서 공장법과 광업법에 포함되어 있던 부조제도 일부가 흡수되었다. 이 때 일부 노동자들은 건강보험이 노동재해에 대한 급여 서비스를 제공하는 것에 대해 반발하기도 했다.[57] 그러다가 1944년에 건강보험법이 개정되면서 광업법과 공장법에 남아 있던 의료부조와 휴업부조는 사회보험 형태로 바뀐 반면, 장해부조와 유족부조는 그대로 남아 전후에 노동자연금보험(현재의 후생연금보험) 급여로 전환되었다. 사회보험방식의 산재보험은 1947년에 새롭게 도입되었다.

노동재해는 당초(1947년) 업무상에 기인하는 상병과 재해를 대상으로 했으며, 통근재해는 국제적 동향을 반영하여 1973년에 급여항목에 추가되었다. 1972년에는 적용대상이 모든 사업장으로 확대되어 당연적용했다. 적용제외 대상은 국가공무원, 지방공무원 및 선원보험법의 적용을 받는 자이며, 이들은 각각 국가공무원재해보상법, 지방공무원재해보상법 및 선원보험법에 근거하여 재해에 대한 보호가 제공된다. 일본의 산재보험은 고용보험과 합쳐 '노동보험'으로 불리면서 보험료가 일괄징수되고 있지만(노동보험 보험료 징수에 관한 법률, 1969년), 양 보험의 기능상 차이 때문에 법제와 관리운영의 통합은 아직 이루어지지 않고 있다.

일본의 산재보험은 적용단위가 근로자를 사용하는 사업이며, 적용기준은 강제가입이 원칙이고 임의가입과 특별가입 제도가 있다. 이는 우리의 산재보험이 법 제6조에서 적용범위를 '근로자를 사용하는 모든 사업 또는 사업장'으로 규정하고 적용기준이 강제가입, 임의가입, 특례에 의한 특별가입으로 구분하는 것과 유사하다. 우리가 일본 제도를 참조했음을 엿볼 수 있는 대목이다.

일본에서는 특별가입을 이용하여 적용대상을 넓히고 있다. 특별가입은 임의가입제도의 일환으로 가입 희망자가 신청하여 소관 기관(노동국장)의 승인을 받는 방식이다. 특별가입 가능자는 중소사업주, 자영자, 특정작업종사자, 해외파견자의 네 그룹이다.[58]

미국 산재보험 발전사

미국에 산재보험이 처음 도입된 것은 1908년으로 위험한 직종에 종사하는 연방근로자가 그 대상이었다. 1916년의 연방근로자 보상법 제정으로 적용대상이 모든 연방근로자로 확대되었다. 일반근로자 대상의 산재보험은 위스콘신 주(1911년)를 필두로 동부 4개 주(1929년)로 확대되었고, 연방의회의 해안과 항만근로자 보상법 제정(1927년)으로 해운업 근로자로 확대되었다. 이와 같은 발전과정을 거쳐 미국의 산재보험은 일반근로자가 가입대상인 주별 산재보험, 공무원이 가입대상인 연방근로자 산재보험, 해안과 항만근로자가 가입대상인 항만근로자

보상법의 세 체계로 분리되어 운영되고 있다.

한 가지 유의할 점은 미국에 산재보험이 도입된 배경이다. 통상 일컬어지듯 산재에 따른 근로자와 그 가족의 보호 측면 성격이 없지 않았지만, 더욱 근본적인 이유는 산업의 효율성을 높이기 위함이었다. 제도 도입 이전에는 산재사고의 발생 시 과실행위가 누구에게 있었는가에 따라 근로자 피해에 대한 보상이 결정되었는데, 당시 과실행위에 대한 입증책임이 소송을 제기하는 근로자에게 있었다. 이에 따라 근로자가 사업주의 과실을 입증하는 데 막대한 시간과 변호사 비용이 필요했고, 근로자가 승소하기도 쉽지 않았으며, 승소해도 피해보상이 제한적이었다. 가령 작업환경 문제나 사용자 과실로 재해사고가 발생하는 경우가 약 70% 정도로 판명되었지만, 근로자가 재산상의 피해를 다투는 민사재판에 승소하여 사용자로부터 보상금을 받은 경우는 15% 미만이었다.

미국은 이민자가 개척한 국가이므로 오랫동안 개인주의와 자유주의 가치가 다른 것보다 존중돼왔다. 이와 같은 가치관과 시장경제의 유지, 발전이라는 시각에서 근로자 보호에 필요한 사항을 규정하여 산재보험을 운영하고 있다.

미국의 제도경제학자이자 노동사가인 콤먼스(J. R. Commons)는 산재보험을 도입하면 사업주가 산재예방에 대해 관심을 갖게 되고 재해예방을 통해 보상에 소요되는 막대한 비용을 줄일 수 있어 생산비가 낮아지며, 이는 상품가격의 인하로 이어져 소비 활성화가 될 것이라고 주장했다. 즉 미국의 산재보험은 사회적 연대나 근로자 보호주의에 기초하기보다 비용절약과 이윤증대라는 시장경제 논리에 거스르지 않는

범위 내에서 도입되었고 지금도 이러한 틀이 유지되고 있다. 그래서 산재보험이 민영보험사 중심으로 운영되며 주정부가 운영할 때에도 민영보험의 원칙과 기준을 상당 부분 원용하고 있다. 현실에서 주별로 운영 형태가 다르며 주기금 독점(오하이오 주 등 6개 주), 주기금과 민영보험의 경쟁(애리조나 주 등 21개 주), 민영보험 독점(앨라배마 주 등 24개 주)으로 민영보험이 주도적인 역할을 수행하고 있다.

사업주도 산재보험에 가입할 수 있는데, 사업주는 주정부 산재보험, 민영보험, 자가보험의 세 가지를 이용할 수 있다. 적용제외는 주별로 차이가 있지만, 근로자 수 3인 이하(4인, 5인 이하도 있음)의 사업장 근로자, 한시적 고용자, 가내근로자(강제적용, 강제적용이나 특별한 한계 설정, 임의가입 등으로 구분), 농업근로자(강제적용, 강제적용이나 특별한 한계 설정, 임의가입 등으로 구분)가 적용제외 대상자에 해당한다.

우리나라 산업안전보건의 기원

우리나라 산업안전보건에 관한 기원과 발전사에 관한 체계적인 연구는 아직 이루어지고 있지 않으나, 기록에 의하면 이미 신라 시대에 성곽의 축성 과정에서 부실공사 방지를 위한 제도적 장치가 있었음을 밝혀주는 문건이 경주의 남산신성 제1비(南山新城 第1碑) 비문에서 발견된다. 이것은 "申亥年 二月二十六日 南山新城 作節 如法以作後三年 崩跛者 罪敎事 爲聞敎令誓事之"로 신해년(591년) 2월 26일 경주 남산신성을 축성할 때 법에 따라 축성한 지 3년 이내에 무너져 파괴되면 죄로

다스릴 것이라는 사실을 널리 알려 서약하게 했다.[59]

신라 시대의 남산신성 제1비는 현재 국립경주박물관 제1전시실에 보관되어 있다. 신라 시대에 성을 잘못 쌓아 3년 이내에 무너졌을 경우에 축성을 담당한 기술자와 관련 관리들에게 책임을 묻겠음을 기록하여 부실공사를 방지하려는 의지를 보이고 있다. 위의 관련 문구 아래에는 '장척(匠尺), 문척(文尺), 문척상(門拓上), 소석척상(小石拓上)' 등의 기술자 명칭, 이들의 거주 지역(예를 들어 아량촌阿良村)과 구체적인 이름(말정차末丁次, 몰내생沒奈生 등)이 적혀 있다. 그동안 이러한 비문은 다수 발견되었다.

이처럼 이미 통일신라 시대 이전부터 부실공사 방지를 위한 건축실명제가 실시되었으며, 이로 미루어 우리나라 산업안전보건의 기원과 역사는 적어도 통일신라 이전으로 거슬러 올라간다.[60]

산재보상의 초기 모습이 나타난 일제강점기

우리나라에서 노동자 산업재해에 대해 보상하기 시작한 것은 일제강점기 시대이다. 초기에는 일본인을 대상으로 했고, 한국인은 1938년부터 적용되었다. 식민지 치하에서 우리 노동자는 일본인 노동자에 비해 차별대우를 받았다.

당시의 조선인 일반근로자의 업무상재해에 대한 구제는 사용자(대부분 일본인)의 구호나 부조 이외에는 별다른 방도가 없었다. 다만, 이에 대한 제도적인 관심을 표명한 것으로 당시의 주된 산업이었고 재해가 많이 발생했던 광업근로자에 대한 약간의 조치가 있었다. 즉 1915년 제정된 조선광업령에서 "조선총독은 광업권자로 하여금 광부의 보호

취체에 대한 규정은 인가를 받도록 할 수 있다"라고 규정한 것이 그것이다. 당시 광산이나 공장 등에 대한 노무관리는 경찰행정의 감찰과 조사의 대상이었다.

그런데 일반근로자는 이러한 규정조차 찾아볼 수 없다. 특별히 일본인이 다수 종사하는 공공부문인 전매, 체신 및 철도 등에 대해서만 1922년부터 정부보조금이 지원되는 공제제도 내에 노동재해에 대해 규정하는 보조사항이 포함되어 있었을 뿐이었다.

1938년에 조선광업령이 개정됨에 따라 광업권자는 조선총독이 정하는 규정에 따라 광부의 업무상 부상, 질병, 폐질 또는 사망에 대해 수급권자에게 부조해야 한다는 새로운 조항이 포함된 '조선광부부조규칙'이 시행되었다. 이것이 일제하 일반근로자를 대상으로 한 유일한 부조제도였다.[61]

해방 후 산재보험법 시행 전의 단체협약 방식 재해보상

1945년의 해방 후 미군이 남한 지역을 통치했다. 당시의 미군정청은 산업재해 보상 문제를 노사 간 단체협약에 위임했다. 1946년 7월 23일 미군정청은 군정법령 제97호로 '노동 문제에 관한 공공정책 공포 및 노동부 설치'를 공포했으며, 제1조에 정책 선포, 제2조에 노동부 설치, 제3조에 노동부의 임무 및 직능을 규정하고 그 외의 조항에서 이와 관련된 내용을 규정했다.[62]

정책 선포의 조항 중 하나로 "고용계약에 있어 사용자와 노동조합 간에 합의된 노임, 노동시간 및 고용조건을 명기한 평화적 협정을 장려할 것"이 규정되었다. 노동재해에 대한 보상 문제에서 이 조항이 많이 활용될 것으로 기대되었지만 일부 기업의 단체협약에서만 재해보상 규정을 포함하는 성과가 있었다. 대부분의 노동조합이 기업별 노동조합 형태로 결성되었기 때문에 노동조합이 설립되어 있지 않은 대다수의 사업장이나 중소 영세기업체의 재해보상 문제는 전혀 해결할 수 없는 한계가 있었다.[63]

1948년 7월 17일 제정된 제헌헌법 제17조에 근로자의 권리, 제18조에 단결권, 단체교섭권 및 단체행동권의 노동3권, 제19조에 근로능력 상실자에 대한 생활보호를 규정했다. 그러나 재해보상에 관한 법령이 제정되지 않았기 때문에 산업재해의 발생 시 노사 간 단체협약에 따른 재해보상만이 가능했다.

1953년 5월 개별 근로자의 지위향상과 생활보장을 위한 종합입법으로 근로조건을 규정하는 근로기준법이 제정되어 공포되었다. 당시는 한국전쟁이 끝나기 전으로 노동조합법, 노동쟁의조정법 및 노동위원회법과 함께 이 법이 공포된 것이다. 이때 '근로기준법' 제8장에 근로자의 업무상 부상과 질병, 폐질 또는 사망에 대하여 법률상 의무로 사업주가 일정한 재해보상을 수행할 것이 명시되었고, 같은 법에서 급여의 종류로 요양보상, 휴업보상, 장해보상, 유족보상 및 장의비가 규정되었다. 근로기준법에서 재해보상을 개별 사업주의 책임으로 명시한 것은 제도적으로 근로자 재해를 더욱 잘 보상해줄 수 있는 방법이었다.

그러나 이러한 법률상의 규정에도 현실에서는 사업주가 제대로 보상하지 않는 경우가 많았고, 대형사고가 발생하면 복구비와 보상비 등으로 기업이 도산하는 사례가 많았다. 그 결과 재해근로자에 대한 재해보상이 제대로 이루어지지 않는 경우가 많았다. 이러한 현실에서 재해발생 사업주의 도산위험을 줄여 사업장 운영의 안정성을 확보하면서 동시에 근로자가 확실하게 보상받을 수 있도록 하기 위해 사업주가 연대하여 재해발생 위험을 분산하여 부담하는 보험제도의 도입이 필요했다.

국내 최초의 사회보험인 산재보험 시행

1961년의 군사쿠데타로 집권한 박정희 전 대통령과 군사정권은 노동자에 대한 선심 공세라는 정치적 목적으로 1963년에 서둘러 산재보험법을 제정하고 이를 1964년 7월에 시행했다. 이처럼 산재보험의 도입은 노동자나 사용자단체, 시민활동가 등의 노력으로 이루어진 것이 아니라 위로부터의 결정에 따른 것이었다. 당시의 관련 자료를 봐도 의사결정 과정에 노동자 및 사용자단체가 직접 참여하여 영향력을 행사했다는 증거는 없다. 당시 정부는 이들에게 관련 사업계획을 알리고 제도 도입에 따른 제반 문제에 협조를 구하는 등 설득하려고 노력했을 뿐이다.[64] 산재보험이 다소 이른 시기에 도입된 배경에는 힘 있는 군사정부가 제도 도입에 강한 의욕을 가지고 있었다는 사실이 있다. 이에 대한 이유는 다음과 같다.[65]

첫째, 군사정부는 당시 국가 성격을 발전국가로 전환하면서 경제개발을 강력히 추진했다. 본격적인 산업화를 추진하면서 노동자 재해를 보다 실질적으로 보장해줄 수 있는 제도적 장치가 필요했다. 산업화에 필연적으로 수반될 작업 중 발생하게 되는 재해를 보장해줄 수 있는 산재보험의 도입이 필요했다.

둘째, 군사정부가 민심을 얻고 정통성을 확보하기 위해서는 4·19 이후 분출된 사회개혁에 대한 요구를 어느 정도 수용하는 모습을 보여야 했다. 이때 가장 안전하게 개혁성을 보여주는 방안이 새롭게 사회보장제도를 도입하는 것이었다. 노동조합의 발전이나 시민사회의 활성화와 같이 정권을 위협할 가능성이 있는 방안은 고려대상에서 제외되었다. 대신 군사정권을 위협할 위험이 적으면서 민심이 호응할 수 있는 방안이 필요했는데, 이에 가장 적합한 것이 사회보장제도였다. 군사정부는 1962년 3월 사회보장제도 심의위원회의 설립을 허가했고, 같은 해 7월 국가재건최고회의 박정희 의장은 내각수반에게 사회보장제도 확립에 관한 지시각서를 하달했다.[66]

셋째, 당시 사회보장제도 심의위원회의 참석자들이 사회보장제도 도입에 대하여 상당한 사명감과 전문성이 있었다. 사회보장제도 심의위원회는 직전 민간정부였던 장면 정부가 출범 직후 모든 분야를 망라하는 인사들을 소집하여 개최했던 대규모 학술대회(전국종합 경제회의) 이후 설립이 정부에 건의되었던 조직이었다. 이 위원회가 비로소 군사정부에서 설립되었지만 전문위원의 구성은 이전부터 거론된 민간 전문가들이 주축을 이루었다. 이들이 산재보험제도를 직접 설계했을 뿐만 아니라 공무원 조직, 노동조합 및 사용자단체에 산재보험의 필요성을 설득하는 역할을 했다.

산재보험 도입에 부정적으로 작용한 요인

새로운 집권세력인 군사정부 입장에서는 산재보험을 도입할 필요가 있었지만 정당, 시민사회, 노동조합 및 사용자단체 등 제반 사회세력들은 그 필요성을 실감하지 못했기 때문에 정부주도로 산재보험이 도입되었다. 당시 상황에서 산재보험 도입에 부정적으로 작용했던 요인은 다음과 같다.[67]

첫째, 당시 한국은 취업률이 낮고 실업률은 높은 전형적인 저개발 농업국가의 모습을 보이고 있었다. 1963년 당시 취업률이 52%에 불과한 반면 실업률은 8%에 달해 실업과 일자리 부족이 주요 사회 이슈였다. 산업구조 역시 전근대적인 단계로 농업이 63%를 차지하고, 광공업 비중은 8.6%에 불과했다. 이러한 경제적 상황에서 우선적인 국민의 관심사는 산재보상보다 실업 문제 해결이었다. 1960년 4·19부터 1961년 5·16까지 약 1840회의 시위가 있었는데, 시위 군중은 매일 실업 문제의 해결을 외쳤다.

둘째, 노동자단체가 산재보험에 관심을 갖지 않았던 이유 중의 하나는 당시 단체협상에 의한 산재보상과 근로기준법 제8장 재해보상 규정에 의한 사용자 책임 등의 다른 보상제도가 있었기 때문이다. 실제로 이러한 보상제도의 혜택을 받을 수 있는 근로자의 범위는 노동운동이 잘 결성되어 있던 기업 등으로 제한되어 극소수에 불과했지만, 대규모 사업장 노동자가 노동운동의 주류를 이루었기 때문에 노동자단체들은 산재보험의 도입을 주된 논제로 삼지 않았다.

셋째, 사용자의 금전적 부담능력이 충분치 않았다. 산재보험은 그 재원을 100% 사용자가 부담하기 때문에 사용자의 재정적 능력이 없으면 제도 도입 자체가 쉽지 않다. 따라서 사용자의 제한된 부담능력은 산재보험 도입에 중요한 고려요소였다.

넷째, 산재보험의 도입과 관련한 정부의 행정능력과 예산이 부족했다. 당시 정부부처의 장차관들이나 최고회의 위원들은 미국 원조물자 판매대금의 비축금인 대충자금의 축소 등으로 인해 정부 예산이 압박받는 상황에서 국가의 비용부담에 대한 우려 때문에 산재보험 사업을 바로 시행하는 데 우호적이지 않았다.

산재보험 도입을 서두른 주된 이유

산재보험은 사업주가 보험료를 모두 부담하고 정부는 관리운영 주체로 재해근로자에게 보상해주는 제도로 이해관계자는 국가, 사업주 및 근로자이다. 이들 이해관계자가 제도 도입 시의 비용과 편익을 어떻게 보고 입장을 정했는지를 살펴보도록 한다.[68]

근로자에게 산재보험의 도입은 비용이 전혀 발생하지 않으면서 편익만 존재하는 사안이었다. 당시에 작업 중 발생한 재해에 대한 보상은 1953년 제정된 근로기준법에 규정되어 있는 재해보상의 개별 사용자 책임조항을 통해 이루어졌다. 그러나 이 규정을 통해 실질적으로 보상받을 수 있는 재해근로자는 일부에 지나지 않았다. 우선 근로기준법 미적용 사업장에서 발생한 산재에 대해 재해근로자는 민법상의 손해배상 청구에 의존할 수밖에 없었으며, 이는 많은 비용과 시간이 소요되는 지난한 과정으로 재해근로자가 승소하기가 쉽지 않았다.

또한 근로기준법의 적용을 받는 사업장이더라도 사업주의 지불능력이 부족한 경우에는 속수무책일 수밖에 없었다. 이러한 상황에서 사업주의 과실 여부에 관계없이 재해가 발생하면 무조건 보상하는 무과실책임주의를 원칙으로 하는 산재보험의 도입은 근로자의 재해보상을 제도적으로 보장하는 것으로 인식될 수 있었다. 노동조합은 당시 노동운동을 대변하던 대규모 사업장 노동자 중심으로 조직되어 있었으므로 단체협약에 의한 산재보상을 선호하는 발언을 하기도 했다. 그러나 산재보험을 영세사업장까지 점진적으로 확대할 것이라는 정부의 계획을 확인한 후 노동조합은 산재보험의 도입을 반대하지 않았다.

사업주는 산재보험의 재원조달을 책임지는 주체로서 처음에는 유보적인 입장이었다. 그러나 산재보험 적용을 통해 근로기준법상의 사업주 책임을 면제받게 되는 동시에 산재발생 시 개별 사업주가 처할 수 있는 재정위기에 대한 위험을 분산시키는 사회연대성에 기초한 책임보험 방식이라는 것을 확인한 후에는 크게 반대하지 않았다.

한편 정부의 고위 공무원들은 산재보험 도입과 관련한 예산압박 때문에 산재보험을 바로 실행하는 데 우호적이지 않았다고 한다. 그러나 사업주가 재원을 부담하기 때문에 국가의 비용부담은 매우 적으면서 산재보험을 통해 재해근로자를 보상하는 것이 일종의 빈곤대책 기능을 할 수 있으므로 생활보호법에 따라 지급해야 하는 빈곤대책을 위한 정부 예산을 부분적으로 줄일 수 있다고 판단했다. 이외에도 산재보험에서는 실업보험 등 다른 사회보험에서 우려되는 근로의욕 저하의 문제가 크지 않다는 점이 산재보험 도입에 대한 고위 공무원들의 판단에서 중요하게 고려되었다.

산재보험 도입에 따른 행정절차

산업재해보상보험제도는 1962년 창설된 사회보장제도 심의위원회의 착안사업으로 출발하여 1963년 10월 국가재건최고회의 상임위원회에서 도입이 결정되었다. 1961년 군사정부의 국가재건최고회의는 1962년에 시행할 기본대책의 하나로 "사회보장제도의 기초를 확립하여 복지사회 건설을 지향"한다는 것을 천명하고 이를 실천에 옮기기 위해 "사회보장제도 심의회를 구성하여 우리나라의 현실에 적합한 사회보장제도를 조사·연구"하기로 하고 "우선적으로 시작할 사회보장의 시험적 실시와 평가"를 통해 "사회보장제도의 확대실시를 위한 입법 및 단계적 연구"를 도모하기로 했다.

사회보장제도 심의위원회는 사회보장제도를 의료보험, 공적부조 및 노동보험의 세 부문으로 나누어 연구했고, 이 중 노동보험반의 연구 결과에 기초하여 산재보험이 도입되었다. 노동보험반에서는 노동 관련 보험인 실업보험과 산재보험 중 어떤 제도를 먼저 실시할 것인가의 사회보험제도 실시에 대한 우선순위를 결정해야 했다. 실업보험은 해방 후 오랫동안 정당, 사회단체 및 노동단체 등이 기회 있을 때마다 주장해왔다. 그래서 근로자는 물론 일반 국민도 실업보험에 대해 비교적 잘 알고 있었고 여론의 지지도 받았다.[69]

이러한 상황에서 실업보험보다 산재보험을 먼저 도입한 이유로 재정적인 고려가 있었을 것이다. 실업보험제도는 일반적으로 사업주와 근로자가 같은 비율로 재정을 부담하는 제도이며, 이 제도를 도입하려면 근로자에게도 일정한 보험료를 부과해야 한다. 그러나 당시의 저임금 상태에서 근로자에게 이를 적용하기는 어려웠을 것이다.

산업재해보상보험의 도입 필요성에 관한 사회적 문제 제기는 거의 흔적조차 찾을 수 없지만 근로기준법에 의거한 재해보상을 제공할 수 없는 사각지대에 처해 있는 수많은 근로자가 실제로 존재했다. 따라서 근로기준법의 취약점을 보완하는 차원에서 산재보험제도의 도입을 최우선 과제로 결정했다. 사회보장제도 심의위원회의 '산재보험제도 실시에 관한 제안'을 보면 다음과 같이 창설 이유를 밝히고 있는데 이를 발췌·요약하면 다음과 같다.

"첫째, 근로자의 업무상재해에 대한 보상 문제를 근로기준법만으로 신속·정확하게 대응할 수 없으며, 사용자의 '재력'이나 '태도'에 관한 문제일 때에는 더욱 만전을 기하기 어렵다. 재해보상 불이행의 이유가 사용자의 부당한 태도일 때에는 처벌로 대응할 수 있으나 그 원인이 재력 부족일 때에는 해결방법이 없다. 이러한 문제를 해결하기 위해서는 보험기술 적용에 의존할 수밖에 없다. 둘째, 현실의 준법 태도는 대단히 열악하며, 근로자와 사용자의 무지 등으로 재해근로자의 권리보호에 심각한 문제가 제기되고 있다." 한편 최초의 산재보험법 설계 시 주로 일본의 노재보험법을 참조했다. 국제노동기구의 조약이나 권고는 전혀 참조하지 못했는데, 이는 당시에 활용할 수 있는 전문가의 한계에 기인한다.

적용범위 확대(1964년~)

산재보험이 시행된 1964년에는 광업과 제조업의 상시근로자 500인 이상의 사업장을 적용대상으로 시작했으며, 당시 적용 사업장은 64개소에 피보험근로자는 8만 1798명이었다. 이어서 1965년에는 적용대상 업종에 전기·가스업과 운수·창고업을 추가했으며, 적용대상 사업장 규모도 150인 이상 사업장으로 확대했다(부표 2-2 참조).

1989년 4월 1일 시행된 개정 산재보험법은 산재보험 적용범위를 기존의 근로기준법의 적용을 받는 사업에서 모든 사업 또는 사업장으로 확대했다. 이후 적용대상 업종과 사업장 규모를 꾸준히 확대하여 2000년 7월 1일부터 대부분 업종의 근로자 1인 이상의 전 사업장에 적용하고 있으며, 아울러 50인 미만의 중소기업 사업주에게도 임의가입을 허용했다. 2005년 1월 1일부터는 근로자를 사용하지 않는 운송업 자영자에 한하여 임의가입을 허용함으로써 자영자의 산재보험 적용이 시작되었다. 또한 2008년 7월 특수형태근로종사자(유사근로자)에 대한 특례가입이 적용되었다.

2012년(2013년) 말 기준 산재보험의 적용대상은 사업장 182.5만(동 197.7만) 개소에 근로자 1555만(동 1545만) 명이다. 이는 총취업자 2468만(상용근로자, 임시근로자, 일용근로자, 자영자, 사용자, 무급가족종사자)의 63%이며, 취업자와 실업자 합계인 경제활동인구 2550만 명의 61%에 해당한다.[70]

적용제외 대상은 공무원연금법, 군인연금법, 선원법, 어선원 및 어선 재해보상법 또는 사립학교교직원연금법에 따라 재해보상이 이루어지는 사업과 건설업자가 아닌 자가 시공하는 공사금액 2000만 원 미만의 공사, 가사서비스업, 농업·임업·어업·수렵업 중 법인이 아닌 자의 사업으로서 상시근로자 수 5인 미만인 사업이다.

초기에는 치료와 보상 위주(1964~1986년)

산재보험제도 도입 당시(1964년 7월 1일)에는 업무상재해로 인한 요양급여 지급대상이 11일 이상의 요양을 필요로 하는 재해로 한정되었다. 이후 1971년 1월부터 8일 이상의 재해로 확대된 후 1982년 1월부터는 4일 이상의 요양을 필요로 하는 재해로 확대되어 지금에 이르고 있다.

휴업급여 지급대상도 요양급여 지급대상에 연동하여 확대되었다. 처음에는 휴업급여 수준을 평균임금의 60% 수준으로 했지만 1989년 4월부터 평균임금의 70% 수준으로 인상하여 지금까지 적용하고 있다.

장해급여는 제도 도입 당시에는 장해등급을 10등급으로 구분하여 급여를 지급했으나, 1971년 1월에 4개 등급을 추가하여 14등급으로 구분하여 운영하고 있다. 제도 도입 당시 장해급여 일시금으로 장해 1등급은 평균임금의 1000일분을, 장해 10등급은 50일분을 지급했다. 그러나 재해근로자 복지증대를 위해 1971년 1월부터 장해 1~3급에 대해 연금이나 일시금 중 선택할 수 있도록 했다. 또한 1982년 1월에는 연금제도가 장해 4~7급에게로 확대되었다.

유족급여에 대해 제도 도입 당시에는 평균임금의 1000일분을 일시금으로 지급했으나 1971년 1월부터 유족연금을 도입하여 연금 또는 일시금 중 선택할 수 있도록 했다. 연금은 도입 초기에는 유족 1인에 대해 연소득의 30%, 2인은 35%, 3인은 40%, 4인은 40%를 지급했다. 1977년 9월에 이를 45~60%로 인상했고 다시 1982년 7월에 52~67%의 현행 수준으로 인상했다.

산재예방사업 추가(1986년~)

1986년 7월 1일 시행된 개정 산재보험법의 목적(제1조)에 재해예방사업이 추가되었으며, 그 결과 산재보험기금에서 산재예방사업을 위한 기금을 출연할 수 있게 되었다.

매년 고용노동부에서 발간하는 「산업재해 현황분석」 보고서에 따르면 산업재해 사망자인 업무상 사고와 질병에 의한 사망자 합계는

2001년 2748명에서 2013년 1929명으로 크게 줄었다. 그렇지만 업무상 사고에 따른 사망만인율은 우리나라가 0.71(2013년)으로 미국(0.35), 독일(0.17), 영국(0.05), 일본(0.20), 싱가포르(0.21)보다 아직도 훨씬 높다.

우리나라는 1960년대에 시작한 경제개발에서 경공업 위주의 수입대체산업을 육성하는 개발전략을 실시했는데, 이 전략은 저임금에 의존했고 근로기준법에서 정한 최저 기준마저 보장하기 곤란한 상황이었다. 1970년대 초에는 전략산업으로 중화학공업을 선정하여 집중적으로 육성했으며, 중화학공업 육성에 따라 산업재해가 급속히 증가하여 이에 대한 예방대책을 수립할 필요성이 증대했다.

이러한 추세를 반영하여 1980년대에 산업안전보건법(1981년), 진폐법(1984년), 산업재해예방 중장기대책(1983~1991년), 지방관서에 노동부 산업안전과 설치(1987년), 한국산업안전공단 설립(1987년), 노동부 산업안전국 설치(1989년) 등으로 근로자 안전보건을 위한 정부 차원의 산재예방정책을 위한 골격을 형성한 것으로 평가할 수 있다. 그러나 현실성이 있는 구체적인 예방수단과 프로그램은 결여되었다.

체계적인 산재예방정책을 수립하여 실시한 것은 1990년대부터라고 할 수 있다. 1990년 1월 13일 산업안전보건법 전면 개정 시 매년 산재보험 지출총액의 5% 이상을 산재예방에 투자하도록 명시하여 산재예방 재원을 안정적으로 마련토록 했다. 또한 사망재해 만인율을 크게 낮추어 선진국 수준인 1.50 이하로 내리는 것을 목표로 한 산재예방 6개년계획(1991~1996년)을 수립했다.

그런데 공식 사망재해 만인율이 초기(1991년 2.90)보다 더 늘어났다(1996년 3.27). 이후 1994년 성수대교 붕괴사건, 아현동 가스저장소 폭발

열악한 조건 하의 경제개발기 노동자

한국의 성공적 경제개발은 세계적으로 유례를 찾기 힘든 드문 사례이다. 그러나 이면에는 열악한 노동조건에서 산업재해와 직업병으로 고통받는 근로자의 희생이 숨겨져 있다. 두 가지 사례를 소개한다.

"미싱사와 보조미싱사는 하루 종일 딱딱한 나무의자에 앉아 일한다. 아무도 휴식을 취하기 위해 일어나 앉지 않는다. (중략) 가끔씩 미싱사는 무거운 직물을 힘주어 잡느라고 손가락에서 피를 흘리기도 한다. 그들의 목과 등은 참을 수 없으리만치 쑤셔오고, 이렇게 몇 시간 일한 후에는 가장 숙련된 미싱사조차도 심각한 등허리 통증에 시달린다."[71]

"해질 무렵이 되면 우리들의 목소리는 재봉틀 소리에 가려 들리지 않는다. 이때가 하루 중 가장 바쁜 때다. 완성된 옷이 공장 전체에 널려 있어서 걸어 다니는 것조차 불가능하다. (중략) 눈이 침침해져서 바늘을 보고 싶은 마음이 들지 않는다. 그저 손과 발을 자동으로 움직이며 습관처럼 일을 하는 것이다. (중략) 극심한 피로가 우리를 덮친다. 그때마다 일을 멈추고 싶지만 그럴 수는 없다. (중략) 새들도 해가 지면 제 둥지로 돌아가는데 우리는 왜 이런 상황 속에서 살아야 하나? 인간은 만물의 영장이라는데 왜 우리는 밤늦도록 이런 일을 해야 하는 것일까."[72]

사건, 1995년 한진중공업 가스폭발사건, 대구 지하철 가스폭발사건 및 삼풍백화점 붕괴사건 등의 대형사고가 발생하는 가운데 획기적인 산업재해율 감소를 목표로 한 산재예방특별사업(1995~1997년)과 산업안전선진화 3개년계획(1997~1999년) 등이 실시되었다. 그러나 목표를 달성하지는 못했다.

2000년대에 들어와서는 제1차 산업재해예방 5개년계획(2000~2004년), 제2차 산업재해예방 5개년계획(2005~2009년), 제3차 산업재해예방 5개년계획(2010~2014년) 등 지속적으로 중장기 계획을 수립, 집행하면서 근로자의 건강유지와 선진국 수준의 산업안전보건 확립을 지향하고 있다. 참고로 2004년에 개정된 산재보험법에 매년 산업재해보상보험 및 예방기금 지출총액의 8% 이상을 산재예방사업에 출연하도록 명시하여 산재예방사업의 적극적인 지원을 도모하고 있다.[73]

급여수준 인상(1989년~)

1989년 4월에 시행된 개정 산재보험법에서 각종 급여수준이 크게 인상되었다. 휴업급여가 평균임금의 60%에서 70%로 인상되었고, 장해보상일시금이 10%, 장해연금이 5% 인상되었으며, 장해 제1~3급은 연금지급이 의무화되었다. 유족보상일시금이 평균임금의 1000일분에서 1300일분으로, 장의비가 평균임금의 90일분에서 120일분으로, 그리고 상병보상연금이 5% 인상되었다. 이는 이른바 1987년의 6·29선언 이후 민주화 요구와 노동계의 권리의식 신장에 따른 산재보험 보상수준의 인상 요구를 정책에 반영한 결과이다.

이처럼 휴업급여, 장해급여 및 유족급여에 대해 급여수준을 인상하면서 동시에 연금으로 지급하도록 변경한 것은 재해근로자 복지증대에 기여한 긍정적인 측면이 있다. 그러나 이는 산재보험의 장기적인 재정 위기의 중요한 원인으로 평가되고 있다.

재활사업 실시(1990년~)

1999년 12월에 개정되어 2000년에 시행된 개정 산재보험법의 목적(제1조)에 '재해근로자의 재활 및 사회복귀 촉진'을 포함했다. 이후 같은 법에 기초하여 고용노동부의 산재보험 재활사업 5개년계획(2001~2005년), 제1차 재활사업 중기발전계획(2006~2008년), 산재환자 요양과 재활치료 활성화를 위한 산재의료원 역할 강화방안(2006년 3월), 노동부·근로복지공단의 제2차 산재보험 재활사업 중기발전계획(2009~2011년), 제3차 산재보험 재활사업 중기발전계획(2012~2014년)이 수립되어 시행되고 있다.

2007년 12월 14일 개정된 산재보험법에서 요양급여 범위에 재활치료를 포함시키면서(산재보험법 제40조 제4항) 재해근로자의 요양 중 물리치료, 심리치료, 작업치료, 언어치료, 수중운동치료 및 심리치료 등 의료재활 관련 치료행위가 산재보험 수가에 반영될 수 있게 되었다. 또한 현재 재활치료 항목과 수가를 개발하거나 시험적용 중이다.

기존에는 복지예산사업의 일환으로 직업재활급여 사업을 수행했기 때문에 보험연도 중에 예산이 모두 지출되고 나면 사업을 중단해야 하는 문제점이 발생했다. 그러나 2007년 12월 개정 산재보험법에서 직업재활급여가 법정급여로 변경되면서 이 문제가 해소되었다. 직업재활급여로 현물급여인 직업훈련, 훈련 기간 동안 1일당 최저임금의 100%를

지급하는 직업훈련 수당, 사업주에게 최장 12개월간 지급하는 직장복
귀지원금, 최장 3개월간 지급하는 직장적응훈련비 및 재활운동비가
있다.

관리운영에의 노사 참여 확대(2008년~)

정부는 2006년에 산재보험 제도 개선을 위한 사회적 논의를 노사정
위원회에 요청, 2006년 5월 노사정위원회에 산재보험제도발전위원회가
설치되어 2006년 12월까지 제도 개선이 논의되었다. 6개월여의 논의를
거쳐 산재보험의 재정·징수, 요양·재활, 급여체계, 보험적용 및 관리운
영의 다섯 분야에서 42개 과제, 80개 항목에 대한 포괄적 합의에 도달
했고, 2006년 12월 13일 산업재해보상보험제도 개선에 대한 합의문을
발표했다.

이를 토대로 정부는 산재보험법 개정안을 마련하여 2007년 5월 국
무회의 의결을 거쳐 국회에 상정했으며, 2007년 11월 국회 본회의에서
산업재해보상보험 전부개정법률안이 의결되어 12월 공포되었다. 노사
정이 합의한 80개 항목 중 대부분이 이후의 산재보험법 시행령 개정
(2008년 6월 25일)과 시행규칙 개정(2008년 7월 1일)에 반영되었다.

관리운영체계 분야의 노사정 합의사항은 산업재해보상보험 심의위
원회, 산재심사·재심사제도, 근로복지공단·산업안전공단·산재의료관
리원 운영에의 노사 참여 확대, 근로복지공단자문의사제도, 산재예방·
산재보험사업 노사공동조사연구사업 활성화의 5개 과제, 10개 항목이
다. 이러한 산재보험기구에 노측 위원과 사측 위원의 참여가 확대되고
노사가 추천한 전문가 참여 등이 이뤄지고 있다.

우리의 산재보험을 만든 사람들

산재보험은 1961년의 군사쿠데타 이후 급속히 법제화 작업이 구체화되었다. 먼저 사회보장제도에 관한 사항을 조사·심의하는 사회보험제도 심의위원회가 보건사회부장관 자문위원회로 1962년에 보건사회부에 설치되었다. 위원회는 의료보험(현 건강보험), 공적부조, 노동보험(현 산재보험) 및 종합의 4개 부문별로 각 전문위원 1인과 전문위원 보조 1인으로 구성되었다.

사회보험제도 심의위원회 노동보험반은 법안을 준비하기 위한 해외 사례 조사, 이후 법안 초안의 작성과 관련 부처 브리핑 등에 나섰다. 핵심인물은 공무원으로서 전문위원인 심강섭과 그를 보조하는 민간인 민부기였다.

법제처 심의과정에서는 당시 동방생명 부사장 겸 보험계리사 자격증 소지자였던 이겸재가 도와주었다. 또한 국가재건최고회의 문교사회위원회 위원이자 산재보험 창설 담당 최고위원이던 홍종철은 업무 추진과정에서 제기되는 각종 장애물을 제거하는 데 큰 힘이 되어주었다.[74]

시행업무는 보건사회부 산하 노동청 직업안정국 산재보장과가 담당했다. 초대 행정라인의 책임자는 심강섭 직업안정국장이었다. 그는 전문위원으로 일하다 이 자리로 전입되어 왔다. 초대 산재보장과장은 박선영이 맡았다. 이들을 포함한 5~6명이 제도 도입, 산재보험의 초기 시행과 이후 정착과정에 크게 기여했다.

제**3**장

법적 지위와 특성

박종희(고려대 법학전문대학원 교수)

제3장에서는 우리나라 산재보험제도가 갖는 법적 지위와 특성의 의미에 대해 고찰한다. 법적 지위와 관련해서는 업무상재해에 대한 사용자의 무과실책임 인정, 근로기준법상의 재해보상책임과 산재보상의 유사점과 차이점, 책임보험 외에 사회보험의 속성을 지닌 산재보험의 의미와 특징에 대해 검토한다.

다음으로 법적 특성의 고찰이 큰 의미를 지니는 사안인 산재보험 적용대상 근로자의 범위, 많은 재해 중 산재로 인정되는 재해의 정의와 특성, 재해발생 시 재해근로자와 유족의 수급권 보호 절차, 산재보상과 연관되어 조정이 필요한 분야인 민법상의 손해배상 및 자동차보험 관련 사안에 대해 살펴본다.

산재보험은 근로기준법상 사용자의 재해보상책임에 대한 책임보험으로서의 속성 외에 보험료 체계를 통한 사업주 간 소득재분배라는 사회보험적 속성도 지니고 있다. 그래서 정부와 공공기관 중심으로 제도를 운용하고 있다. 여기까지는 주요국과 크게 다르지 않으나 재해근로자에게 산재보상과 별도로 민사상 손해배상의 청구를 허용하여 사업주에게 이중의 부담을 부과하거나, 통근재해를 예외적으로만 산재보상 재해로 인정하고 유족급여를 유족 중 선순위자에게 전액 지급하는 점 등은 주요국과 다소 다른 점이다. 이들 사안에 대해서는 주요국 사례를 참조하여 단계적으로 개선해나갈 것을 제안한다.

개요

우리의 산재보험제도가 갖는 법적 지위와 특성에 대해 살펴본다. 산재보험을 어떻게 이해할 것이냐의 문제는 현행 산재보험의 운영과 해석의 기준이 될 뿐만 아니라 향후 제도 발전의 방향을 제시해주는 역할을 한다. 이번 장에서는 법적 지위와 관련된 업무상재해와 사용자의 무과실책임, 사용자의 재해보상책임과 산재보상의 관계, 사회보험으로서의 산재보험의 의미와 특징에 대해 살펴본다. 이어서 적용대상 근로자와 적용대상 재해, 수급권 행사 관련 내용, 그리고 민법상의 손해배상 및 자동차보험과의 조정 문제 등의 순으로 설명하도록 한다.

업무상재해에 대한 사용자의 무과실책임 원리

근로자가 업무상재해를 당하면 사용자는 자신의 고의·과실 여부와 관계없이 책임을 져야 한다. 이것이 산재보험제도의 큰 특징인데 사용자가 부담하는 재해보상책임은 무과실책임 원리에 기초하고 있다.

근대 사법질서의 근간은 자신의 책임 하에 행해진 행위로 발생한 결과(손해)가 아니면 책임을 지지 않는 '과실책임주의'이다. 이와 같은 과실책임 원리는 자신의 고의나 과실에 기인하지 않는 이상 책임을 지지 않는다는 원칙에 기초하고 있다. 자기책임 원칙은 자신의 일을 스스로 결정하고 자기책임 하에 수행하도록 하는 자기지배의 원리를 구성하며 이를 '사적자치 원칙'이라고 한다.

근대 사법질서의 근간인 사적자치 원칙은 합리적인 인간상을 전제로 하며, 자유주의와 개인주의에 입각한 인간관계를 보장함으로써 개인은 자유로운 생활관계 속에서 자신의 행위를 예측 가능한 범위 내에서 합리적으로 결정하고 실행할 수 있었다. 과실책임주의에 기초한 사적자치 원칙은 근대사회의 개인 간의 관계는 물론 확대된 형태인 시장경제 질서의 실질적인 토대를 이루며, 영업활동을 신장시켜 산업의 확대와 발전을 촉진하는 동인으로 작용했다.

그런데 과실책임주의는 통상적이고 일상적 거래관계에서는 적절한 원칙으로 작용했지만, 기술 발달에 따른 변화와 복잡다단해지는 현대사회에서는 한계를 보이게 된다. 예를 들면 사업주들은 근로자가 재해를 입더라도 세 가지의 항변, 즉 위험인수의 항변, 공동고용의 항변, 기여과실의 항변[1]을 통해 과실책임에서 벗어날 수 있었다.

그 결과 열악한 환경에서 일하던 근로자들은 사업주가 제공한 기업시설과 사업주 지시에 따른 활동과정에서 사고를 당하더라도 사업주에게 책임을 물을 수 없었다. 결국 재해근로자는 재해의 원인을 자신의 부주의나 불운 탓으로 돌려야 했고, 그들의 삶은 적절하게 보호받지 못하는 상태로 내몰렸다.

그래서 기존의 과실책임주의 원칙에 어떠한 위험을 발생케 하는 상태를 야기한 것만으로도 그 결과에 대해 책임을 지는 새로운 책임이론이 추가되었다. 이 이론은 직접적인 손해 발생행위 외에 손해를 발생하게 하는 위험상태의 원인 제공에 대해 책임의 근거를 찾아야 한다는 것이다. 이때의 위험에는 공작물이나 사물, 동물 외에 기업활동에 따라 발생하는 위험도 포함된다고 본다. 이러한 책임사상의 흐름을 '위험책임'이라고 하며, 행위자의 고의나 과실에 기초하지 않은 책임이라는 점에서 '무과실책임'으로 표현하기도 한다.[2] 근로기준법상의 재해보상책임과 이를 책임보험화한 산재보험은 사용자의 무과실을 전제로 한 위험책임의 흐름에 있다.[3]

근로기준법상의 재해보상보다 우선인 산재보상

우리의 근로기준법은 제정 당시인 1953년부터 근로자에게 발생한 업무상재해에 대해 사용자의 무과실 보상책임을 인정하고 있다. 그런데 재해보상책임을 법률로 규정한 것만으로는 근로자에 대한 보호가 충분히 이루어질 수 없다. 재해발생 시 사용자가 예기치 않은 보상부담으로 사업운영이 파산 지경에 이를 수 있다. 이처럼 사용자의 보상능력이 충분하지 않다면 근로자는 재해보상을 제대로 받을 수 없게 된다.

그래서 정부는 1964년에 사용자의 재해보상에 책임보험 원리를 적용하여 국가가 관리·운영하는 산재보험을 도입했다. 이에 따라 사용자는 강제로 산재보험에 가입하여 보험료를 납부하고 재해근로자에 대한 보상은 이 보험료를 징수, 관리하는 산재보험 운영당국이 책임지는 방식이 만들어졌다.

이처럼 법체계는 근로기준법상의 재해보상과 산재보상을 모두 규정하고 있는데 업무상재해의 발생 시 재해근로자는 산재보상을 우선적으로 청구할 수 있고, 산재보상이 이루어지면 사용자는 근로기준법상의 재해보상책임을 면하게 된다. 이전에는 산재보상이 '지급된' 경우에만 사용자의 재해보상책임이 면제되었으나 산재보험법의 목적 등을 감안하여 개정했다. 그 결과 산재보상 '지급대상이 될' 경우에도 재해근로자에게 산재보상을 우선 청구토록 허용함으로써 사용자의 재해보상책임을 면제하고 있다.

산업혁명 초기의 혹사당하는 노동자 풍자화

또한 재해발생 후 사용자가 재해근로자에게 별도로 먼저 보상한 경우 해당 재해가 산재로 인정되면 사용자가 근로복지공단으로부터 산재보상급여 한도에서 보상금액을 돌려받을 수 있다.

이상의 내용을 정리하면 산재보상제도는 근로기준법상의 사용자 재해보상책임에 책임보험 원리를 도입하여 입법화한 것이다. 이는 산재보험제도가 근로기준법상의 근로자 업무상재해를 대상으로 설계되었고, 보상내용도 근로기준법상의 평균임금 등을 기초로 설정되어 있는 점에서 확인할 수 있다.

사회보험으로서 산재보험의 의미와 특징

최근 산재보험에 대해 책임보험의 속성 외에 사회보험으로서의 속성이 강조되고 있다. 즉 산재보험을 사회안전망의 하나로서 국민연금, 건강보험, 고용보험 등의 다른 사회보험 그리고 공공부조, 사회복지 서비스 등의 복지제도와 함께 사회보장체계를 구성하는 틀의 하나로 이해하려는 입장이다. 이와 같은 사실은 산재보험의 적용대상이나 역할이 점차 확대되고 있는 점에서 확인된다.[4]

산재보험법의 규정 중 사회보장적 요소를 찾아볼 수 있는 곳이 적지 않다. 법 제122조 이하의 특례 적용 규정, 즉 50명 미만의 근로자 사용 사업주, 근로자를 사용하지 않는 여객 및 화물자동차 사업주와 건설기계사업주, 그리고 특수형태근로종사자 같은 취약계층에의 적용확대, 재활 및 사회복귀 촉진 관련 제도의 도입, 평균임금을 기초로 하는 정률보상의 채택, 최고 및 최저 보상과 후유증상에 대한 대응, 간병급여 도입 등이 대표적이다. 이때 제기될 수 있는 문제 중의 하나는 산재보험에서 사회보장제도로서의 성격이 더욱 강화될 경우 제도 자체가 완전한 사회보장제도로 탈바꿈할 수 있을 것인가 하는 점이다.

산재보험이 지금도 사회보험의 하나로 자리매김되고 있지만 다른 사회보험인 국민건강보험, 국민연금, 고용보험 및 노인장기요양보험과 본질적으로 구별되는 점은 보험료 부담이다. 즉 재원을 보험료로 조달하는 점은 같지만 보험료 부담주체가 다르다. 산재보험을 제외한 나머지 사회보험에서는 사용자와 근로자가 공동으로 보험료를 부담하지만 산재보험에서는 사용자가 모두 부담하고 근로자 부담은 없다.

이 때문에 산재보험에서는 피보험자와 보험가입자가 달라 근로자가 피보험자인 반면 사용자는 보험가입자이다. 예외적으로 산재보험 특례 적용대상인 중소기업 사업주는 피보험자와 보험가입자가 같다. 또한 특수형태근로종사자의 경우 피보험자와 보험가입자가 다르다는 점은 일반근로자와 같지만, 보험료는 가입자인 사업주와 피보험자인 근로종사자가 각각 50%씩 부담한다.

근로자에 대한 사용자의 재해보상책임을 면제시켜주는 산재보상의 역할을 전제하면 산재보상은 책임보험적 성격을 지닌다. 그러나 산재보험의 법적 성격을 책임보험으로만 이해하면 산재보험의 역할을 사업장의 해당 근로자 보호 제도로 한정하는 것이 맞다. 그러나 산재보험법은 근로자 외에 그 밖의 노동으로 생활을 영위하는 자들도 노동재해 위험으로부터 보호하기 위해 적용범위를 확대하고 있다. 산재보험이 진정 피보험자인 근로자뿐만 아니라 부진정 피보험자[5] 형태로 근로자 외의 그룹을 적용대상에 포함하여 보호하고자 하는 것은 사회보장적 성격에 기인하는 것으로 볼 수 있다.

산재보험의 사회보장적 의미를 논의할 때 위에서 설명한 책임보험 외에 재분배기능이 함께 논의될 수 있다. 산재보험이 순수 책임보험의 성격만을 지닌다면 민영보험에서처럼 지급한 보험급여액에 비례하여 해당 사업별로 보험료를 부담시키는 체계를 선택할 것이다. 그러나 사회보험으로서의 재분배기능을 고려하여 보험위험을 전체 산업 종사자에게 분산시키고 경우에 따라서는 세대 간의 소득재분배를 지향하기도 한다. 이와 같은 재분배는 사회연대성 강화 원칙에 입각한 것이다. 소득재분배 기능을 확보하기 위해 보험료율을 개별 사업장 단위가 아닌 업종 단위로 결정하고 업종 간 보험료율 차이도 가급적 줄이는 형태로 설계하게 된다. 이때 사회적 연대의 의미를 강조하고자 하면 업종을 크게 분류하여 보험료율의 차이를 축소하려는 노력이 시도될 것이다.

나아가 보호대상인 업무상재해 인정기준과 관련해서도 책임보험적 성격을 전면에 내세울 경우, 사용자가 법적으로 재해보상책임을 져야 하는 부분만 엄격하게 구분하여 산재보험을 적용토록 하자는 주장이 나올 수 있다. 그러나 사회보장적 성격이 강조되면 의학적·자연과학적으로 인과관계가 인정되지 않더라도 사회보장적 관점에서 보호의 필요성이 인정되어 보호대상에 포함시킬 수 있다. 이때 보호대상에 포함시킬 수 있는 요소는 앞에서 언급한 것 외에 보상한도, 보호받는 수급권자의 범위, 재활 및 사회복귀의 내용 구성 등이 있는데, 이들은 책임보험과 사회보장의 어느 성격이 강조되느냐에 따라 상당한 차이를 보이게 될 것이다.

이처럼 산재보험은 책임보험 성격 외에 사회보장적 성격을 포함하고 있다. 초기에는 책임보험적 성격이 강했지만 시간이 지나면서 사회보장적 성격이 강해지고 있다. 그렇지만 산재보험에서 책임보험적 성격을 완전히 불식시켜 이를 완전한 사회보장적 성격의 제도로만 구성하는 것은 가능하지 않을 것이다.

산재보험이 적용되지 않는 근로자가 있다?

산재보험은 원칙적으로 근로자에게 적용되며, 이때의 근로자는 근로기준법상의 근로자를 의미한다(산재보험법 제5조 제2호). 사용자와 근로계약을 체결하여 노무를 제공하고 그에 상응하는 임금수령을 목적으로 계약관계를 체결하는 자가 근로자에 해당된다. 그런데 산재보험법은 근로자임에도 적용범위에서 배제하는 경우가 있다. 반대로 사회보장적 성격이 강조되면서 근로자가 아닌 자에 대해서까지 적용범위가 확대되고 있다. 다음에서는 이러한 사항에 대해 살펴본다.

산재보험의 사회보장적 성격을 강조하여 적용대상을 근로자 외로 점차 확대하는 최근의 경향과 반대로 근로기준법상 재해보상 적용대상인 근로자인데도 재정관리상의 어려움 등을 이유로 적용대상에서 제외하는 경우가 있다.

산재보험법은 근로자 1인 이상을 사용하는 모든 사업장에 대해 적용되지만 다음의 몇 가지 경우에 대해서는 적용제외하고 있다. 건설업자 또는 전문공사업자가 아닌 자가 시공하는 공사대금 2000만 원 미만의 공사, 연면적 100제곱미터 이하인 건축 또는 연면적 200제곱미터 이하인 건축물 대수선 공사, 농업·임업(벌목업 제외)·어업 및 수렵업 중 법인이 아닌 사업으로서 상시근로자 5인 미만 등이 그러한 경우이다.

물론 이들 근로자에게 산재보상이 적용되지 않더라도 근로기준법상의 재해보상은 여전히 적용되며, 이들은 임의로 산재보험에 가입할 수 있다.[6] 이러한 이유 때문에 재정관리상의 이유로 이들을 산재보험 적용대상에서 제외하더라도 그것 자체가 이들의 기본적 권리를 침해하는 것으로 보기는 어렵다. 그러나 산재보험이 갖는 기본목적을 고려한다면 재정상 관리 가능한 방안을 적극 모색하여 이들을 적용대상에 포함시키는 것이 바람직할 것이다. 이 밖에 무급 가족종사자도 근로자와 동일하게 노동재해 위험에 노출되어 있으나 근로기준법상의 근로자에 해당하지 않기 때문에 산재보험 적용대상에서 제외되는데 이들도 보호대상에 포함시킬 필요가 있다.

중소기업 사업주에도 산재보험 적용

앞에서 언급한 것처럼 근로기준법상의 근로자가 아닌데도 특례가입 대상자로 산재보험 적용대상이 되는 경우가 있는데, 이는 산재보험의 사회보장적 기능을 강화하기 위함이다. 먼저 중소기업 사업주(산재보험법 제124조)에의 적용 확대가 그것이다. 중소기업 사업주의 임의가입 적용은 50인 미만의 근로자를 고용하는 사업주가 그 대상이다. 이들은 근로자와 더불어 현장에서 직접 노동하는 경우가 많고, 그에 따라 재해위험에 노출될 가능성이 높으므로 재해로부터 보호받을 필요성이 높다.

중소기업 사업주가 아니면서도 산재보험법상 중소기업 사업주와 같은 법적 지위를 갖는 자들이 있다. 즉 특수형태근로종사자 규정에 해당하지 않는 여객자동차 운수사업자, 화물자동차 운수사업자, 건설기계사업자, 배송 담당 퀵서비스업자 또는 이들로부터 업무를 의뢰받아

배송업무를 하는 자가 그들이다. 이들은 근로자가 아니어서 당연적용 대상이 아니므로 재해발생 시 자신이나 유족이 보상받을 수 있도록 근로복지공단의 승인을 받아 임의가입할 수 있다. 필요한 보험료는 본인이 전액 부담한다. 중소기업 사업주는 임의가입으로 통근재해를 제외한 모든 업무상재해에 대해 근로자와 동일하게 보호된다.

특수형태근로종사자에게도 산재보험 적용

특수형태근로종사자[7]에 대한 적용범위 확대는 2008년의 법 개정으로 이루어졌다. 보험설계사, 골프장 캐디, 학습지 교사 및 레미콘 차주가 우선적으로 적용대상에 포함되었으며, 2012년에는 퀵서비스 기사와 화물택배 기사로 적용대상이 확대되었다. 특례규정으로 이들을 적용대상에 포함하게 된 이면에는 다음과 같은 이해관계자들의 타협이 있었다.

1997년 하반기의 외환위기로 IMF 관리체제에 들어가면서 사회적으로 특수형태근로종사자들의 법적 지위에 관한 문제가 쟁점으로 부각되었다. 이들은 자신이 노동법 적용대상인 근로자임을 주장하는 반면 이들과 법률관계를 맺은 사업주들은 그 관계가 근로관계가 아닌 위임이나 도급관계인 위탁 또는 용역관계라고 주장했다.[8] 특수형태근로종사자가 근로기준법상의 근로자라면 근로기준법에 규정된 모든 보호조치가 적용된다. 이에 따라 업무상재해도 계약상대방인 사업주가 전적으로 책임을 부담해야 한다. 그러나 근로기준법상의 근로자가 아니라면 이들의 업무수행 관련 재해에 대해 사업주는 근로기준법상의 재해보상책임을 지지 않는다. 즉 이들 특수형태근로종사자는 산재보험의

재해 관련 사업주에의 항의(1886년 독일 뮌헨)

적용범위에 포함되지 않는다.

이와 같은 논쟁이 발생한 배경에는 특수형태근로종사자의 양면성이 있다. 근로자를 판단하는 전통적 기준에 의하면 특수형태근로종사자는 −유형에 따라 그 정도를 달리하지만− 근로자 특성과 자영업자 특성을 동시에 가지는 것으로 볼 수 있다. 이러한 특성을 감안하여 타협점으로 근로기준법상의 근로자 해당 여부와 관계없이 −엄격히 말하면 근로기준법상의 근로자가 아니라는 방향성 위에서− 일정 요건을 갖춘 경우에 산재보험법의 적용대상으로 하되, 근로자와 다른 방법으로 수급자격을 인정하는 방식을 취했다.

즉 산재보험법 제125조에서 주로 하나의 사업에 상시적으로 노무를 제공하고 보수를 받으며, 노무 제공 시 타인을 사용하지 않고 스스로 행하는 경우에만 산재보험 적용대상으로 보았다. 그러나 산재보험료는 사업주와 특수형태근로종사자가 각각 절반씩 분담했다. 그리고 특수형태근로종사자가 이 같은 규정의 적용제외를 신청하면 적용대상에서 벗

재해근로자 장례(1900년 독일)

어날 수 있도록 했다. 이러한 입법태도로 인해 특수형태근로종사자의
산재보험 가입률은 매우 낮다.9 이는 해당 종사자들이 보험료의 절반
을 내야 하는 부담이 작지 않고, 상당수가 이미 다양한 민영보험 상품
에 가입하여 재해 등에 대해 일정 수준의 보장을 받고 있는 등 현행 제
도의 유인효과를 낮게 평가하고 있기 때문인 것으로 이해할 수 있다.

한편 이와 같은 특수형태근로종사자의 법적 취급과 관련하여 일부
학자들은 달리 주장하고 있다. 즉 경제환경과 고용형태가 바뀌어 근로
기준법상의 근로자 개념을 새로이 설정할 필요가 있는데, 종래 생산직
근로자 중심으로 형성된 근로자 판단기준을 서비스업 분야 종사자에
게 그대로 적용함으로써 새로운 변화를 충분히 반영하지 못하고 있다
는 것이다.10 이들은 근로자이기 위한 대표적 속성인 '사용종속성'의 의
미를 '인적 종속성 관점'이 아닌 '경제적 종속성 관점'에서 파악해야 한
다고 지적한다.

다시 말하면 생산직 근로자는 사용자에게 종속되는 지휘·명령관계

가 강하지만 서비스업 분야 종사자는 그러한 인적 종속성 관계가 느슨한 경우가 많다. 이 경우 경제적 우위에 있는 자가 법률관계의 형태를 근로관계에서 도급이나 위임관계로 쉽게 변형시킬 수 있다. 그리고 근로자성 판단기준으로 생산직 근로자에 적용되는 수준의 인적 종속성을 요구하면 이들이 그에 미치지 못하여 근로자성이 부인될 가능성이 크다. 그러나 이들도 경제적 관점에서는 생산직 근로자와 마찬가지로 상대방에게 종속되어 사실상 보호할 필요성이 크므로 생산직 근로자와 동일한 근로자 범주에 포함시켜야 한다는 것이다.

물론 이들을 근로자로 인정하면 사업주의 경제적 부담이 커질 수밖에 없다. 퇴직금, 산재보험 이외의 사회보험료 부담, 근로시간과 휴가 관련 규정 적용에 따른 비용증가 부분, 해고에 대한 제한 규정 적용 때문에 사업주의 자유로운 계약해지가 제한되는 부담 등이 그러한 것들이다.

이처럼 다양한 직업군과 법률관계 때문에 근로자를 판단하는 전통적 관점과 새로운 관점이 대치하는 상황에서 타협점으로 도입된 것이 산재보험법 제125조 규정이다. 즉 전통적 구분법인 '사용종속성' 기준으로 지휘·명령관계가 느슨한 이들의 경우 근로기준법상의 근로자로 보지는 않지만, 예외적으로 산재보험 적용대상에 포함하도록 규정한 것이다. 이 조항이 도입된 이후 시행령 개정을 통해 이들 특수형태근로종사자의 해당 직종이 계속 확대되고 있다.

산재보험 적용 확대 관련 특례규정

산재보험법은 적용대상에 대해 속지주의를 적용한다.[11] 대한민국 내

사업장 근로자에 대해 산재보험을 강제적용하는 방식이다. 따라서 국내 기업(사업장) 소속으로 해외에 출장 갈 경우 해외에서 업무 관련 재해를 입으면 원칙적으로 산재보험 적용대상이 된다. 그런데 문제는 국내 기업 소속으로 해외의 다른 사업장에 파견되거나 해외에 진출하여 해당 국가 내에서 별도 사업장을 운영하는 경우이다. 이때는 국내법보다 그 나라 법이 적용되므로 해외 사업장 파견자에게는 국내 산재보험법이 당연적용되지 않는다. 그래서 이들을 위한 특별규정이 산재보험법 제122조의 해외파견자 특례규정이다.

해외파견자가 노동부령이 정하는 규정에 따라 가입을 신청하고 승인받으면 그 가입자는 국내 사업 종사 근로자로 보아 산재보험을 적용받는다. 이들 해외파견근로자의 보험료는 전액 사업주가 부담한다.

또한 다른 산재보험법상의 특례가입대상으로 현장실습생이나 직업훈련생이 있다(제123조). 이들을 노동을 제공하고 임금을 수령하는 근로자와 동일한 법적 지위를 갖는 자로 보기는 어렵다. 왜냐하면 활동의 주된 목적이 노동력 제공을 통한 임금획득보다 실습활동을 통한 기술연마에 있기 때문이다. 그러나 실습 시 사업시설을 이용하면서 재해위험에 노출될 수 있으므로 실습을 제공한 사업주에게 산재보상책임을 부여하여 실습생을 재해위험으로부터 보호하려는 것이 이 조항의 목적이다. 이들에 대한 보험급여는 지급받는 훈련수당 등 모든 금품을 기준으로 하거나 이것으로 산정한 것이 지나치게 적을 때에는 고용노동부장관이 고시하는 금액을 기준으로 산정한다.

이 밖에 국가나 지방자치단체가 실시하는 자활근로사업 종사자에 대한 특별규정이 있다(산재보험법 제126조). 물론 국민기초생활보장법(제

15조 및 동법 시행령 제20조)상의 자활근로사업 종사자의 법적 지위를 근로기준법상 근로자로 볼지, 아니면 이와는 다른 특별한 법적 지위를 갖는 것으로 볼지는 논란의 여지가 있다.

그러나 산재보험법 제126조 특례규정의 취지에 비추어보면 이들의 법적 지위는 근로기준법상 근로자가 아닌 것으로 볼 수 있다.[12] 사실 자활근로사업 종사자는 사법상 계약관계를 체결한 근로자라기보다 국가가 시행하는 공공부조 성격의 사업 참여자로서 근로기준법상 근로계약 당사자인 근로자와 구별할 필요가 있다. 그럼에도 자활근로사업 종사 중 발생한 재해를 산재보험으로 보호해주려는 것이 제126조의 목적이다.

산재보험은 업무상재해에 대해서만 적용된다

산재보험의 보호대상은 원칙적으로 사업주 지휘·감독 하의 근로제공 과정에서 발생한 재해로 한정된다. 그러므로 사업주의 지휘·감독 하에 있지 않고 사적인 활동 중에 발생한 재해는 산재보험이 아닌 건강보험과 국민연금의 적용대상이다. 이처럼 업무상재해 여부가 산재보험 적용에 결정적인 잣대가 된다.

산재보험법이 처음 시행된 1964년에는 업무상재해를 '근로자가 업무수행 중 그 업무에 기인하여 발생한 재해'로 정의했다. 업무상재해 판단의 기준이 '업무수행성'과 '업무기인성'이었다. 이 판단을 2요건주의[13]라고 한다. 반면 현행법은 업무상재해를 '업무상 사유에 따른 근로자의 부상, 질병, 장해 또는 사망을 말한다'로 규정하고 있다(제5조 제1항). 이에 따라 업무상재해의 판단기준을 업무상 사유, 즉 '업무관련성'으로 해석하기도 한다.[14] 그러나 현행법 하에서도 업무상재해 여부는 여전히 업무기인성 중심으로 판단하고 있다.[15]

업무수행성이란 근로자가 근로계약으로 사업주 지배상태 하에서 근로를 제공한다는 의미에서 업무기인성의 조건을 이루며 1차적 판단기준이 된다.[16] 하지만 업무수행성이 인정된다고 업무기인성이 당연히 인정되는 것은 아니다. 예를 들어 근로자의 자의적 행동으로 초래되는 재해 등은 업무수행성은 인정되지만 업무기인성이 없으므로 업무상재해로 판정되지 않는다.

이때 '업무'란 일반적으로 직업으로서 행하는 직무활동을 의미하며, '근로자가 사업주와 근로계약으로 사업주 지배·관리 하에서 당해 근로업무를 수행하거나 그에 수반되는 통상적인 활동'[17]으로 이해된다. 이를 기초로 산재보험법 제37조는 업무상재해를 업무상사고와 업무상질병으로 구분한다. 업무상사고에는 ① 근로계약에 따른 업무나 그에 따른 행위 ② 사업주가 제공한 시설물 등의 이용행위 ③ 사업주가 제공한 교통수단이나 그에 준하는 교통수단 이용행위 ④ 사업주가 주관하거나 사업주 지시에 따라 참여한 행사나 행사준비 행위 ⑤ 휴게 중 사업주 지배·관리 하에 있는 것으로 볼 수 있는 행위 등으로 발생한 부상·장해 및 사망 등이 포함된다.

업무상질병에는 업무수행 과정에서 물리적 인자, 화학물질, 분진, 병원체, 신체에 부담을 주는 업무 등 근로자의 건강에 장해를 일으킬 수 있는 요인을 취급하거나 그에 노출되어 발생한 질병과 업무상 부상이 원인이 되어 발생한 질병 등이 있다. 문제는 업무상재해를 위에 열거한 경우로만 한정하여 해석할 것인가의 여부이다. 왜냐하면 산재보험법은 '그 밖에 업무와 관련하여 발생한 사고'를 업무상사고의 하나로, 또한 '그 밖에 업무와 관련하여 발생한 질병'을 업무상질병의 하나로 규정하고 있다. 그래서 법에 열거되지 않은 것도 업무상재해로 인정할 수 있는 것처럼 보인다. 그런데 동법 시행령이 이에 해당하는 각각의 경우를 제한적으로 규정하여 한정적인 의미로 해석할 수도 있다.

이 부분은 논란의 소지가 있으므로 좀 더 자세히 살펴보도록 한다. '그 밖에 업무와 관련하여 발생한 사고'는 산재보험법 시행령 제31조에서 제33조에 걸쳐 자세히 규정되어 있다. '사회통념상 근로자가 사업장 내에서 할 수 있다고 인정되는 행위를 하던 중 태풍·홍수·지진·눈사태 등의 천재지변이나 돌발적인 사태로 발생한 사고'(제31조), '요양급여와 관련하여 발생한 의료사고와 요양 중인 산재보험 의료기관 내에서의 업무상 부상 또는 질병의 요양과 관련하여 발생한 사고'(제32조), 그리고 '근로자가 담당한 업무가 사회통념상 제3자의 가해행위를 유발할 수 있는 성질의 업무라고 인정'(제33조)되는 경우로 한정하여 다른 경우는 업무상사고로 인정하지 않는다고 제한적으로 해석될 여지가 크다(열거주의).

이와 같은 열거주의에 대해 업무 및 업무에 수반되는 부수적 행위로서 이 범주에 속하지 않는 예외적인 경우가 발생할 수 있으므로 그 의미를 개방적으로 이해해야 한다는 비판이 제기될 수 있다. 이 비판이 타당하다고 판단되면 현재의 제한적 열거주의 입법을 예시적 열거주의 입법 형태로 개정할 필요가 있다. 그리고 '그 밖에 업무와 관련하여 발생한 질병'과 관련해서도 시행령의 질병 목록에서 매우 제한적으로 열거하고 있는데, 이 역시 예시적 열거로 이해될 수 있도록 개선할 필요성이 있다.

업무상재해 인정과 관련하여 업무활동성이 인정되더라도 다음의 경우에 대해서는 이를 업무상재해로 보지 않는다. 고의나 자해행위(다만, 자해행위가 업무상재해로 인한 정신적 이상 상태에서 이루어진 경우는 예외적으로 인정),[18] 범죄행위 및 그것이 원인이 되어 발생한 부상·질병·장해·사망 등이 그것이다. 자기책임의 경우까지 사용자에게 책임을 지게 하는 것은 부당하기 때문이다. 또한 이는 위험공동체를 대상으로 한 위해적이고 비난 가능한 자기행위에 대해 급여를 제한하는 것으로 이해할 수 있다.[19]

여기서 업무상재해의 의미를 둘러싸고 해석 시 문제가 발생할 수 있다. 비교법상으로는 대개 산재사고를 업무상재해(또는 노동재해)와 직업병으로 나누어 설명한다. 재해를 '우발적으로 외부에서 일어난 사고'로 이해하면 재해와 질병을 구분하여 이해하는 것이 맞지만 현행법상의 업무상재해에는 '업무상사고'와 '업무상질병'이 포함된다.

현행법이 재해의 의미를 이처럼 규정한다고 하더라도 '업무상재해'를 곧 '업무상 사유로 인한 부상·질병·장해·사망'으로 보는 것은 논리적으로 다소 명료하지 않은 부분이 있다. 왜냐하면 법이 '업무상재해=부상·질병·장해·사망'으로 규정하고 있지만, 부상·질병·장해·사망은 재해로 인해 초래된 결과이지 '재해' 그 자체는 아니기 때문이다.

재해의 의미는 산재보험 사고에 대한 분석에도 영향을 미친다. 통상 보험사고의 발생을 시간의 경과 순으로 정리하면, '업무 관련 행위 →

사고(재해) → 부상, 장해 또는 사망'으로, 또는 '업무 관련 행위 → (유해물질에의 노출 등으로 인한 건강 침해) 작용(재해) → 질병'으로 전개된다. 그러므로 업무상재해가 되기 위해서는 업무 관련 행위와 재해(사고 또는 작용) 사이에 인과관계가 있어야 하고, 그러한 재해(사고 또는 작용)와 신체 및 건강의 손상(부상, 장해, 사망 또는 질병)이라는 결과 사이에도 인과관계가 갖추어져야 한다.

전자의 업무 관련 행위와 재해의 인과관계는 업무상 행위의 인정 여부로 판단하며, 후자의 재해와 신체 및 건강 손상의 인과관계는 재해(사고 또는 작용)와 부상·질병·장해 및 사망 등의 인과관계로 판단하는데, 기준은 '상당인과관계'의 여부이다(산재보험법 제37조 제1항 단서).[20]

업무상사고에 대한 판단

앞서 언급했듯 산재보험법이 업무상사고로 인정하는 행위는 다음의 다섯 가지 경우이다. ① 근로계약에 따른 업무나 그에 따른 행위 ② 사업주가 제공한 시설물 등의 이용행위 ③ 사업주 제공 교통수단이나 그에 준하는 교통수단 이용행위 ④ 사업주 주관이나 사업주 지시로 참여한 행사나 행사준비 행위 ⑤ 휴게 중 사업주의 지배·관리 하에 있는 것으로 볼 수 있는 행위 등으로 발생한 부상·장해 및 사망 등의 경우이다. 자세한 내용은 동법 시행령 제27조 이하에 규정되어 있다.

첫 번째의 근로계약에 따른 업무나 그에 따른 행위로는 ㉠ 근로계약에 따른 업무수행 행위, ㉡ 업무수행 과정에서 하는 용변 등 생리적 필요행위, ㉢ 업무를 준비하거나 마무리하는 행위와 그 밖에 업무에 따르는 필요적 부수행위, ㉣ 천재지변·화재 등 사업장 내에 발생한 돌발적인 사고에 따른 긴급피난·구조행위 등 사회통념상 예견되는 행위 등이 있다. 또한 ⑩ 근로자가 사업주의 지시를 받아 사업장 밖에서 업무를 수행하는 소위 영업활동이나 출장 중에 발생한 사고도 이에 해당하나, 사업주의 구체적인 지시를 위반하거나 근로자 개인의 사적인 행위를 하던 중 발생하거나 정상적인 출장 경로를 벗어난 상태에서 발생한 사고는 업무상사고에 해당하지 않는다. 그리고 ⑪ 업무의 성질상 업무수행 장소가 정해져 있지 않은 근로자가 최초로 업무수행 장소에 도착하여 업무를 시작한 때부터 최후로 업무를 완수한 후 퇴근하기 전까지 업무와 관련하여 발생한 사고도 근로계약이나 그에 따른 업무수행 중의 행위로 보아 업무상사고에 해당하는 것으로 본다(산재보험법 시행령 제27조).

두 번째의 사업주가 제공한 시설물 등을 이용하는 행위로 인한 사고는 사업주가 제공한 시설물, 장비 또는 차량 등을 이용하던 중에 시설물 등의 결함이나 사업주의 관리 소홀에 기인하여 발생하는 사고를 말한다. 이 경우에도 근로자가 시설물 등을 이용하면서 사업주의 구체적인 지시를 위반함으로써 사고가 발생하거나 시설물 등의 관리가 사업주의 영역으로부터 벗어나 근로자 스스로의 전속적인 관리 하에서 발생한 것으로 볼 수 있는 경우(가령 업무시간 종료 후 회사차량을 사적으로 운행하다 입은 사고 등)에는 업무상사고로 보지 않는다(산재보험법 시행령 제28조).

네 번째의 노무관리나 사업운영상 필요하다고 인정하여 사업주 주관이나 사업주 지시로 근로자가 행사에 참가하거나, 행사참가를 근로시간으로 간주함으로써 간접적으로 행사참가를 지시한 경우, 또는 그와 같은 행사참여를 사용자가 통상적·관례적으로 인정하는 경우에는 그러한 행사준비 중에 발생한 사고와 행사진행 중에 발생한 사고는 업무상사고에 해당한다(산재보험법 시행령 제28조).

판례는 행사 중의 재해를 업무상재해로 인정하기 위해서는 행사의 주최자, 행사목적, 내용, 참가자에 대한 강제성 여부, 운영방법 그리고 비용부담 내지 장소제공 등의 여러 상황을 고려하여 판단해야 한다고 한다. 이러한 입장에 의할 경우 근로자 일부가 친목도모를 위해 비용을 스스로 갹출하여 야유회를 갖고 이러한 야유회의 전반적인 과정이 회사의 지배·관리 하에 있다고 보기 어려운 경우에는 야유회 도중에 발생한 재해는 업무상재해가 아니다.[21] 또한 직장의 회식 중에 발생한 재해도 그 회식이 업무의 연장이나 업무를 원활히 하기 위한 목적에서 이루어진 것이 아니라 참석자들의 사적 내지 자의적인 유흥행위에 지나지 않는 경우에는 업무상재해로 인정되지 않는다.[22]

다섯 번째로 언급된 휴게시간 중 구내매점에 간식을 사러 갔다가 발생한 사고의 경우, 근로자의 본래 업무행위에 수반된 생리적 또는 합리적 행위로 볼 수 있다는 이유에서 사업주의 지배·관리 하에 있는 것으로 보아 업무상재해로 인정된다.[23] 그러나 휴게시간 중 자의로 운동경기를 하다가 재해를 입은 경우에는 휴게 중 사업주의 지배·관리 하에 있는 것으로 볼 수 없어 업무상재해에 해당하지 않는다.[24]

세 번째의 사업주 제공 교통수단이나 그에 준하는 교통수단을 이용하는 행위에서 발생한 재해에 대해서는 아래의 통근재해에서 설명한다.

업무상질병에 대한 판단: 상당인과관계 관련

업무상재해로 인정되려면 재해와 부상·질병·장해·사망 사이에 인과관계가 존재해야 한다. 2007년의 산재보험법 개정 시 이전에 학설과 판례에 의해 인정돼오던 '상당인과관계'를 명문화했다. 따라서 업무상재해 판단 시 상당인과관계가 무엇을 의미하는지, 어떤 요건을 충족하면 상당인과관계가 인정되는지가 중요하며, 이는 주로 업무상질병 여부 판단 시 문제가 된다.

업무상질병은 업무상재해처럼 단시간에 발생하지 않고 장기간의 진행과정을 거치면서 발병하는 점이 특징이다. 그래서 질병에 걸릴 경우, 그것이 온전히 업무상 활동의 결과로 인한 것이거나 근로자 개인의 특별한 건강상태에 기인한 것일 수 있다. 또는 두 요인(업무활동과 근로자 개인의 건강상태를 나타내는 기왕증)이 함께 작용하여 발생한 것일 수도 있다. 이러한 점을 감안하여 현행법은 다른 나라와 마찬가지로 전형적인 업무활동 종사 근로자에게 발생 가능한 질병을 경험칙상 정리하여 인과관계를 추정[25]하는 방식을 취한다. '추정'될 뿐이란 점에서 별도 인과관계 심사를 거쳐야 하지만 직업병으로 인정될 가능성이 높다.

이 중에서도 시행령 [별표 3]에서 소음성 난청같이 구체적인 기준이 명시된 경우, 이러한 요소를 충족하면 의학적으로 이미 직업병으로 추정되므로 달리 판단될 가능성이 거의 없다. 이를 부정하기 위해서는 상대방이 그에 관한 반대 증명을 해야 한다. 반면 시행령 [별표 3]에 구체적인 기준이 없는 경우에는 어느 정도에 이르러야 직업병으로 인정될지에 대하여 관련 당사자 간에 논란이 되고 있다.

판례는 상당인과관계에 대한 판단과 관련하여 근로복지공단의 실무 관점보다 다소 완화된 입장에서 판단하고 있다. 공단은 상당인과관계를 업무수행과 직접적 관계가 있으며 의학적·자연과학적으로도 증명될 수 있는 경우에 한해 인정하는 엄격한 입장을 견지한다. 이에 반해 판례는 질병의 주된 발생 원인이 업무수행과 직접적 관계가 없더라도 적어도 업무상의 과로나 스트레스가 질병의 주된 발생 원인과 겹쳐서 질병을 유발하거나 악화시켰다면 그 사이에 인과관계가 있는 것으로 본다.[26]

판례는 이러한 인과관계가 반드시 의학적·자연과학적으로 명백히 입증되어야 하는 것은 아니며, 제반 사정을 고려했을 때 업무와 질병 사이에 상당한 인과관계가 있는 것으로 추정될 때에도 인정한다.[27] 이처럼 상당인과관계 인정을 둘러싼 판례와 실무기관 간의 입장 차이는 개별 직업병에 대한 구체적인 기준이 제시되지 않거나, 구체적으로 제시되더라도 그 기준에 미치지 못할 때에 주로 나타난다.

나아가 판례는 평소 정상적인 근무가 가능한 기초질환이나 기존 질병이 직무 과중 등의 이유로 자연적인 진행속도 이상으로 급격히 악화한 때에도 상당인과관계를 인정한다.[28] 그리고 업무와 질병의 인과관계 유무 판단의 기준도 보통 평균이 아니라 당해 근로자의 건강과 신체조건이어야 한다는 입장이다.[29] 이와 같은 판례는 상당인과관계를 유연하게 판단하려 한다는 입장으로 평가될 수 있다. 그러나 달리 보면 판례가 산재보험의 성격이 책임보험에서 사회보험으로 옮겨가고 있는 점을 감안하여 엄격한 사용자 책임을 견지하기보다 사회보장적 관점에서 보호대상을 확대하려는 입장을 지지하는 것으로 이해할 수도 있다.

업무상재해 판단과 관련한 인과관계에서 제기되는 다른 문제는 직업병 목록에 없더라도 직업병으로 인정할 수 있을 것인가 하는 점이다. 산재보험법은 질병 목록에 규정된 직업병(제37조 제1항 제2호 가목)[30]과 업무상 부상이 원인이 되어 발생한 질병(제37조 제1항 제2호 나목) 외에 '그 밖에 업무와 관련하여 발생한 질병'(제37조 제1항 제2호 다목)을 규정하여 이들을 업무상질병으로 인정할 수 있는 여지를 남기고 있다. 따라서 산재보험법 시행령 [별표 3]이 업무상질병 목록을 규정하는 열거주의 방식을 취하고 있지만, 이를 해석할 때 그 밖의 경우에 대해서도 업무상질병으로 수용할 수 있는 여지가 남겨져 있는 것으로 해석하는 것이 바람직할 것이다. 물론 이 경우에도 근로자는 해당 질병이 업무에 기인하여 발생한 것임을 구체적으로 증명해야 한다.

업무상재해에 대한 판단: 증명책임

법적 분쟁이 발생하면 권리주장자가 그에 대한 증명을 부담함이 소송법상 기본원칙이다. 이 원칙에 따르면 피해를 입은 근로자가 산재보상을 받기 위해 그가 입은 질병이 업무수행으로 인해 발생했다는 점을 증명해야 한다.[31] 법령에 규정된 질병 목록 중 구체적 기준이 규정되어 있는 경우에는 그 기준에 해당함을, 구체적 기준 없이 질병 목록만 규정된 경우에는 유해·위험요인을 취급했거나 이에 노출됨에 따라 질병이 발생했다는 점을 근로자가 증명해야 한다.

근로자의 증명책임 부담에 대해서는 이해관계 당사자들의 주장이 엇갈린다. 이와 같은 증명을 근로자가 부담하는 것이 부당하다는 주장이 있다. 근로자들은 이를 입증할 만한 전문성이 부족하고 증명할 수 있는 자료를 얻기가 쉽지 않기 때문이다. 이런 점에서 근로자가 업무상질병임을 증명할 게 아니라 보험관장자인 근로복지공단이 발생한 질병이 업무상질병이 아님을 증명해야 한다는 입증책임의 전환을 주장하는 입장이 있다. 보험관장자가 해당 질병이 명백히 업무관련성을 갖지 않음을 증명하지 않으면 인과관계를 인정하자는 것이다.[32]

이처럼 유해·위험요인에 노출되었다는 사실만으로 업무상질병을 인정하자는 견해는 근로자 보호 측면에서는 매우 충실할 수 있다. 그러나 이러한 견해는 산재보험 적용대상을 필요 이상으로 확대하고 건강보험 적용대상을 축소시킬 수 있다는 점에서 적절하지 않다는 지적이 나오고 있다.[33] 덧붙여 증명책임의 전환까지는 아니더라도 증명책임의 부담을 완화시키자는 주장이 있다. 이는 '추정의 법리' 개념을 도입하여 법률에서 설정한 요건까지 입증하지 않고 그 전제가 되는 사실을 증명한 것으로 증명책임을 다한 것으로 보고, 추정 효과를 부인하려면 상대방이 추정 사실이 존재하지 않는다는 것을 증명하는 책임을 지도록 하는 것이다. 이와 같은 증명책임의 전환이나 추정의 법리를 산재소송에 적극 도입하자는 주장이 꾸준히 제기되고 있다.

이에 대해 판례는 '개연성 이론'을 적용하여 일정 부분 추정의 법리에 입각하여 증명책임을 완화시키고 있는 듯하다. "업무와 사망 사이의 상당인과관계의 입증을 위해서는 반드시 의학적 감정을 요하는 것이 아니고 제반 사정을 고려할 때 …… 상당인과관계가 있다는 개연성이 입증되면 족하다"고 판시하는 것이 한 예이다.[34] 다시 말하면 인과관계 판단 시 의학적 인과관계가 명백히 증명되지 않더라도 제반 사정을 고려하여 개연성이 증명되면 충분하다고 보는 것이다.

문제는 의학상 그 원인이 명백하게 밝혀지지 아니한 질병의 경우에는 극히 예외적인 사례를 제외하고는 인과관계를 인정받기가 상당히 어렵다는 사실이다. 예를 들면 판례는 의학적으로 인과관계가 상당히 밝혀진 과로와 뇌혈관계 질환, 과로와 심장질환에 대해서는 증명책임의 완화를 인정하는 반면[35] 과로와 위암이나 급성골수성 백혈병 사이에는 인과관계를 인정하지 않고 업무상재해를 부정하고 있다.[36] 또한 크롬과 도료 등에 노출되어 폐암이 발병한 때에는 해당 물질이 의학적으로 발병시킬 수 있는 것으로 알려진 사례에서 인과관계를 인정, 업무상재해로 판정하고 있다.[37]

이에 비해 근로자의 질병이 희귀질병이고 그 발병원인이나 악화원인이 밝혀지지 아니한 채 막연히 납이나 알루미늄 중독 같은 환경적 손상이 이차적 발병원인 중의 하나가 될 수 있는 경우에는 상당인과관계가 있는 것으로 추단될 수 없다고 판시했다.[38] 전반적으로 판례도 근로자의 증명부담을 완화시키는 방향으로 판시하고 있으나, 아직은 일부에서 주장하는 증명책임의 전환 수준에는 이르지 못하고 있다.[39]

통근재해도 업무상재해에 포함되나?

업무상재해로 인정되려면 재해에 앞선 행위가 업무상 활동이어야 한다. 이때 업무상 활동은 근로자가 근로계약에 기초하여 사업주의 지배·관리 하에서 수행하는 근로업무나 그에 수반되는 통상적인 활동이다. 산재보험법은 원칙적으로 출퇴근 도상에서 발생한 재해를 업무상재해로 인정하지 않는다. 다만, 출퇴근 행위가 사업주의 지배·관리 하에 있는 것으로 볼 수 있는 경우에는 출퇴근 도상의 재해가 업무상재해로 인정된다. 즉 사업주 제공 차량을 이용하던 중 재해가 발생했거나,[40] 사업주 승인 하에 개인 차량을 출퇴근에 사용하다가 발생한 재해,[41] 그리고 다른 교통수단을 이용할 가능성이 없는 상태에서 개인차량 이용 중 발생한 재해[42]에 대해서는 사업주 지배·관리 하에 있는 것으로 보아 업무상재해로 인정한다(산재보험법 시행령 제29조).

일부에서는 법리와 국제기관의 권고, 주요국 사례 등을 거론하면서 통근재해를 업무상재해로 적극 수용하자고 주장하기도 한다. 그 논거는 출퇴근 행위는 이미 업무수행을 위해 필수불가결하게 전제되는 행위로 더 이상 사적 행위에 속하지 않는다는 점, 현행법이 업무상재해 판단기준을 종래의 '2요건주의'에서 업무상 사유라는 업무관련성으로 폭넓게 인정한 점 등이다. 또한 국내에서도 공무원은 통근도상의 재해가 공무상 재해로 인정되고 있고 국제노동기구가 통근재해를 업무상재해(또는 이에 준하는 보상) 하에 둘 것을 협약으로 권고하고 있다.

통근재해를 산재보험 급여대상으로 도입할 것인가의 여부를 결정짓는 핵심요인은 급여대상으로 지정할 때의 재정부담 증대이다. 통근재해를 산재보상대상으로 인정하는 나라는 전체 급여액 중 10~15% 정도가 통근재해에 따른 지출인 것으로 보고되고 있으며,[43] 국내에서는 교통사고 발생률이 상대적으로 더 높고 도덕적 해이도 심해 현재보다 1/3 정도 보험급여가 늘어날 것으로 추정되었다.[44]

다른 나라에서도 통근재해를 업무상재해로 인정하는 측과 부정하는 측이 있는데, 주요국의 다수가 이를 인정하고 있다.[45] 통근재해 보상 시 이를 업무상재해에 포함하여 인정하는 국가(독일, 프랑스, 오스트리아 등), 업무상재해와 별개 제도로 설정하여 보상하는 국가(일본)로 구별된다. 일본은 통근재해를 업무상재해가 아닌 비업무상재해로 구분하고, 재해보상비용은 사업주가 전액 부담하되 업종별 재해율에 따른 보험료율 대신 전 업종 일률 보험료율 0.06%를 추가로 부과한다.[46]

재해근로자의 산재보상 수급권은 어떻게 보호되나?

재해근로자는 재해발생 후 의료기관에서 요양치료를 받게 되며 요양기간이 4일 이상이면 근로복지공단에 요양급여를 신청, 보상받을 수 있다. 요양급여 신청 시 소속 사업장, 재해발생 경위, 그 재해에 대한 의학적 소견, 근로자의 재해발생 경위를 서술하고 보험가입자인 사업주의 확인을 받아 관련 서류를 첨부해야 한다.[47]

요양급여 결정 전이라도 우선적으로 건강보험에 의한 요양급여 등을 받을 수 있다. 이 과정에서 본인부담금을 납부한 경우에는 산재보험법에 따라 요양급여 지급이 결정된 이후 근로복지공단에 그 금액의 지급을 청구할 수 있다(법 제42조 제2항). 업무상재해 신청대상이 질병이면 질병판정위원회의 심의를 거쳐 업무상재해 여부가 결정된다(산재보험법 제38조).

한편 근로자의 요양급여 신청(또는 근로자 사망 시 유족의 유족급여 신청)을 업무상재해가 아니라는 이유로 근로복지공단이 지급을 거부하는 경우도 있다. 이때에는 재해근로자(또는 유족)가 90일 이내에 공단의 소속기관을 통하여 공단에 심사청구를 할 수 있다(산재보험법 제103조).[48] 이러한 심사청구가 있으면 공단은 60일 이내에 산업재해보상보험심사위원회의 심의를 거쳐 심사청구에 대해 결정해야 하며, 부득이한 사유가 있는 경우 20일 한도로 연장할 수 있다.

재해근로자(또는 유족)가 산업재해보상보험심사위원회의 심사결정에 불복하는 경우에는 90일 이내에 고용노동부 산하에 설치된 산업재해보상보험재심사위원회에 재심사를 청구할 수 있으며, 동 위원회는 60일 이내에 재심사 결정을 하게 된다(산재보험법 제106조). 다만, 업무상질병판정위원회의 심의를 거친 보험급여에 관한 결정에 불복하는 경우에는 심사청구를 거치지 않고, 재심사청구를 바로 할 수 있다(산재보험법 제106조 제1항 단서). 이때에 심사는 행정처분, 그리고 재심사 청구에 대한 재결은 행정심판에 대한 재결로 보아 이에 불복하는 경우 행정소송을 제기할 수 있다(행정소송법 제18조). 이처럼 공단의 심사결정을 따르기 어려울 경우 재심사를 청구하거나 행정소송을 제기할 수 있으며, 재심사 청구에 대한 재결에 불복할 경우 행정소송을 제기할 수 있다.

이와 같은 근로복지공단의 심사, 재심사 및 행정소송을 통한 권리구제 방안 외에 피해를 입은 근로자는 민법상의 불법행위를 이유로 사업주에 대해 민사소송을 제기할 수 있다. 이러한 민사소송은 위의 심사, 재심사 및 행정소송과는 별개로 진행된다.

산재보상 외 다른 배상·보상도 받을 수 있다?

재해근로자는 근로기준법상의 재해보상과 산재보험법상의 산재보상 외에 민법상 손해배상 청구요건을 갖출 경우 가해자(사업주 또는 제3자)

에게 민사상 손해배상청구권도 행사할 수 있다. 이때 각각의 보상이나 배상은 재해로 말미암아 근로자가 입은 손해를 보상한다는 점에서 공통적이므로 상호 간 조정 문제가 발생한다. 산재보상의 본질적 기능은 사업주의 재해보상책임을 책임보험 형태로 전환하여 근로자를 보호하는 것이다. 이때의 책임보험은 손해보험의 특성이 있어 실손보상의 원칙이나 이로부터 파생된 이득금지의 원칙을 적용받으므로 피보험자인 근로자는 이중의 보상을 받을 수 없다.[49]

따라서 업무상재해의 발생 시 근로자는 사용자에 대해 민사상 (불법행위 책임을 통한) 손해배상청구권, 근로기준법상 재해보상청구권 및 산재보험법상 산재보상청구권을 각각 가지지만 자신에게 발생한 손해의 범주 내에서만 청구권을 행사할 수 있다. 근로기준법 제87조[50]와 산재보험법 제80조[51]가 이 내용을 명문으로 규정하고 있다. 산재보상을 받았거나 받을 수 있으면 사업주는 동일한 사유에 대해 근로기준법상 재해보상책임을 지지 않고, 동일한 사유에 대해서는 그 받은 금액의 한도 내에서 민법상 손해배상 책임도 지지 않는다.

재해보상, 산재보상 및 손해배상의 병존은 재해근로자가 그중 하나를 선택하거나 순차적 또는 중첩적으로 청구권을 행사할 수 있음을 뜻한다. 일반적인 경우에는 산재보상이 우선적용되고 그다음에 조정이 이루어진다. 즉 사업주는 산재보상 한도에서 재해보상책임을 지지 않고, 산재보상이 제3자의 불법행위로 인해 발생할 때에는 근로복지공단이 재해근로자의 손해배상청구권을 대신하여 행사한다.

예외적으로 다음과 같은 문제가 생길 수 있다. 예를 들면 산재보상 청구절차에서 업무상재해가 인정되지 않아 산재보상을 받을 수 없었

산재보험과 민사소송 중 양자택일: 싱가포르

도시국가 싱가포르는 중앙적립기금(CPF)이라는 강제저축제도를 복지정책의 일환으로 사용, 큰 비용을 들이지 않고 복지제도 전반의 지속가능성을 높게 유지하고 있다. 배경에는 자조와 자립의 두 단어가 키워드로 자리 잡고 있다.

싱가포르의 산재보험은 급여수준이 낮고 산재보상 시 민사상 손해배상 청구가 불가능하다. 재해근로자와 유족은 사고발생 후 1년 이내에 산재보험을 통한 보상 또는 민사상 손해배상을 선택해야 한다. 발생 재해에 대한 싱가포르 정부(인력부)의 산재적용 여부 평가통지를 받고 소정의 기간 내에 민사소송 여부를 정해야 한다.

육체노동자와 월 1600달러(140만 원) 이하 사무직 노동자는 강제가입이며, 위 금액 초과 사무직 노동자는 임의가입이다. 보상수준은 치료비용이 2012년 6월 이후 최대 3만 달러(2600만 원)이며, 사망과 장해급여는 일시금으로 사망 시 최대 17만 달러(1.5억 원) 최소 5.7만 달러(5000만 원)이며, 장해 시 최대 27.3만 달러(2.4억 원, 완전영구장해 시 추가보상 포함) 최소 7.3만 달러(6400만 원)×영구장해비율이다.

산재보상 외에 CPF를 통한 장해급여가 있지만 일시금으로 지급되며 자신의 저축규모에 따라 금액이 다르고[52] 산재보상과의 병급조정이 없다. 산재보험은 보상수준이 낮지만 사용자 무과실책임이 적용되고 조기수급이 장점인 반면 민사 손해배상소송은 사용자 과실과 피해규모 입증, 변호사 비용이 부담요인으로 작용한다.

으나 근로자가 별도 민사소송으로 재해보상 청구에서 승소하면 사용자는 재해보상을 해야 한다. 그런데 이때 근로복지공단의 부지급처분, 즉 산재보상을 하지 않는다는 처분이 유효할 경우 사용자는 공단을 상대로 재해근로자에게 지급한 재해보상을 사실상 청구할 수 없게 된다.

다른 예외적인 사례로 산재보상액이 근로기준법상의 재해보상액보다 적어 사용자가 추가적인 재해보상책임을 부담하는 결과가 발생하는 경우이다. 산재보상제도에 산재보험 급여산정 기준인 평균임금을 제한하는 최고 보상기준이 도입되면서 재해보상액이 더 많거나 평균임금이 통상임금보다 적어 산재보상이 재해보상보다 적을 수 있다. 이때는 사용자가 산재보험에 강제가입했지만 추가적인 재해보상책임을 져야 한다. 현장에서는 취업규칙이나 단체협약으로 업무상재해의 발생 시 산재보상 외에 추가적 보상을 별도로 규정해두는 경우가 많다. 그러나 산재보상책임이 성립되면 사용자의 재해보상책임이 완전면제되도록 하는 것이 바람직할 것이다.

산재보상과 민사상 손해배상 청구가 경합할 때에도 동일한 현상이 발생한다. 사용자 입장에서는 산재보험에 가입했는데도 손해배상책임을 져야 하는 부담이 발생한다. 관련하여 독일에서는 산재보상이 이루어지면 고의나 통근재해를 제외하고는 민사상의 손해배상책임이 완전면제되는 입법체계를 운영하고 있다. 향후 산재보상제도 개선 시 사용자가 이와 같은 이중부담에서 벗어나도록 하고, 재해근로자는 더욱 간편하게 실질적인 손해를 보상받을 수 있도록 재해보상과 손해배상의 관계를 재정립해야 할 것이다.

산재보상과 민사 손해배상의 유족급여 처리방식

재해근로자가 업무상재해로 사망하면 유족에게 산재보험의 유족급여가 지급된다. 이와 별도로 민사상의 손해배상청구권이 함께 발생할 수 있다. 이 경우 산재보험법상의 유족급여와 민사상의 손해배상 청구권이 각각 누구에게, 어떻게 지급될 것인가가 문제될 수 있으며, 유족급여와 민사상 손해배상의 관계에서 특별한 문제가 발생한다.

산재보험법은 유족연금 수급권자의 순위를 별도로 정하고 있다(제63조 제1항). 이 규정에 의하면 선순위자가 있을 경우 그에게 모든 유족급여가 지급된다. 선순위자가 없을 경우 비로소 후순위자의 수급자격이 인정된다. 그리고 산재보험법상의 유족급여 수급권은 사망근로자가 부양하던 가족의 생계를 보호하기 위한 것이므로 민법상의 상속권자 순위와 달리 사실상의 배우자에게도 유족급여 수급권이 인정된다. 예를 들어 사망근로자의 부양가족으로 사실상의 배우자와 19세 미만의 자녀 2명이 있다고 하자. 이때는 산재보험법상의 유족급여는 선순위자인 사실상의 배우자에게 전액 지급되고, 후순위자인 자녀 2명에게는 유족급여가 지급되지 않는다. 한편 자녀가 만 19세 이상이면 유족급여 수급권이 인정되지 않지만 민법상의 상속권은 갖는다.

여기서 유족급여가 지급될 경우 그 한도 내에서 가해자의 민사상 손해배상청구권이 면책될 수 있는 것인가 하는 문제가 남는다. 이에 대해 판례는 민사상의 손해배상청구권과 유족급여는 각각의 성질이 다르다고 본다. 다만, 보험급여의 대상이 된 손해와 민사상 손해배상 대상이 된 손해 사이에 상호 보완관계가 존재하고, 산재보험 급여 수급권과 민사상의 손해배상청구권을 갖는 주체 간에도 상호 보완관계가 존재할 경우에는 조정대상이 된다고 보았다. 그러나 각각의 청구권 주체가 다르다면 양 청구권이 조정되지 않는다는 입장을 취한다.

따라서 법적 배우자가 아닌 사실상의 배우자가 받는 수급권은 상속인으로서가 아니라, 산재보험법상 선순위자로서 자신의 수급권을 취득하여 유족연금을 지급받는 것이므로, 이를 사망근로자의 법정 상속인인 자녀 2명이 갖는 손해배상청구권과 상호 보완적 관계에 있다고 볼 수 없다고 했다. 이 경우 가해자는 산재보험법상 지급된 유족연금을 한도로 자녀들에 대한 손해배상 책임까지 없어지는 것은 아니므로 자녀 2명에게 상속된 손해배상청구권에 책임을 져야 한다고 판시했다.[53]

물론 손해보험의 배타적 적용을 인정하는 입법례에 의하면 위와 같은 민사상 손해배상청구권의 이중지급 문제는 발생하지 않는다. 그러나 우리의 법제는 양 청구권이 동시에 성립하는 것을 인정하고, 상호 간에 관련성이 있는 경우에만 조정·면제되도록 하고 있다.

여기서 향후 입법 논의 시 도입을 고려해볼 수 있는 사안의 하나가 산재보험법이 유족급여 수급권자의 순위에 따라 선순위자에게 유족급여 전액을 지급하도록 하는 규정을 개정하는 것이다. 현행 규정에 따르면 사망근로자가 부양하던 후순위자(가령 19세 미만 자녀 2명)의 생활보장 여부는 전적으로 선순위자(가령 사실혼 배우자)의 선의(善意)에 좌우된다. 이 때문에 미성년 자녀의 부양이 제대로 이루어지지 않는 등의 문제가 발생할 수도 있어 피부양자인 유족 상호 간의 순위에 따라 일정한 지분을 인정하는 방식을 고려할 수 있을 것이다.

자녀의 경우 유족급여의 수급자격 인정기준(산재보험법 제63조 제1항 제2호)이 그동안 만 18세 미만이었으나 2012년 12월 18일의 개정 법률에서 만 19세 미만으로 상향조정되었다. 이는 우리나라의 교육체계를 감안할 때 만 18세가 적정하지 못하다는 지적에 따라 상향조정된 것이다.[54] 이뿐만 아니라 사망근로자의 배우자가 남편일 경우, 유족급여 수급요건이 60세 이상이었는데 이때의 개정 시 연령조항이 삭제되었다. 유족급여를 배우자의 성별과 연령에 관계없이 지급하도록 하여 남녀차별적인 요소를 없앴다.

자동차보험 가입자는 산재보상 초과 부분 청구 가능

산재보험법은 통근재해를 업무상재해로 인정하지 않는다. 다만, 사업주가 제공하고 사업주 지배 하에 있는 교통수단을 이용하던 중 발생한 재해에 대해서만 업무상재해로 인정될 뿐이다. 물론 업무를 보기 위해 회사차량을 이용하던 중 재해가 발생하면 당연히 업무상재해로 인정된다. 이처럼 부분적이긴 하지만 자동차 이용 시 발생한 재해가 업무상재해로 인정되는 경우, 산재보상과 자동차손해배상보장법에 의한 손해배상청구권이 함께 발생하는데, 양자를 어떻게 조정할 것인지가 문제가 된다.

자동차보험의 보상관계에는 대인배상 I 과 대인배상 II, 그리고 자기신체사고 보상 등이 있다. 원칙적으로 자동차보험도 손해보험으로서의 성질을 가지므로 산재보상과 함께 근로자의 이중 청구는 가능하지 않고 상호 간에 조정이 이루어진다. 그러므로 산재보상이 먼저 이루어지면 근로복지공단은 그 급여액을 한도로 자동차보험사에 구상권을 행사한다.

그런데 대인배상 II와 관련하여 자동차보험에서 산재보상을 받는 경우에는 보상하지 않는다는 면책약관을 둔 경우가 있었다. 이에 대해 법원은 손해가 산재보상 범위를 초과하는 경우에도 면책을 인정하는 것은 타당하지 않다고 보았다. 즉 면책조항을 인정한다면 피해근로자에 대한 사업주의 손해배상책임이 남아 있음에도 불구하고 자동차보험사의 면책이 인정되어 사업주에게 실질적인 손해배상책임을 여전히 부과하는 것이 되고, 이는 사업주에게 발생하는 손해배상책임을 담보하기 위한 자동차보험 취지에도 어긋나며, '약관의 규제에 관한 법률'에 위반하여 소정의 고객들을 불리하게 만드는 부당한 약관규정으로 판단했다.[55] 그러므로 산재보험 급여 초과 부분에 대해서는 보험계약자인 근로자나 그 유족이 자동차보험 회사에 보험금 지급을 청구할 수 있다.[56]

한편 자기신체사고보험에 대해서는 산재보험 급여와 조정되는 관계가 아니라고 판단하여 이중의 배상을 인정해야 한다는 주장도 있으나 실무적으로는 이 역시 손해보험의 성격으로 보아 조정대상으로 삼고 있다.

제4장

재원조달과 재정수지

배준호(한신대 대학원장)

제4장에서는 산재보험의 주된 재원조달 수단인 보험료 부과와 재정수지에 대해 검토한다. 제도운영을 국가(주정부 포함)나 조합이 주도하는 대부분의 국가(우리나라 포함)에서는 사업주가 보험료를 부담한다. 영국 등 일부 국가에서는 조세가 주된 재원인데, 영국의 경우 1990년 이전에는 사업주, 근로자 및 국가가 분담하여 재원을 마련했다.

보험료로 징수한 재원에 약간의 국가지원 예산을 더해 전체 수입이 정해지고, 여기서 요양급여, 휴업급여, 장해급여, 유족급여, 간병급여 등을 지급하고 남은 금액은 미래의 연금지급을 위한 산재기금으로 적립, 운영하고 있다. 관련하여 적립금에 대한 법규정과 적립금 수준의 적정성, 보험 재정방식의 특징에 대해서도 검토한다. 이어서 업종별 보험료율과 보험료율 할인할증제도인 개별실적요율제도의 내용을 설명하고 특징을 정리한다. 특히 개별실적요율제도를 통해 발생하는 재분배 효과와 동 제도의 문제점을 살펴본다.

마지막으로 산재보험 재정운영과 관련한 남은 과제에 대해 검토하고, 산재보험 재정운영의 모범국이라고 할 수 있는 일본의 사례를 간략히 소개한다.

소요재원 조달방법

이 장에서는 산재보험의 재원조달과 재정수지의 움직임에 초점을 맞춰 우리 산재보험제도의 특성을 살펴본다. 산재보험의 재원은 국가(주정부 포함)나 조합이 주도하는 대부분의 국가에서 사업주가 부담하는 보험료가 주된 재원이다. 미국, 일본, 독일, 프랑스, 이탈리아, 스웨덴 등이 그러하다. 자영업자를 적용대상에 포함시키는 나라에서는 원칙적으로 자영업자 본인이 보험료 전액을 부담한다.

조금 특이한 나라가 영국이다.[1] 영국에서 1948년 국민보험이 도입되기 이전에는 민영보험회사가 판매하는 산재보험이 주로 활용되고 있었다. 그러나 국민보험이 도입되면서 민영보험회사가 더 이상 이 상품을 취급하지 않게 되었고 사회보험이 이를 대체했다. 이후 1990년까지 영국의 산재보험 가입자는 국민보험의 제1종 보험료 납부의무자로 규정되었다. 비용부담은 국고지원분을 차감한 몫을 사용자와 근로자가 반씩 부담했다(4:4:2 비율, 2는 국고지원). 이후 시간이 경과하면서 사업주

부담이 늘고 근로자와 국고 부담이 줄어 최종적으로 57:26:17의 비율로 바뀌었다.

한편 독립적으로 운영되던 산재보험의 각종 급여가 단계적으로 사회보장급여 등에 통합되면서 1973년에 마침내 산재기금이 폐지되었다. 당시 영국에서는 사업단위로 기금을 설치하여 운영하는 방식이 복잡하고 비용도 많이 든다는 이유로 인기가 없었다. 그러다가 1980년대 후반에 정부가 사적연금의 활성화에 나섰는데, 여기에 소요되는 비용의 일부를 국민보험기금이 지원하면서 1990년부터 산재보험 보험료를 전액 조세로 운영하는 통합기금(consolidated fund)이 부담하는 방식으로 바뀌었다. 산재보험이 무기여급여로 바뀐 것이다.

우리나라는 대다수 국가에서처럼 보험사업 비용의 대부분을 사업주가 부담한다. 영국처럼 국가가 조세 재원의 예산으로 부담해주는 것은 생각하기 어렵다. 재해발생에 원인이 있는 자가 형사상의 책임을 면하는 대신 금전적으로 응분의 부담을 져야 한다는 원칙을 적용하고 있다. 우리나라 산재보험은 1964년 도입 이후 재정운영이 크게 어려웠던 시기는 없었다.[2] 매년 사업장 가입자에게 보험료를 부과하고 국가가 지원하는 약간의 예산을 재원으로 재해를 입은 근로자에게 요양급여, 휴업급여, 장해급여, 유족급여 등을 지급해오고 있다.

1994년까지는 기금제도가 정립되지 않아 산업재해보상보험특별회계에서 기금을 운영해왔다.[3] 그러다가 1995년부터 책임준비금 적립이 의무화되면서(당시 법 제84조[4]) 그간의 특별회계에서 '산업재해보상보험기금'으로 변경되어[5] 좀 더 체계적으로 운영되고 있다(당시 법 제80조 1항). 2002년부터는 산업재해예방사업이 강조되면서[6] 정부가 기금지출예산

총액의 3% 상당액을 출연(2001년 말 이후)하도록 변경되었고 이름도 '산업재해보상보험 및 예방기금'으로 바뀌어 운영되고 있다. 기금은 매년 징수하는 보험료가 주된 재원이다.

책임준비금 적립에 대한 인식이 제도 도입 후 30년이 경과한 시점에 부각되어 관련 조항이 법 조항으로 도입된 것은 제도의 안정적 운영을 위해 큰 의미를 지닌다고 할 수 있다. 하지만 이후의 경과를 살펴보면 아쉬운 면이 없지 않다. 1995년부터 시행된 책임준비금 적립 규정이 제대로 지켜지지 않으면서 적립금 규모가 명맥만 유지하는 수준에 머물렀다. 그래서 고용노동부는 2004년과 2005년 두 차례에 걸쳐 산재보험발전위원회를 구성하여[7] 여러 가지 문제를 논의하면서 책임준비금 적립에 대해서도 해법을 모색했다.

두 차례의 위원회에서 국내 현황분석, 그리고 미국, 호주, 독일, 일본 등 주요국 사례에 대한 분석을 토대로 단계적인 책임준비금 적립 강화책을 대안으로 제시했다. 그런데 이러한 발전위의 제안과 달리 2008년 7월부터 이전 규정보다 완화된 규정으로 바뀌고 만다. 그 배경에는 매년 법이 규정하는 책임준비금을 적립해오지 못한 현실이 있었다. 지키지 못할 규정을 그대로 두느니 차라리 완화하여 지킬 수 있는 규정으로 바꾸는 것이 낫다고 판단한 것으로 알려져 있다. 그러나 당시의 참여정부 노사정위원회 내 산업재해보상보험발전위원회[8]가 2006년 5월부터 7개월에 걸친 논의 끝에 기존 규정을 완화하기로 한 것은 산재보험 재정운영의 장기적인 안정 측면에서 볼 때 뒷걸음친 조치라고 할 수 있다.[9]

이후 운영과정에서 보험료율을 인상하고 매년 수지를 흑자로 유지하여 적립금 규모를 확대하고 있으나 수급자에게 장기에 걸쳐 지속적으로 연금을 지급해야 하므로 적립금 수준은 여전히 불충분하며, 미적립 채무가 상당한 규모에 달하고 있다. 물론 그렇다고 산재보험의 장기에 걸친 안정적 운영이 위협받고 있다고 말할 수는 없다. 장기적으로 재해발생이 줄어들면서 보험급여 수급자 수가 감소할 것으로 전망되고 사업장의 보험료 부담능력은 지금 이상의 수준을 유지할 것으로 전망되기 때문이다.

다음에서는 제도 도입 이후의 수입과 지출을 살펴본 후 적립금 관련 규정과 적립금 수준의 적정성, 보험 재정방식의 개요에 대해 검토하도록 한다. 이어서 산재보험료율 산정방식 등 보험료 제도의 내용과 특징을 살펴본다. 나아가 우리나라 산재보험의 재정운영에 남은 과제가 무엇인지 정리하고 산재보험 재정운영의 모범국이라 할 수 있는 일본의 사례를 간략히 소개한다.

재정수지와 장기재정은 안정적인가?

산재보험은 5대 사회보험 중의 하나이다. 나머지 사회보험이 그러하듯이 산재보험도 가입자들이 내는 보험료가 주된 수입원이다. 다만, 국민연금이나 국민건강보험 등과 달리 사업주가 단독으로 보험료를 부담한다. 그 배경에는 근로기준법이 업무상재해를 입은 근로자에 대해 사용자의 무과실책임을 규정하고 산재보험을 통해 재해보상을 하도록 한 사실이 있다. 따라서 근로자는 보험료를 부담할 책임이 없고 사용자가 전액 부담하고 있다.

보험료 외의 수입원으로 국가부담금이 있다. 국가는 산재보험법 제
3조 규정에 따라 '산재보험사업의 사무집행 소요비용과 보험사업 비용
의 일부를 일반회계에서 부담'하고 있으며, 2002년부터는 산업재해예
방사업의 수행을 위해 기금지출예산 총액의 3% 범위에서 산재보험기
금에 출연금을 제공하도록 규정되어 있다(산업재해보상보험법 제95조 제
3항).

2012년의 산재기금 수지내역을 보면 수입이 5조 9149억 원, 지출은
4조 7134억 원으로 1조 2015억 원의 흑자를 보였다. 그 결과 적립금은
7조 4578억 원으로 큰 폭으로 증가했다(표 4-1, 부표 4-1 참조). 수입의
가장 큰 항목은 산재보험 보험료로 5조 5124억 원이고, 정부 내부수입
은 345억 원에 불과하다. 지출항목은 산재보험사업에 4조 1298억 원,
산재예방사업에 2991억 원, 노동행정지원 2845억 원 등이다(상세한 내용

〈표 4-1〉 산재기금의 재정수지와 적립금(2007~2012)

(단위: 조 원, %)

구분		2007	2008	2010	2012
재정 수지	수입	4.81	5.30	5.03	5.91
	지출	3.98	4.18	4.33	4.71
	수지	0.83	1.11	0.70	1.20
평균보험료율, %		1.95	1.95	1.80	1.77
적립금	법정책임준비금(A)	5.78	3.24	3.46	3.63
	적립금(B)	2.72	3.83	5.56	7.46
	적립률(B/A×100), %	47.0	118.2	160.5	205.7
	과부족(B-A)	-3.07	0.59	2.09	3.83

자료: 고용노동부(2013b) 외

은 부표 4-2 참조).

〈표 4-1〉에서 알 수 있듯이 수입은 연도별로 들쑥날쑥한데 지출은 매년 꾸준히 증가하고 있다. 지출이 늘어나는 배경에 수급자, 특히 연금수급자가 지속적으로 늘어나고 있다는 사실이 있다. 연금수급자의 증가세는 놀라울 정도로 빠르다. 가장 숫자가 많은 장해보상연금은 1980년에 2명의 수급자가 발생한 이후 1990년 913명, 2000년 8380명, 2010년 5만 2272명, 2011년 5만 6016명, 2012년 5만 8091명으로 늘었다. 여기에 2012년의 유족보상연금 2만 187명, 상병보상연금 5895명을 더하면 전체 연금수급자 수는 8만 4173명으로 1년에 연금수급자가 4000~5000명 정도 늘어나고 있다. 이러한 수급자의 증가와 더불어 연금액도 빠르게 증가하고 있다(부표 4-3, 부도 4-1, 부도 4-2 참조).

산재기금과 미적립 채무: 완전적립이 최선?

수급자 증가에도 보험료수입이 빠르게 늘면서 〈표 4-1〉에서 보듯이 2007년 이후 재정수지가 지속적인 흑자를 보이고 있으며 적립금 규모도 커지고 있다. 적립률도 매년 커져 2012년에 205.7%에 달하면서 법정책임준비금을 크게 초과하고 있어 외견상 문제가 없는 것처럼 보일 수 있다. 그러나 이는 2008년 7월부터 축소된 법정책임준비금 규정이 적용되고 보험료율이 인상[10]된 것에 크게 기인한다. 2007년에 비해 2008년은 적립금이 41% 증가했을 뿐인데 적립률은 2.5배가 되었다. 다시 말해 개정 이전의 규정이 적용되면 2008년에 52%, 2011년에 67%, 2012년에 68% 수준에 머물러 법정 기준에 여전히 미달된다.[11]

개정 이전 규정은 1995년의 기금 설치 시 도입된 법정책임준비금 적립 규정(당시 산업재해보상보험법 제84조)으로, 이때의 책임준비금 산정기준(당시의 법 시행령 제87조)은 매년 12월 31일 기준으로 다음의 둘을 합한 금액이었다. ① 당해 보험연도의 초일부터 당해 보험연도 말일까지의 사이에 지급 결정한 장해보상연금, 유족보상연금 및 상병보상연금을 합한 금액에 6을 곱하여 산정한 금액 ② 다음 보험연도 중에 지급 결정할 것으로 예상되는 보험급여액에 12분의 3을 곱하여 산정한 금액이 그것이다.

과거 규정에 따라 법정책임준비금을 추산해보면 2011년은 ①이 8.5조 원 ②가 0.9조 원, 합계액은 9.4조 원[12]으로 적립률이 67%로 추정된다. 다시 말해 지금의 높은 적립률은 규정을 개정한 영향이 크며, 제법 커 보이는 적립률이 산재보험 수급권자에게 장기에 걸쳐 안정적으로 보험급여를 지급할 수 있다는 근거가 되지는 못한다는 것이다.

1995년에 채택한 규정은 우리나라보다 앞서 제도를 운영해온 일본의 노동자재해보상보험(우리나라의 산재보험에 해당)의 규정(1988년까지의 규정)을 준용한 것으로, 장기적인 재정운영의 측면에서 볼 때 보험수리 공평(actuarially fair)한 적립방식의 수준까지는 아니더라도 부과방식 치고는 제법 탄탄한 내용이었다.[13] 일본은 이 규정도 미흡하다고 보아 1989년부터 적립기준을 한층 강화한 결과 2000년대 중반 이후 완전적립 수준의 적립금을 지니고 있다.[14] 그런데 우리나라는 일본과 반대되는 방향으로 제도내용을 바꾼 것이다.

이처럼 뒷걸음질한 법 개정의 이면에는 노사정위원회라는 합의체 기구가 있었다.[15] 2000년대 초반 산재기금의 재정수지가 3년간 적자를 보이면서 적립금이 감소하고 책임준비금 미충족 현상이 발생하며, 매년 연금수급자가 급증하자 산재기금의 재정안정화를 위한 대책을 서둘러 마련할 필요성이 있었다. 이 문제를 포함한 산재보험의 제반 문제를 포괄적으로 검토, 보완하기 위한 기구로 참여정부의 노사정위원회 내에 '산업재해보상보험발전위원회(2006년)'가 설치되었다. 노동계, 경영계 및 공익 대표 15명이 참여한 이 위원회가 그해 말 제시한 합의안에는 적립수준을 대폭 완화하는 내용이 포함되었다. 이해관계가 얽힌 이들이 모여 7개월이 채 안 되는 짧은 기간에 합의점을 모색하다 보니 이상적인 방향인 '강화'보다 이행하기 쉬운 '완화' 쪽으로 결론이 난 것으로 해석할 수 있다.

당시의 '산재보험제도 개선에 관한 노사정 합의문'에서 재정방식은 현행의 (수정)부과방식을 유지하되 책임준비금 규모를 줄이도록 했다. 이때의 결정이 지닌 의미를 해석해보면, 첫째 책임준비금의 성격을 '보험급여 급증에 대비하는 준비금'으로 해석하고 '보험급여의 장기에 걸친 안정적 지급보증을 위한 준비금'으로 규정하지 않았다. 이는 민영보험에서 지칭하는 통상의 책임준비금 개념과 다른 차원에서 접근한 것이다. 산재보험이 사회보험의 일종이라는 판단이 근저에 있었는지 모른다.

둘째, 부과방식에서 급격하게 방향을 전환하는 데 적지 않은 비용이 수반될 수 있다는 점에서 그간 제도운영의 역사적 경과, 가입 사업장의 부담능력, 재해발생 구조 변화 및 산재보험 적립금의 효율적 관리 등을 종합적으로 검토한 결과일 수 있다. 즉 그간의 운영 경로에서 벗어나 적립방식으로 이행할 것을 목표로 무리하게 보험료를 올리고 보험수리상의 미적립 채무를 조기에 해소하려고 시도하는 것이 현명한 선택이 아니라고 판단했을 수 있다.

두 가지 재정방식: 부과방식과 적립방식

재해 등 연금지급 사유가 발생한 시점의 사업주들이 해당 연금수급자들에게 미래에 지급할 연금 총액을 일시에 계산하여 적립해 두는 것이 적립방식이다. 그러나 현재 이러한 방식으로 산재보험을 운영하는 국가는 많지 않다. 왜냐하면 이렇게 하면 사업주에게 부과되는 보험료 부담이 너무 클 수 있고, 이 때문에 제도의 시행이나 확대적용에 대한 수용도가 낮아질 수 있기 때문이다.

그래서 많은 나라에서 실제로 징수해야 할 보험료보다 낮은 수준의 보험료를 징수하고 차액은 후대의 사업주에게 부과하는 방식을 채택하고 있는데, 이것이 부과방식이다. 우리는 1964년의 제도 도입 이후 기본적으로 부과방식으로 산재보험을 운영해오고 있다. 이후 수급자가 늘고 연금수급자가 빠르게 증가하면서 장래의 급여를 안정적으로 지급하기 위해 1995년 5월부터 '산업재해보상보험기금'을 설치하여 운영해오고 있다. 매년 징수하는 보험료 외에 다소간의 기금을 마련하여 비상시에 대비할 수 있도록 하자는 것으로 적립방식의 아이디어를 부분적으로 채용한 것이다. 그 결과 우리나라의 산재보험 재원조달방식은 수정부과방식으로 바뀌었다.

노사정 합의에 기초하여 법이 개정(산재보험법 제99조, 시행령 제90조)되어 2008년 7월 1일부터 '매년 12월 31일을 기준으로 전년도 1월 1일부터 12월 31일까지 지급 결정한 보험급여 총액'으로 적립해야 할 책임준비금 내용이 변경되었다.[16] 그 결과 책임준비금 규모가 대폭 축소되었다.

분명한 것은 보험수리상의 미적립 채무가 산재보험의 재정운영에 당장에는 부담을 주지 않는다고 해도 장기적으로는 부담요인으로 작용할 수 있다는 점이다. 그래서 전문가들과 당국에서도 이 문제에 대해 일정한 문제의식을 갖고 대비하고 있다. 연구자의 추정방식에 따라 값이 다소 다르게 나오고 있지만 산재보험의 미적립 채무는 2011년 말 기준으로 34조 원 이상으로 전망되었다. 즉 후세대로의 부담이전이 발생하지 않게 하려면 2013년 기준으로 대략 40조 원 이상의 금액이 책임준비금으로 적립되어 있어야 하는데 그렇지 못한 것이다.[17]

이러한 막대한 규모의 미적립 채무는 시간이 경과하면서 조금씩 늘어나는 구조를 보이고 있다. 왜냐하면 지금의 산재보험 보험료 수준이 장기적인 재정을 안정화시킬 수 있는 보험료 수준보다 낮기 때문이다. 2013년의 평균보험료율은 1.70%인데, 이 정도의 보험료로는 위의 적립부족액을 채우기에 부족하다. 적립부족액을 조금씩 채워나가려면 지금보다 높은 수준의 보험료율을 일정 기간 지속적으로 부과해야 하는데, 사업주 측의 협조를 받기가 쉽지 않아 아직 이를 실천에 옮기지 못하고 있다.

사업주 측이 이러한 제안에 거부 반응을 보이는 가장 큰 이유는 과거의 사업주가 부담했어야 할 보험료를 왜 지금의 사업주가 부담해야 하느냐는 것이다. 연금지급의 사유가 발생한 시점의 사업주가 부담했어야 할 책임을 나중에 가입한 사업주가 부담해야 할 이유가 없다는 것이다. 이러한 주장이 나름의 명분이 있으며 당장에 서둘러 미적립 채무를 줄여가지 않더라도 산재보험의 재정운영이 상당 기간 가능할 것이라는 정책적 판단 아래 지금과 같은 형태의 재정운영이 이루어지고 있다.

이상을 정리하면 우리나라 산재보험이 채택하고 있는 (수정)부과방식의 재원조달은 보험연도에 필요한 재원을 보험료 형태로 부과하여 징수하는 방식이다. 책임준비금으로 보유하고 있는 금액은 2년 미만의 보험급여를 충당할 수준에 불과하다. 부과방식제도의 장점은 제도 발족 초기에 사업주의 보험료 부담이 크지 않다는 점이며, 단점은 시간이 경과하면서 보험료 부담이 늘어나며 재해발생과 사업주의 보험료 부담수준의 시간적 연계가 상대적으로 느슨해 재해예방유인이 약하다는 점이다.

한편 산재보험은 민영보험이 아닌 사회보험 형태로 우리나라의 산업 현실을 반영하는 역사적 경과를 거쳐 지난 50년간 운영돼왔다. 또한 외국의 경험에서 경제사회의 발전에 따라 재해발생 빈도가 점차 감소세를 보인다는 사실을 고려하면 부과방식이 일정 부분 설득력을 갖기도 한다. 그러나 후세대로의 부담이전에 따른 세대 간 형평성, 수급자의 급여수준에 미칠 수 있는 영향, 자본시장에의 영향을 포함한 경제 일반에 미치는 파급효과 등의 제반 측면에서 문제가 있는 것도 사실이다.

보험요율은 어떻게 정하며 누가 부과·고지하나?

산재보험 적용은 2012년(2013년) 말 기준 사업장이 182.5만(동 197.7만)개로 전년 대비 5.0%(동 8.3%) 증가했고 근로자 수는 1555만(동 1545만)명으로 8.3% 증가(동 0.6% 감소)했다. 1964년 도입 시의 적용 사업장 64만 개, 근로자 수 8.2만 명과 비교하여 크게 늘었다.

보험료 납부액도 IMF 금융위기 기간과 2004년, 그리고 최근 수년을 제외하면 꾸준한 증가세를 보이고 있다. 1964년에 7528만 원이던 보험료수입이 2012년에는 5조 5124억 원으로 늘었다. 보험료 납부액의 증가는 지속적인 경제성장에 따른 경제규모 확대로 근로자 수가 증가하고, 보험료 산정기준이 되는 임금이 대폭 상승했으며, 법 개정으로 적용범위가 지속적으로 확대된 것에 기인한다.

보험료율은 순보험료율(85%)과 부가보험료율(15%)로 구성되며, 순보험료율은 보험급여지급률과 추가증가지출률의 합계이다. '보험급여지급률'은 과거 3년간 보수총액에 대한 산재보험급여 총액의 비율이며, '추가증가지출률'은 당해연도 보수총액 추정액에 대한 산재보험법에 따른 연금과 급여 개선 등 당해 보험연도에 추가로 지급될 금액 및 장래의 보험급여에 대비하기 위한 금액[18]을 고려한 조정액의 비율이다.

'부가보험료율'은 산재예방과 재해근로자 복지 등의 산재보험사업에 소요되는 비용으로서 전체 사업에 균등하게 사용되는 비용과 재해발생 정도에 따라 사용되는 비용으로 구성된다. 이는 각각 사업종류별 보수총액의 구성비율과 보험급여 지급률의 구성비율에 따라 분할·가감하여 결정된다. 이상의 내용에 관한 세부적인 규정은 '고용보험 및 산업재해보상보험의 보험료 징수 등에 관한 법률' 시행규칙 제12조 및 별표에 명시되어 있다.

평균보험료율은 제도 도입 초기인 1965년에 2.3%였지만, 2013년에는 1.70%로 2012년(1.77%)보다 다소 낮아졌다. 고용노동부장관은 업종별로 산정한 보험료율을 보험연도 전년도 말에 고시하는데, 2012년에 62개, 2013년에는 58개 업종으로 분류한 보험료율을 고시했다. 평균보험료율의 추이를 보면 도입 초기인 1967년과 1968년에 잠시 높아졌다가 1979년, 1980년에 1.08%로 가장 낮아지며, 이후에는 1.5~2.0% 사이에서 오르내리는 변화를 보이고 있다.

1997년 말에 발생한 IMF 경제위기의 여파로 경제가 침체된 상황에서 기업의 부담을 완화해주기 위해 보험료율을 낮추었으며, 그 결과 2000년대 초반 재정수지가 연속 3년간 적자를 기록했다. 이에 따라 적립기금이 법정 기준을 훨씬 하회하게 되었고, 재정적자 문제를 해소하기 위해 2004년부터 보험료율을 인상했다. 경제가 상대적으로 안정된 2011년과 2012년에 1.77%로 낮춘 평균보험료율을 적용한 후 2013년에는 1.70%의 평균보험료율을 적용했다. 보험료율 산정 시 적용하는 업종은 제도 도입 초기의 31개에서 1969년에 65개로 증가했다. 2001년 이후 보험료율 산정 시 적용하는 업종이 60개 전후를 유지하고 있으며 2013년에는 58개였다.

한편 사업종류별(또는 업종별) 보험료율은 산재보험법(제4조)과 '고용보험 및 산업재해보상보험의 보험료 징수 등에 관한 법률(2005년 이후 시행)' 제14조 제3항에 관련 내용이 규정되어 있다. 이에 따르면 업종별 산재보험료율은 매년 6월 30일 현재 과거 3년 동안의 보수총액에 대한 산재보험급여총액의 비율을 기초로 하여 산업재해보상보험법에 따른 연금 등 산재보험급여에 드는 금액, 재해예방 및 재해근로자의 복지증진에 드는 비용 등을 고려하여 정하게 된다. 다만, 산재보험의 보험관계가 성립한 후 3년이 지나지 아니한 사업에 대해서는 산업재해보상보험 및 예방심의위원회(산업재해보상보험법 제8조) 심의를 거쳐 사업의 종류별로 따로 정한다.

우리나라에서는 업종 간 보험료율의 격차를 제한하여 사양산업의 부담을 완화하는 규정을 두고 있다. 즉 특정 사업의 산재보험료율이 전체 사업의 평균보험료율의 20배를 초과하지 않도록 보험료율 상한선을 설정해두고 있다. 또한 특정 업종의 보험료율이 연도별로 큰 변화를 보이면 해당 업종에 발생할 수 있는 부정적 영향을 줄이기 위해 보험료율을 인상하거나 인하할 경우 직전 보험연도 보험료율의 30% 이내로 조정하도록 제한하고 있다.

〈그림 4-1〉 산재보험의 평균보험료율 추이(1965~2013)

(단위: %)

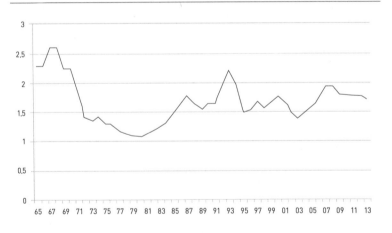

이렇게 산정한 보험료를 매월 부과하여 고지하는데, 5대 사회보험의 보험료를 하나의 기관에서 통합징수하기로 한 조치에 따라 2011년 1월부터 국민건강보험공단이 고지업무를 맡고 있다(보험료징수법 제16조의 2). 2010년까지는 사업주에 의한 자진신고·납부가 원칙이었다. 당시에는 추정 보험료를 선납(개산보험료)하고 사후에 정확한 보험료를 확정(확정보험료)신고하도록 했다. 선납한 보험료가 확정보험료보다 많으면 사업주는 그 초과금액을 국세환급가산금의 이율(1일 10만분의 11.8, 2011년 4월 1일부터 연 3.7%로 변경)로 가산하여 반환받았다.

2011년부터 변경된 것으로 사업주의 자진신고·납부가 월별부과 고지로 바뀐 것[19] 외에 산재보험료 산정기준의 변경도 있다. 즉 그간의 '임금총액'에서 '보수총액'(과세대상 근로소득)으로 바뀌었다. 다만, 고용상황과 보수총액 등의 파악이 어려워 월별 부과고지제 적용이 곤란한 업종인 건설업과 벌목업에는 예외적으로 여전히 자진신고·납부 방식을 적용하여 근로복지공단에서 업무를 수행하고 있다. 아울러 징수 보험료를 재원으로 하여 지출되는 각종 급여와 가입자 관리, 산재보험 재정 전반의 운영과 관리 업무도 이전처럼 근로복지공단이 맡고 있다.

보험료율 할인·할증의 공과(功過)

산재보험에서는 적용대상 사업의 종류를 업종별로 분류하여 서로 다른 보험료율을 적용하고 있다. 그러나 같은 업종 내에서도 재해발생률이 낮은 사업장이 재해발생률이 높은 사업장과 동일한 보험료율을 적용받는 것은 공평한 조치라고 할 수 없다. 산재예방활동을 활발히 하여 일정한 성과를 내고 있다고 판단되는 사업장에 대해서는 그렇지 않은 사업장에 비해 낮은 보험료율을 적용하는 것이 공평성을 확보하는 길일 것이다. 또한 같은 업종의 사업장이어도 사업장 규모가 크게 차이가 나면 동일한 재해여도 기업경영에 미치는 영향이 기업별로 다른데 이를 동일하게 다루는 것도 문제가 될 수 있다. 이러한 점들을 고려하기 위해 도입된 제도가 개별실적요율제도이다. 이는 말 그대로 해당 사업장의 재해발생 실적을 반영하여 보험료를 부담토록 하는 제도이다.

이 제도는 1969년에 도입되었으며 산재보험 가입 사업장 중 규모가 일정 수준 이상이고 사업 개시 후 3년 이상이 경과한 비교적 경영이 안정된 사업장을 대상으로 시행하고 있다. 건설업과 벌목업을 제외한 사업으로서 상시근로자 수가 20명 이상(2010년까지는 30인)인 사업과 건설업 중 일괄적용을 받는 사업으로서 매년 당해 보험연도의 2년 전 총 공사실적이 40억 원(2010년까지는 60억 원) 이상인 사업이 개별실적요율 적용대상이다. 이 규정은 생각보다 까다로운 것으로 이를 충족시켜 이 제도를 적용받는 사업장은 2012년에 6만 6148개로 전체 사업장(142만 개)의 4.6%에 불과하다.

할인율과 할증률은 당해 업종 산재보험료율의 50% 범위 내에서 사업규모별로 차등을 두어 적용한다(부표 4-4 참조). 할인·할증 폭은 1969년에 ±30%에서 시작하여 1986년에 ±40%로, 그리고 1997년에 지금의 ±50%로 확대되었다.[20] 개별실적요율을 적용받는 사업장의 보험료율은 해당 사업종류의 일반요율 ± (해당 사업종류의 일반요율 × 수지율에 의한 증감비율)로 정해진다. 여기서 수지율은 (과거 3년간 보험급여총액 / 과거 3년간 보험료총액) × 100이다.

한편 2008년까지는 사업규모(건설업 외는 상시근로자 수, 건설업은 총공

사실적액)별로 상한이 차등화되지 않았으나 2009년에 3단계(30~50%)로 차등화되었고, 이어서 2011년에 4단계(20~50%)로 세분화되었다. 기업 규모가 클수록 높은 할인율과 할증률을 적용하고 있는데, 이러한 차등화는 할인과 할증을 적용할 때 사용하는 통계자료의 신뢰성이 대기업일수록 높기 때문이다. 즉 대기업 사업장의 통계자료는 대규모 자료의 특성상 신뢰도(credibility)가 높기 때문이다.

사업장 규모에 관계없이 50%의 할인율과 할증률을 적용하던 시기에는 소규모 사업장의 경우 재해의 특성상 오랜 기간 무재해로 할인 50%를 적용받다가 재해가 발생하면 종업원의 총임금은 전과 동일한 상태에서 할증 50%를 적용받게 되어 보험료가 3배 증가하는 현상이 발생했다. 이처럼 사업장 규모를 고려하지 않은 채 ±50%의 할인율과 할증률을 적용하면 소규모 사업장의 특성상 오랜 기간 산재가 발생하지 않아 50%의 할인을 적용받다가 산재가 발생하면 할증 50%를 적용받게 되어 해당 사업장의 경영에 적지 않은 부담을 주는 사례가 발생했다. 이러한 문제점을 보완하기 위해 사업장 규모별로 최대 할인율과 최대 할증률을 제한하도록 개정되었다.

개별실적요율제도에서 할증보다 할인 유인을 강조하다 보니 시행 이후 매년 징수 보험료수입의 10~20% 상당의 보험료가 감면되고 있다. 2005년 자료를 이용한 분석에 따르면 할인받는 사업장(77%)이 할증받는 사업장(20%)보다 월등히 많았다(불변 사업장 3%). 이처럼 할인사업장이 많아 산재보험 재정에 부정적인 파급효과를 미친다. 예를 들면 2005년도의 경우 할인보험료가 4951억 원, 할증보험료가 1280억 원으로 3671억 원의 보험료수입 누출효과가 발생했으며, 이는 같은 해 보험

료수입(3조 1822억 원)의 12%에 해당하는 금액이다.[21]

5년 후인 2010년 자료를 이용한 분석에서는 할인사업장의 비율이 더 커지면서 재정에 미치는 파급효과도 확대되었다. 할인적용 사업장이 87%이고 할증적용 사업장은 12%에 불과했다(불변 사업장 2%). 개별실적요율 적용에 따른 재정적 파급효과는 할인보험료가 9180억 원인데 비해 할증보험료는 303억 원에 불과하여 8877억 원의 보험료수입 감소가 발생했다. 이 금액은 2010년도 산재보험 보험료수입(4조 6353억 원, 수납액 기준)의 19%에 해당하는 값으로 2005년보다 큰 폭으로 증가했다.[22] 근로복지공단 통계에 따르면 2005년부터 2010년까지 이 제도의 적용으로 보험료 할인을 적용받은 사업장이 추세적으로 증가한 반면 할증이 적용된 사업장은 줄어들었다.

앞에서 언급했듯이 개별실적요율제도를 적용받는 사업장은 규모가 일정 수준 이상이고 경영이 비교적 안정된 사업장이다. 2010년까지는 전체 사업장의 3% 전후가 제도를 적용받았으며 이후 확대되었으나 2012년 기준 적용대상은 4.6%에 머물고 있다. 이처럼 개별실적요율제도 적용 사업장은 주로 규모가 큰 우량 사업장인데, 이들에 대한 보험료 할인조치가 결과적으로 사업장 규모가 작거나 신설된 사업장처럼 상대적으로 열악한 사업장으로 보험료 부담을 전가시키는 것 아니냐는 지적이 있다.[23]

이는 이전부터 지적돼왔던 사안으로 일정 부분 맞다. 본래 개별실적요율제도의 도입 취지가 재해발생을 억제하려는 차원에서 도입된 것이라 불가피한 측면이 없지 않다. 이 제도가 사업장 가입자의 경제적 능력에 따라 보험료를 부과하기보다 재해율 등 보험사고 측면을 중시하여 보험료를 부과하는 민영보험의 특성을 일정 부분 반영하고 있는 것도 부인하기 어렵다. 그래서 일부에서는 산재보험에 사회보험적 성격이 좀 더 강화되어야 한다고 주장하기도 한다.

그러나 분명한 것은 산재보험은 강력한 재분배기능을 하는 사회보험 제도임이 명백하다는 사실이다. 2010년을 예로 들어보면 개별실적요율 제도를 적용받는 3만 7000여 개(전체 사업장의 2.9%)의 사업장은 2.6조 원의 보험료를 납부하고 0.96조 원의 보험급여를 받아 수지율이 37% 수준인 데 비해 개별실적요율제도를 적용받지 않는 나머지 사업장(전체 사업장의 97%)은 2.0조 원의 보험료를 납부하고 2.6조 원의 보험급여를 받아 수지율이 130%에 달한다.

만일 개별실적요율제도가 할인액과 할증액이 동일하도록 설계되어 재정 중립적으로 운영되었다면 개별실적요율제도 적용 사업장이 8877억 원의 보험료를 추가로 부담했을 것이고, 그 결과 재원의 재분배 기능이 더 강화될 수 있었을 것이다. 그러나 이는 정도의 문제이지 본질을 바꾸지는 못한다. 명확한 것은 지금의 개별실적요율제도에서도 많은 재원이 강제가입 형태로 운영되는 산재보험제도를 통해 개별실적 요율제도를 적용받는 사업장에서 적용받지 않는 소규모, 신설 사업장으로 재분배되고 있다는 사실이다.

이 밖에도 산재보험은 수급 단계에서 급여를 일시금이 아닌 연금 형태로 지급하여 수급자를 두툼하게 보호하고 있다. 수급자가 연금으로 받으면 일시금으로 받는 것보다 수익률 측면에서 훨씬 유리하게 설계하여 특별한 사정이 없는 한 수급자가 연금을 선택하도록 유도하고 있다. 이러한 조치는 민영보험의 보험수리 공평의 원칙에 비추어보면 크게 벗어나지만 수급자의 재해 후 약해진 경제력을 강화시켜주겠다는 정책적 차원에서 시행하는 것으로 사회보험이기 때문에 가능한 조치라고 할 수 있다.

보험료 할인혜택, 건설업에 집중

할인과 할증의 결과 보험재정에 들어오지 않는 보험료액은 2010년의 경우 개별실적요율 적용 사업장 임금총액(2011년 이후에는 보수총액)의 0.5% 정도이다. 이는 이들 사업장이 부담하는 전체 산재보험료의 38%에 해당한다. 그런데 이처럼 적지 않은 보험료 혜택이 건설업 등 특정 사업장에 집중되고 있다.

사업장을 업종에 따라 건설업과 건설업 외로 구분하고, 사업장 규모에 따라 소, 중, 대로 구분하여 할인액을 임금총액 대비 비율로 살펴보았다. 먼저 건설업은 보험료 할인액이 임금총액의 1.1%로 건설업 외의 0.4%보다 3배 정도 많다. 사업장 규모별로 살펴보면 건설업의 경우 규모가 커질수록 할인혜택이 커지지만 건설업 외에서는 사업장 규모와 무관하게 동일하게 나타나고 있다. 보험료 할인효과는 업종과 무관하게 41~43%(전체 기준)로 할증(15% 전후)보다 3배 정도 크다(표 4-2 참조).

건설업은 일반요율이 다른 업종보다 높아 할인에 따른 혜택이 상대적으로 크게 나타난다고 해석할 수 있다. 개별실적요율제도가 재해발생 확률이 높은 업종에 강한 유인을 부여하여 재해발생 억제효과를 거둔다면 보험급여 지출의 억제를 통한 재정안정과 근로자 후생증진, 나아가 국민경제에 기여할 수 있다. 문제는 실상을 정확히 모른다는 점이다.

(할인·할증보험료/임금총액)

(단위: %)

제도 내용	건설업 외 할증	건설업 할증	건설업 외 할인	건설업 할인	전체
전체	0.3 (15.5)	0.6 (14.5)	−0.4 (−43.1)	−1.1 (−40.9)	−0.5 (−37.7)
소	0.3 (15.5)	0.6 (14.1)	−0.4 (−33.3)	−0.7 (−24.3)	−0.3 (−23.6)
중	0.3 (16.0)	0.7 (15.5)	−0.4 (−45.7)	−0.9 (−29.7)	−0.4 (−38.5)
대	0.2 (15.5)	0	−0.4 (−51.4)	−1.2 (−47.1)	−0.6 (−49.9)

주: 괄호 안 값은 납부보험료 대비 비율
자료: 김상호 외(2011)

산재보험 재정의 남은 과제

현행의 업종별 분류기준은 과거의 방법을 그대로 유지하면서 일부 문제가 제기되는 업종에 대해 수정하는 형태로 유지돼왔다. 따라서 재해예방효과를 증진시키면서 업종별 형평성을 제고하기 위해 업종 수를 확대할지 또는 사회보험으로서 재분배효과를 높이기 위해 업종 수를 축소시킬지를 포함하여 업종분류를 변화된 산업구조에 맞게 전면적으로 다시 실시해야 할 필요가 있다.

또한 개별실적요율제도를 통한 보험료수입 감소규모가 지속적으로 확대되는 상황에서 이 제도가 의도하는 산재예방 활동이 실제로 어느 정도의 효과를 발휘하고 있는지, 재해예방에 따른 급여지출 감소효과가 어느 정도인지 등을 측정할 수 있는 모형의 구축과 이를 통한 엄밀한 검증작업이 필요하다. 이를 위해서는 재해발생률과 재해강도가 할인사업장과 할증사업장에서 연차적으로 어떻게 바뀌어가고 있는지에 대한 엄밀한 추적조사가 필요할 것이다.

아울러 소수의 개별실적요율제도 적용 사업장에서 대다수의 비적용 사업장으로 막대한 재원이 재분배되는데, 지금의 수준이 적합한지, 현행의 수준을 낮추거나 높이는 것이 좋을지에 대해 논란의 여지가 있다. 적용 사업장의 최대 할인율을 낮추어 개별실적요율제도가 지닌 유인효과를 약화시키면 개별실적요율제도 적용 사업장과 비적용 사업장 간의 재분배 규모를 확대할 수 있지만 재해발생 증가, 그에 따른 보험급여 지출의 증가 및 모든 사업장의 보험료율 인상과 같은 부정적 영향이 초래될 수도 있다.

나아가 재해발생의 억제와 이를 통한 보험급여 지출의 감소를 진정으로 추구하고자 한다면 개별실적요율제도 적용대상을 대폭 확대하는 것이 실효성 있는 대책이 아니냐는 지적에 대해서도 검토가 필요할 것이다. 또한 현행 제도가 지닌 인센티브 효과의 크기에 대해서도 심도 있는 조사가 필요하다. 인센티브 구조가 지나치게 크면 재해발생 사실을 감추거나 축소하는 등의 왜곡행위가 발생할 수 있는데, 실제로 현장에서 이러한 사실이 제법 보고되고 있다. 우리나라에서는 재해발생률이 아직 높으므로 개별실적요율제도의 인센티브 구조를 적극 활용해야 하겠지만 적절한 수준이 어느 정도인지에 대한 연구가 요망된다.

그리고 사업장 규모별로 할인과 할증의 상한을 4단계로 차등화하고 있는데, 무엇을 근거로 4단계로 구분했는지에 대한 엄격한 고찰이 필요하다. 차등화를 통한 소기의 효과를 얻으려면 사업장 규모별 수지율 통계의 신뢰도를 반영하여 규모별 최대 할인율과 최대 할증률을 구하는 등 신뢰도 이론에 기초한 분석이 수행되어야 한다. 그런데 이에 대한 체계적인 분석 없이 행정 편의 등 자의적 기준에 의해 20%에서 50%로 차등화 폭이 결정되었다.

　마지막으로 개별실적요율제도를 통해 결과적으로 규모가 큰 사업장에 보험료 할인혜택이 집중되는 것으로 조사되어 보험료 부담의 형평성 문제가 부각되고 있다. 이러한 현상이 어느 정도의 타당성을 지니고 있는지에 대한 엄밀한 분석이 필요하다.

산재보험 재정운영의 모범국: 일본

일본의 산재보험은 안정적인 재정운영이라는 점에서 시사점을 제공한다. 1947년에 산재보험(일본 용어로 노재보험)을 도입한 일본은 1965년에 장해보상급여와 유족보상급여 중심으로 급여를 연금화하기 시작했으며, 1972년에 적용대상을 모든 사업장으로 확대, 당연적용했다.

재정방식은 제도발족 이후 수정부과방식으로 지금의 우리 방식과 큰 틀에서 유사했다. 차이점은 신규 연금지급이 결정된 재해근로자에게 6년치 보험급여가 일시지급되는 것으로 간주하여 보험지출액을 계산해서 보험료 산정에 반영했던 점이다. 연금수급자 증가로 장기재정이 우려되자 1989년 제도개혁에 나서 장기급여 재정방식을 적립방식으로 바꾸고 보험료율을 인상하여 적립금을 늘렸다.

과거 발생 미적립 채무를 1989년부터 2023년까지 35년으로 나누어 전 업종에 일률부담시켰다. 신규 연금지급 사유발생 재해근로자에게는 30년간의 보험급여가 일시지급되는 것으로 간주하여 보험료율 산정에 반영시켰다. 이 개혁으로 1989년의 평균보험료율이 1.13%로 이전(1986년) 평균보험료율 1.02%보다 높아졌다. 일본에서는 3년마다 보험료율을 조정하며 보험료율이 1992년 이후 지속적으로 낮아져 2012년에는 0.48%가 적용되었다.[24]

장기급여 재정방식을 변경한 후 적립금이 2010년 말 기준 8조 1532억 엔으로 적립률 100% 수준에 달했다. 연간 장기급여 지출액이 4000억 엔 수준이므로 이는 20년 이상의 지출액에 해당한다. 주목할 점은 장기급여 수급자인 연금수급자 수가 매년 줄고 있다는 사실이다. 재해예방정책이 효과가 있어 신규 재해근로자 발생이 줄기 때문이다.

산재보험은 재정운영 측면에서 5대 사회보험(연금보험, 건강보험, 고용보험, 산재보험, 노인장기요양보험) 중 가장 양호한 성과를 보이고 있다. 다른 사회보험이 재정안정화 측면에서 많은 문제점을 갖고 있는데 산재보험은 그렇지 않다. 흥미로운 점은 너무 건전한 재정이 국가채무비율 세계 최고인 일본의 재정상태와 대비되어 타 부처와 여당 정치가의 공격대상이 되고 있다는 사실이다.

"국가재정이 세계 최악의 수준인데 산재보험만 이렇게 많은 적립금을 가지고 안전하게 유지, 관리하는 게 말이 됩니까? 적립금 일부를 정부가 차입하여 급한 용도로 사용하여 적립금 비율이 100% 이하가 되면 큰 문제가 됩니까?" 이는 실제로 일본이 운영했던 '재정지출사업의 평가' 작업팀의 반원이 심사평가 과정에서 후생노동성 공무원 등 사업 담당자에게 던진 질문이다. 반원은 주로 여당의 젊은 국회의원, 민간전문가, 정부부처 부장관이나 정무관 등으로 구성되었다. 평가자는 사전에 해당 사업을 조사한 다음 공개장소에서 사업 담당자인 부처 공무원 및 공공기관 담당자와 해당 사업의 필요성에 대해 논의를 거쳐 '폐지' 또는 '축소' 등의 판정을 내렸다. 이 평가작업은 2010년도 예산편성 시 도입된 것으로 2009년 11월 이후 잠시 실시되다가 2012년 12월 선거로 자민당·공명당 연립 정권이 발족하면서 폐지되었다.

제5장

현금급여

이정우(인제대 사회복지학과 교수)

제5장에서는 산재보험의 급여 중 재해근로자와 유족에게 지급되는 현금급여의 종류, 내용, 급여수준 및 병급조정에 대해 살펴본다. 우리의 산재보험은 국내 사회보험에서 가장 재정적 비중이 낮은 제도이지만 제도의 역할과 업무범위는 예방, 보상 및 재활의 영역에 걸치는 등 폭넓게 이루어지고 있다. 이러한 기능적 특성에 따라 산재보험은 다양한 종류의 급여 프로그램을 운영하고 있다.

먼저 산재보험 급여를 어떠한 형태로 운영하는 것이 바람직할 것인가 하는 질문과 관련하여 현금급여와 현물급여의 특징과 장단점을 정리하고, 각각의 기능을 통합하는 새로운 형태의 급여인 바우처 제도의 특성과 적용 가능 영역에 대해 살펴본다.

이어서 현금급여의 기능적 분류기준으로 소득대체 기능과 소득보충 기능을 살펴보고 기능별로 급여를 정리한다. 아울러 전체 현금급여를 대상으로 목적과 급여 산정방식에 관련된 주요 논점을 고찰한다. 여기에 포함되는 현금급여에는 휴업급여, 상병보상연금, 장해급여, 유족급여, 간병급여 및 장의비가 있다.

현금급여란?

산재보험은 산업재해로 인한 피해의 보상, 예방 및 재활을 목표로 다양한 종류의 급여 프로그램을 운영하고 있다. 이 경우 개별 급여를 어떠한 형태로 제공해야 할 것인가 하는 문제가 제기될 수 있다. 구체적으로 이는 급여를 현금 또는 현물의 형태로 제공할 것인가 하는 문제와 관련이 있다.

현금급여(cash benefit)는 현금 형태로 제공되는 급여로 산재사고나 직업병으로 인한 피해를 보상해주는 기능을 한다. 일반적으로 현금급여는 다음과 같은 장점을 가지고 있다. 첫째, 현금급여가 소득으로 지급되기 때문에 개인이 상품이나 서비스를 임의로 선택할 수 있는 권리를 최대한 보장할 수 있는 장점이 있다. 그리고 이러한 '소비자 주권(consumer's sovereignty)'은 현물급여보다 당사자에게 상대적으로 높은 복지수준을 가져다줄 수 있다. 왜냐하면 일반적으로 개인적 차원의 욕구에 대한 정보는 국가나 사회보다 당사자가 더 많이 가지고 있기 때문이다. 둘째, 현금급여는 구매력 지원을 통해 수급자 개인이 시장에서 생산되는 상품이나 서비스를 소비할 수 있도록 함으로써 시장경제 원리에 더욱 적합하게 운영될 수 있는 장점이 있다. 셋째, 현금급여는 관리비용의 절감효과와 행정적 편의를 가져다줄 수 있다. 왜냐하면 현금급여의 경우 상품이나 서비스의 생산과 유통이 시장기능을 통해 이루어질 수 있기 때문이다.

그러나 이러한 장점에도 현금급여는 다음과 같은 문제점을 보일 수 있다. 첫째, 현금급여에는 개인의 부적절한 행위를 통제할 수 있는 수단이 결여되어 있다. 예를 들면 현재 현금 형태로 운영되는 간병급여나 장의비의 경우 산재환자나 보호자가 경제적 이익을 목적으로 급여의 부당·허위청구 또는 정해진 목적 이외의 용도로 활용하는 것과 같은 도덕적 해이의 문제를 초래할 우려가 있다. 둘째, 개인이 현금급여를 다양한 용도로 지출할 수 있어 특정한 사회적 위험에 대해 국가나 사회가 목표로 설정한 보장수준(예를 들어 최적의 요양기준)을 제대로 달성할 수 없는 한계가 있다. 셋째, 산재환자나 그 가족이 현금급여를 통해 확보하게 되는 구매력이 실제로 시장에서 요구하는 복지상품이나 서비스의 가격과 괴리되는 현상이 발생할 수 있다. 이에 따라 현금급여는 종종 급여수준의 과부족 문제를 초래하게 된다.

현물급여란?

현물급여(in-kind benefit)는 현금이 아니라 상품이나 서비스 형태로 제공되는 급여이다. 일반적으로 이러한 현물급여는 근로복지공단 같은 사회복지기관이 직접 생산·공급하는 방법과 시장기능을 통하여 생산된 상품이나 서비스를 개인이 소비하도록 하고 그 비용을 대신 지원해주는 방법이 있을 수 있다.

오늘날 세계적인 추세로 현물급여의 비중이 점차 높아지고 있다. 이러한 배경에는 주로 현물급여의 형태로 이루어지는 요양·재활사업 및 케어 서비스 사업 등에 대한 사회적 관심이 높아지고 있기 때문으로 생각된다. 또한 국민의 복지 향상은 단순히 현금급여뿐만 아니라 사회 서비스 같은 각종 현물급여가 충분히 제공될 경우에만 비로소 실현될 수 있기 때문이다.

산재보험의 대표적인 현물급여로 요양급여가 있다. 현물급여는 다음과 같은 측면에서 현금급여보다 장점을 가지고 있다. 첫째, 현물급여는 문제의 극복을 위해 필요로 하는 상품이나 서비스를 직접 제공하여 개인의 부적절한 소비행위를 통제할 수 있다. 나아가 현물급여의 이러한 특성에 따라 특정한 사회적 위험에 대해 국가나 사회가 목표로 설정한 보장수준(최적의 요양기준)을 쉽게 실현할 수 있는 장점이 있다. 둘째, 현물급여는 가장 경제적인 방법으로 복지 서비스 상품을 생산할 수 있는 여건을 갖추고 있다. 구체적으로 근로복지공단 같은 사회복지기관이 복지상품을 직접 생산할 경우 대량생산을 통한 비용절감의 효과가 발생할 수 있다. 또한 시장기능을 통해 생산하게 될 경우에도 사회복지기관은 서비스의 가격이나 질을 적절하게 조절할 수 있는 능력을 가지게 된다. 셋째, 현물급여는 현금급여보다 재분배 효과가 상대적으로 높게 나타나는 장점이 있다. 왜냐하면 현물급여의 특성상 동일한 피해현상에 대해 동일한 내용이나 수준의 급여를 제공하기 때문이다.

그러나 현물급여는 다음과 같은 측면에서 기능적 한계를 가지고 있다. 첫째, 국가나 사회복지기관이 급여의 종류와 수준을 결정하기 때문에 급여가 종종 개인의 실제적인 복지욕구와 차이를 보일 수 있다. 둘째, 국가나 사회복지기관 주도의 생산방식은 복지상품을 표준화·규격화·획일화시키며, 그 결과 다양하고 전문적인 사회적 욕구에 적절하게 대처할 수 없는 한계가 있다. 셋째, 국가나 사회복지기관이 복지 서비스 상품의 직접적인 생산자가 될 경우 시장원리의 부재에 따른 각종 비효율성의 문제와 관료화의 문제가 발생할 수 있다. 또한 시장을 통한 복지상품의 거래과정에서 발생하는 비용을 국가나 사회복지기관이 부담하는 간접적인 방식의 경우에도 상품의 수요, 공급 및 가격 결정 과정에 상당한 왜곡현상이 발생할 수 있다. 예를 들어 우리의 산재보험에서 종종 발생하는 요양의 장기화, 과잉진료나 진료의 왜곡현상 및 수가 결정과 관련한 이해갈등 등을 대표적인 문제점으로 지적할 수 있다.

현금급여와 현물급여의 특성을 혼합한 급여: 바우처

사회복지제도의 효율적 운영을 위해 현금급여와 현물급여의 기능을 상호 보완하는 방안을 모색할 필요가 있다. 이러한 방안의 대표적인 사례로 바우처 제도(voucher system)를 들 수 있다. '증서'로도 불리는 바우처는 현금급여와 달리 특정한 사용목적으로 제한이 가능하다. 동시에 바우처는 현물급여와 달리 다양한 공급주체 또는 상품 가운데 개인이 임의로 선택할 수 있는 여지를 제공할 수 있다. 이러한 차원에서

바우처는 '특정한 사용목적에 제한을 받게 되는 현금급여'로 불리기도 한다.[1]

역사적으로 볼 때 세계 최초의 공식 바우처 제도는 1964년 미국에서 '식품구입권법(Food Stamp Act)' 제정과 함께 도입되었다. 식품구입권은 국가가 저소득 계층을 대상으로 기초생활에 필요한 상품이나 서비스를 시장에서 구입할 수 있도록 하는 일종의 상품권 기능을 했다. 이후 바우처 제도는 다양한 영역에 이미 적용되고 있거나 도입이 활발하게 논의되고 있다.[2] 우리나라에서도 바우처 제도가 현재 산모·신생아 도우미, 장애인 활동보조 서비스 및 가사·간병 서비스 같은 전형적인 사회복지 영역뿐만 아니라 문화·체육·관광 등의 영역에서 다양하게 응용되고 있다. 이러한 바우처의 운영원리와 기능을 산재보험의 간병급여와 장의비에 적용할 수 있을 것으로 생각한다.

현금급여의 특성별 분류

산재보험에서 현금급여는 크게 소득대체적 기능의 급여와 소득보충적 기능의 급여로 구분할 수 있다. 소득대체적 기능의 급여는 근로자가 산재사고나 직업병에 기인하는 상병치료, 직업능력의 상실 또는 사망 등으로 소득의 흐름이 단절되었을 때 별도의 대체소득을 보장하기 위한 목적의 제도이다. 휴업급여, 상병보상연금, 장해보상급여 및 유족급여가 여기에 해당한다. 반면 소득보충적 기능의 급여는 산재환자의 간병 또는 장제 등으로 인한 비용이 발생하게 되었을 때 이를 지원해주기 위한 목적의 현금급여로 간병급여와 장의비가 이에 해당한다. 다음에서는 산재보험 현금급여의 내용을 살펴보도록 한다.

휴업급여

휴업급여는 업무상 부상 또는 질병의 치료를 위한 요양으로 근로를 제공할 수 없어 임금을 지급받지 못한 기간에 대해 제공하는 단기적 성격의 소득보장급여이다. 다만, 취업하지 못한 기간이 3일 이내인 경미한 부상이나 질병에 대해서는 휴업급여가 지급되지 않는다.[3]

휴업급여는 다음의 세 가지 요건을 동시에 충족할 경우 지급된다. 첫째, 부상이나 질병의 발생원인과 상태와 관련한 요건이다. 먼저 휴업급여는 산재사고나 직업병에 대한 사용자의 배상책임 원리에 입각하여 운영되는 급여 프로그램으로 부상이나 질병이 업무수행성 또는 업무기인성에 기초한 엄격한 인과관계를 유지하게 될 경우에만 수급자격이 인정된다. 다음으로 부상이나 질병의 상태와 관련한 사항으로 휴업급여는 상병이 아직 치유되지 않아 상태가 가변적이며, 따라서 요양을 통한 치료효과가 기대되는 경우에 수급자격이 인정된다. 그러나 이 경우 부상이나 질병의 상태나 수준에 관계없이 단지 요양이 필요하다고 의학적으로 판단되면 일률적으로 휴업급여가 주어지는 문제점이 있다.

둘째, 요양과 관련한 요건으로 휴업급여는 산재환자가 요양치료로 인해 취업하지 못한 기간 동안 지급된다. 따라서 요양치료는 휴업급여의 전제조건이 되며, 이는 입원요양, 통원요양 및 재가요양 등 형식의 구분 없이 부상이나 질병의 치료를 목적으로 의료 서비스의 공급주체(예를 들어 의사, 치과의사 등)로부터 진료 또는 지도를 받고 있는 상태를 의미한다. 원칙적으로 휴업급여는 요양으로 인해 취업하지 못하게 되었을 경우 부상이나 질병이 치료될 때까지 계속 지급된다. 치료를 종결하기 위해서는 질병이 완치되거나 더 이상의 치료효과를 기대할 수 없어 증세가 고정된 상태에 이르게 되었을 때이다. 이상의 내용에서 주목해야 할 사항은 휴업급여가 요양의 형태와 수준에 관계없이 단순히 요양의 필요성에 대한 의학적 판단에 기초하여 수급자격 여부를 결정하게 된다는 점이다.

셋째, 휴업급여는 요양으로 근로를 제공할 수 없어 임금을 지급받지 못하게 된 경우에 지급되므로 취업능력과 취업활동 여부 등이 수급자격 결정과정에서 중요한 판단기준이 될 수 있다. 먼저 취업능력 여부와 관련한 사항으로 현행 규정에서는 산재환자의 업무상 부상의 정도, 치유과정 및 요양방법 등을 종합적으로 고려할 때 '취업 중 치료'가 가능한 것으로 판단될 경우에도, 이를 강제적으로 실행할 수 있는 법적 근거가 없다. 한편 근로복지공단의 맞춤 서비스 제도와 자문의사제도 등은 비록 완벽하지는 않지만 휴업급여 수급을 목적으로 요양기간을 장기화하고자 하는 부정적 유인을 부분적으로 제어하는 기능을 하는 것으로 평가할 수 있다.

다음으로 취업활동과 관련하여 휴업급여는 요양치료로 인해 취업활동이 중단되었을 경우 제공되는 급여로 휴업급여와 취업활동은 상호 배타적인 관계를 가지게 된다. 이에 따라 이전에는 산재환자가 요양기간 중 별도로 소득이 발생하는 업무에 종사했을 때 근로시간이나 소득수준에 관계없이 해당 기간 동안 휴업급여의 수급자격이 중단되었다. 그러나 이러한 규정은 산재환자의 근로유인을 억제하고 휴업급여에 대한 의존심리를 부추기는 부작용을 초래했다. 이러한 문제점을 해소하기 위한 방안으로 2008년 7월 1일 산재보험법 개정을 통해 도입된 부분휴업급여는 개인이 요양기간 중 (부분)취업을 하는 경우 근로소득과 휴업급여의 동시 수급이 가능하도록 했다. 부분휴업급여 도입을 통해 휴업급여는 종전의 '실업을 지원하는 급여(unemployment subsidizing benefit)'에서 '근로를 장려하는 급여(employment supporting benefit)'로 기능전환이 이루어지게 되었다.

휴업급여 산정방법

휴업급여는 산재근로자의 1일 평균임금에 요양으로 인해 취업하지 못한 기간을 곱하여 산출한 금액의 70%로 산정한다. 휴업급여는 사용자 또는 근로자의 과실 여부, 개인별 상병 정도, 요양치료의 내용이나 수준 또는 근로능력의 상실 정도에 관계없이 다음 산식을 통해 산정한다.

$$휴업급여 = 평균임금 \times 0.7 \times 요양기간\ 중\ 미취업한\ 일수$$

평균임금은 휴업급여뿐만 아니라 상병보상연금, 장해연금 및 유족연금 등 산재보험 현금급여의 산정기초로 활용된다. 평균임금은 산재 발생 이전 3개월 동안 해당 근로자에게 지급된 임금총액을 그 기간의 총일수로 나눈 금액으로 결정된다. 임금총액에는 해당 기간 중 근로의 대가로 지급된 제반의 임금으로서 기본급, 상여금, 연월차수당, 정근

수당, 연장근로수당 및 기타 정기적·일률적으로 지급되는 제반 수당이 포함된다. 만약 근로자가 여러 개의 사업장에 근로를 제공하고 임금을 수령한 경우, 현행 규정에서는 재해가 발생한 사업장의 임금에 기초해 평균임금을 산정하기 때문에 휴업급여가 낮게 산출되는 문제가 발생한다.

저소득 근로자 대상의 휴업급여 특별규정

저소득 산재근로자의 최저생활을 보장하기 위한 목적으로 휴업급여에 다양한 특별규정이 적용되고 있다. 그 일환으로 산재보험에서 근로자의 평균임금이 최저임금에 미달하면 최저임금이 당사자의 평균임금이 될 수 있도록 하는 규정을 도입했다. 그러나 이 경우에도 실제 지급되는 휴업급여가 최저임금의 70% 수준에 불과하므로 재해근로자와 그 가족의 최저생계를 보장하는 데 미흡한 한계가 있었다. 이 문제에 대응하여 2000년 7월 1일의 개정된 산재보험법에서 산재근로자 개인의 휴업급여가 최저임금에 미달하게 될 경우 최저임금이 당사자의 휴업급여가 되도록 변경되었다. 이에 따라 휴업급여의 최저 수준이 종전 최저임금의 70%에서 100% 수준으로 인상되었다.

그러나 이러한 개선에도 최저임금액 수준의 휴업급여로는 여전히 재해근로자의 생계보장에 미흡하다는 비판이 있어 2008년 7월 1일의 법률 개정에서 제도적 보완이 이루어졌다. 개략적인 개정내용을 살펴보면 먼저 휴업급여가 법으로 정한 최저보상 기준금액의 80%에 미달하면 평균임금의 90%를 휴업급여로 지급할 수 있게 했다. 다만, 이 경우 휴업급여가 최저보상 기준금액의 80%를 초과하게 되면 후자를 적용하도록 하여 과잉보장의 문제를 방지하고 있다. 이러한 방식으로 산정한 휴업급여(평균임금의 70%, 90%, 최저보상 기준금액의 80%) 모두가 최저임금액에 미달하게 될 경우에는 최저임금이 휴업급여가 된다.

재요양 산재환자의 휴업급여

2008년 7월 1일의 산재보험법 개정 이전에는 요양 종결 이후에 종전의 업무상 부상이나 질병이 재발하여 재요양이 필요하게 되었을 경우 이전에 받고 있던 장해연금은 지급이 중단되고 휴업급여가 지급되었다.[4] 그러나 장해등급이 낮은 산재환자는 장해연금보다 휴업급여 수준이 상대적으로 높아 휴업급여 수급을 목적으로 재요양을 신청할 경제적 유인이 발생할 수 있다는 우려가 제기되었다.

이에 따라 2008년 산재보험법 개정 이후에는 재요양을 받게 된 산재환자에 대해서는 재요양 직전의 임금을 기준으로 산정한 평균임금의 70%에 상당하는 금액을 휴업급여로 지급하도록 했다.[5] 만약 이와 같은 방법으로 산정한 휴업급여가 최저임금보다 적거나 재요양 당시 임금이 없을 때에는 최저임금이 당사자의 휴업급여가 된다. 장해연금 수급자가 재요양을 하면 원칙적으로 장해연금이 계속 지급된다. 그리고 재요양 직전 소득활동에 종사했던 자의 경우 휴업급여도 함께 지급되므로 경우에 따라서는 과잉보장의 문제가 발생할 수 있다. 따라서 두 개의 급여를 합산한 금액이 장해보상연금 산정에 적용되는 평균임금의 70%를 초과하면 그에 상당하는 만큼 휴업급여를 감액하여 지급하도록 하는 규정을 마련했다.

고령자 휴업급여의 조정

일반적으로 휴업급여는 업무상 부상 또는 질병에 따른 요양으로 인해 근로능력을 일시적으로 상실한 사람을 대상으로 지급하는 현금급여이다. 이러한 관점에서 볼 때 현재와 같은 노동시장 상황에서 정년연령 이상의 고령자에게도 일반근로자와 동일한 수준의 휴업급여를 제공하는 것은 제도의 취지에 부합하지 않는다. 따라서 2000년 7월 1일의 산재보험법 개정을 통해 65세 이상 고령자에 대해 휴업급여를 5% 감액하여 65% 수준으로 하향조정했다. 그러나 5%의 감액은 그 수준이 미미하여 요양 장기화의 요인으로 작용하게 된다는 지적이 있었으며, 이를 반영하여 2008년 7월 1일 새로운 감액지급 방식이 도입되었다. 이에 따르면 산재근로자가 61세에 도달하면 휴업급여를 매년 4%씩 감액하며, 최종적으로 65세 이후에는 총 20%를 감액하여 지급한다. 다만, 취업 중인 자가 61세 이후에 업무상재해로 요양을 하게 되었을 경우 그 시점부터 2년의 기간에 대해서는 휴업급여 감액 적용이 유예된다.

상병보상연금

상병보상연금은 중증의 상병상태로 인해 장기요양 중인 산재근로자와 그 가족의 요양치료에 따른 경제적 부담을 완화해줌으로써 가계의 생활을 안정시키고 재활의욕을 고취시킬 목적으로 1983년 도입된 보험급여이다. 산재보험법 제66조에 따르면 상병보상연금은 요양급여를 받는 산재근로자가 요양 개시 후 2년이 경과해도 당해 부상 또는 질병이 치유되지 않은 상태에 있고, 그로 인한 폐질의 정도가 대통령령에서 정하는 폐질등급 기준에 해당되는 상태가 계속되는 경우에 휴업급여를 대신하여 지급하도록 하고 있다. 따라서 상병보상연금은 장기요양 산재환자가 일정한 폐질등급 기준에 해당할 때 휴업급여를 대신하여 상대적으로 금액이 많은 연금 형태의 장기성 보험급여를 제공함으로써 당사자와 그 가족의 생활안정에 기여하기 위한 목적으로 운영되는 급여이다.

이러한 목적의 상병보상연금은 다음 요건을 동시에 충족할 때 수급자격이 인정된다. 첫째, 업무상 부상이나 질병의 상태와 관련한 요건으로 상병에 대한 요양치료 개시 이후 2년이 경과해야 한다. 그리고 신체에 남은 영구적인 정신적 또는 육체적 훼손을 의미하는 폐질이 노동능력을 100% 상실한 상태여야 한다. 둘째, 상병보상연금은 업무상 부상이나 질병이 장기간 치유되지 않은 상태에 있는 중증의 산재환자를 대상으로 운영되므로 해당 기간 동안 요양급여가 제공된다. 이러한 의미에서 볼 때 요양치료는 상병보상연금을 수급하기 위한 선행요건이 된다. 셋째, 상병보상연금은 산재환자가 노동능력을 완전히 상실하여 일생 동안 근로에 종사할 수 없는 폐질상태에 있는 경우를 가정하여 지급된다. 따라서 요양으로 인해 취업활동에 종사하지 않았을 것이 추가의 수급요건이다.

상병보상연금 산정방법
상병보상연금은 폐질등급에 따라 차등적으로 지급된다(표 5-1 참조).

폐질등급	상병보상연금	급여수준
제1급	평균임금의 329일분	평균임금의 90.14%
제2급	평균임금의 291일분	평균임금의 79.73%
제3급	평균임금의 257일분	평균임금의 70.41%

이 경우 상병보상연금은 등급별로 장해연금과 동일한 수준으로 결정
되며, 급여수준이 휴업급여보다 상대적으로 높다. 상병보상연금은 장
해연금의 지급시기 규정에 따라 월 단위로 지급되었으나, 2008년 7월
1일부터 휴업급여처럼 일 단위로 지급방식이 변경되었다.

저소득층 상병보상연금 특례규정

앞서 설명한 휴업급여와 동일한 방법으로 상병보상연금 역시 저소
득 산재환자를 위한 최저생활보장기능을 수행하고 있다. 먼저 산재환
자의 평균임금이 최저임금의 100/70에 미달하게 될 경우[6] 이를 평균임
금으로 하여 그 금액에 해당 등급별 일수를 곱하여 아래와 같은 방법
으로 산정한다.

$$1일당 \ 상병보상연금의 \ 최저금액 = \frac{(최저임금 \times 100/70) \times 폐질등급일수}{365}$$

이어서 2008년 산재보험법 개정에 따라 산재환자의 1일당 상병보상
연금액이 저소득 근로자의 1일당 휴업급여액보다 적을 경우 휴업급여
를 당사자의 상병보상연금으로 결정하도록 하는 규정이 새롭게 마련되
었다. 구체적으로 산재환자의 상병보상연금액이 평균임금의 90% 또는

최저보상 기준금액의 80%에 상당하는 금액보다 적을 경우 '저소득 근로자 휴업급여' 특례규정을 적용하여 그 금액이 당사자의 1일 상병보상연금이 된다.

고령자 상병보상연금의 조정

상병보상연금은 앞서 휴업급여에서와 같이 근로능력의 회복을 위해 지급하는 급여이기 때문에 고령의 산재환자에 대해 감액규정이 적용된다. 이러한 취지에 따라 종전 규정에서는 급여 감액대상을 65세 이상으로 하고 7% 감액하여 93% 수준에서 지급했다. 이러한 고령자 상병보상연금 감액방식은 2008년 산재보험법 개정에 따라 다음과 같이 변경되었다. 상병보상연금을 지급받는 근로자가 61세에 도달한 이후 매년 4%씩 감액하여 최종적으로 65세 이후부터는 종전의 80% 수준에서 지급한다. 다만, 이 경우에도 평균임금 또는 최저임금의 100/70에 기초하여 산정한 상병보상연금에 대하여 고령자 감액비율을 적용한 금액이 '저소득 근로자 휴업급여' 특례규정에 따라 산출한 금액보다 적을 경우에는 후자가 개인의 상병보상연금이 되도록 하는 예외 규정을 마련했다.

장해급여

장해란 부상이나 질병이 치유되었음에도 신체에 남은 영구적인 정신적 또는 육체적 훼손으로 인해 노동능력이 손상 또는 감소된 상태를 의미한다. 이러한 의미에서 장해급여는 상병의 치유 이후 남은 영구적인 노동능력의 상실에 따른 일실소득의 보전을 위한 소득보장적 성격의 급여이다. 따라서 장해급여는 요양기간 중 일시적 노동능력 상실에 대한 소득보전 성격의 휴업급여나 상병보상연금과 성격을 달리한다.

이상과 같은 취지의 장해급여는 다음의 요건을 충족하게 될 경우 수급자격이 인정된다. 첫째, 업무상 상병이 치유되었거나 증상의 고정상태로 인해 더 이상의 치료효과가 없는 것으로 의학적으로 판명되어 요양이 종결되어야 한다. 따라서 요양치료의 종결은 장해판정과 장해급여의 수급을 위한 선결요건이다. 둘째, 요양 종결 이후에도 신체적 또는 정신적으로 장해상태가 남아 소득획득 능력의 전부 또는 일부를 상실해야 한다. 따라서 장해급여는 상병의 치유 이후에도 남은 장해상태에 대한 보상을 지급목적으로 하고 있다. 이러한 의미에서 볼 때 산재근로자가 장해의 존재에도 잔존하는 노동능력으로 취업활동을 하게 될 경우 소득의 종류나 소득수준에 관계없이 장해급여를 지급해야 한다.

장해급여 산정방법

장해급여는 산재근로자의 장해상태나 수준에 따라 14등급으로 구분하여 차등적으로 지급한다. 급여의 형태로는 장해보상연금과 장해보상일시금이 있으며, 이는 장해등급에 따라 구분 적용된다. 장해급여의 형태별 급여산식은 다음과 같다.

장해보상일시금 = 평균임금 × 장해등급별 장해보상일시금 일수

$$장해보상연금 = 평균임금 \times 장해등급별 \ 연금일수 \times 1/12$$

〈부표 5-1〉은 장해등급별 장해급여의 수준과 지급방법을 보여준다. 먼저 제1급부터 제3급까지의 산재장애인에게는 연금 형태로만 장해급여가 지급된다. 이어서 제4급부터 제7급의 산재장애인에 대해서는 연금 또는 일시금의 선택이 허용되며, 일시금을 선택한 사람에 대해서는 등급별로 각자의 평균임금을 기준으로 1012일분에서 616일분이 장해급여로 지급된다. 마지막으로 제8급부터 제14급의 산재장애인에게는 일시금 형태의 장해급여만 지급된다.

장해등급의 재판정은 왜 필요한가?

상당수 장해는 장해판정 이후에도 병리상태의 진행상황에 따라 장해등급이 변경될 수 있는 여지가 존재한다. 이와 같은 장해상태의 가변성을 감안하여 2008년 산재보험법 개정에 따라 장해등급 재판정제도가 도입되었다. 장해등급 재판정은 원칙적으로 장해상태의 가변성이 존재할 수 있는 신경·정신계장해, 관절기능장해, 척추신경근장해 및 진폐장해 등이 그 대상이다. 이러한 재판정은 당사자의 신청 또는 직권으로 이루어지며, 원칙적으로 장해보상연금 지급 결정일을 기준으로 2년이 경과한 날부터 1년 이내에 실시된다.

유족급여

유족급여는 산재사고로 사망한 근로자의 임금으로 생활을 해왔던 유가족이 부양자의 상실로 인해 겪게 될 경제적 피해를 보상하여 유족의 생활을 보장하기 위한 목적으로 운영되는 급여이다. 이러한 의미에서 유족급여는 사망한 근로자가 담당해왔던 부양의무를 대신하는 부양대체의 기능을 한다.

일반적으로 유족급여의 수급자격은 사망한 근로자에 해당하는 요건과 생존하는 유족의 자격요건을 동시에 충족해야 한다. 먼저 사망한 근로자에게 해당하는 요건으로 사망의 원인이 원칙적으로 업무상사고에 기인해야 한다. 업무상사고로 인한 사망이란 업무의 수행 중 발생한 사고 등으로 인해 사망한 경우뿐만 아니라 요양치료 중에 동일한 사고가 원인이 되어 사망에 이르게 된 경우를 포함하는 개념이다.

다음으로 유족급여의 수급자격자와 관련하여 산재보험법에서는 유족의 개념을 사망한 근로자의 배우자(사실상 혼인관계에 있는 자 포함), 자녀, 부모, 손자녀, 조부모 또는 형제자매로 규정하고 있다. 다만, 유족보상연금을 수급할 수 있는 유족의 개념에 대해서는 사망한 근로자와 생계를 같이 하던 유족으로서 다음과 같은 엄격한 자격요건을 요구하고 있다. 구체적으로 사망한 근로자의 배우자(처 또는 남편)에 대해서는 별도의 연령요건을 요구하지 않으나, 유족보상연금을 받기 위해서는 재혼(사실혼의 관계를 포함)을 하지 않아야 한다.

사망한 근로자의 부모 또는 조부모의 경우 60세 이상이거나 장애인복지법상의 장애등급 2급 이상에 해당해야 한다. 마지막으로 ① 자녀나 손자녀에 대해서는 19세 미만이거나 장애인복지법상의 장애등급 2급 이상 ② 형제자매는 19세 미만 또는 60세 이상, 장애인복지법상의 장애등급 2급 이상의 요건을 충족시켜야 한다. 유족보상연금은 수급자격을 갖춘 유족들 가운데 가장 선순위에 있는 사람이 수급권자가 된다. 이 경우 그 순위는 배우자, 자녀, 부모, 손자녀, 조부모 및 형제자매 순서이다.

유족급여 산정방법

유족급여는 유족보상연금과 유족보상일시금으로 구성된다. 일반적으로 유족급여는 유족보상연금 지급을 원칙으로 하되, 연금 수급자격이 있는 자가 없는 경우에만 예외적으로 유족보상일시금을 지급한다. 유족보상연금은 수급자격자의 수에 따라 〈표 5-2〉와 같이 차등적으로 지급된다. 선순위자에게 사망한 근로자의 급여기초연액(평균임금에 365를 곱하여 계산된 금액)의 47%에 해당되는 기본금액을, 나머지 수급권자에게는 각각 급여기초연액의 5%에 상당하는 가산금액을 지급한다. 기본금액과 가산금액을 합산한 유족연금을 선순위자에게 일괄

〈표 5-2〉 유족급여의 지급기준

구분		급여수준	가산금액
유족보상연금	기본금액	급여기초연액(평균임금×365)의 47%	–
	1인	52%	5%
	2인	57%	10%
	3인	62%	15%
	4인	67%	20%
유족보상일시금		평균임금의 1,300일분	–

적으로 지급한다. 다만, 가산금액이 급여기초연액의 20%를 초과할 수 없기 때문에 유족보상연금은 최고 급여기초연액의 67%로 제한된다.

유족급여는 연금 형태로 지급하는 것을 원칙으로 하되, 다음과 같은 경우에는 예외적으로 일시금 형태로 지급할 수 있다. 먼저 유족보상연금 수급권자가 수급자격 발생시점에 신청할 경우 연금과 일시금을 혼합한 형태로 제공할 수 있다. 이 경우 일시금은 평균임금의 1300일분에 상당하는 유족보상일시금 가운데 절반에 해당되는 금액이며, 나머지 연금(반액연금)은 해당 유족보상연금의 50%에 해당하는 금액이다. 또한 근로자가 사망했을 당시 유족보상연금 수급자격자가 없는 경우에는 평균임금의 1300일분에 상당하는 금액을 일시금으로 지급하는데, 유족보상일시금에 대한 수급권 순위는 앞서 설명한 방식과 동일하다.

유족특별급여

보험가입자인 사업주의 고의 또는 중대과실로 인한 업무상재해로 근로자가 사망하게 된 경우 그 유족은 산재보험의 유족급여 외에 별도로 사용자를 상대로 민법상 손해배상을 청구할 수 있다. 그러나 만약 유족이 보험가입자와 합의 하에 손해배상에 갈음하여 공단에 유족특별급여를 청구할 경우, 민사배상액에 갈음하는 유족특별급여를 지급받을 수 있다.[7] 이 경우 유족은 보험가입자를 상대로 손해배상을 청구할 수 없으며, 산재보험에서 지급한 유족특별급여는 전액 해당 보험가입자가 부담해야 하며, 통상적으로 1년 이내에 4회에 걸쳐 분할납부할 수 있다.

간병급여

산재사고에 의한 부상이나 질병이 치유되어 증상이 고정된 상태에 있으나, 다른 사람의 도움 없이는 일상생활이 불가능하게 된 산재근로자를 지원하기 위해 간병급여가 2000년 7월 1일 도입되었다. 이전에는 요양기간에만 간병료가 지급되었으나, 중증장해자의 경우 요양 종결 후에도 간병이 필요한 때가 있어 그 비용을 지원하여 본인과 가족의 경제적 부담을 경감해주기 위해 운영하고 있다.

간병급여는 장해상태에 따라 상시간병급여와 수시간병급여로 구분된다. 먼저 상시간병급여는 장해등급 1급의 중증장애인으로 일상생활의 동작을 위해 항상 타인의 간병이 필요한 사람으로 지급대상을 한정하고 있다. 반면 수시간병급여는 장해등급 1급 또는 2급에 해당되는 장애인으로 일상생활에 필요한 동작을 위해 수시로 타인의 간병이 필요한 사람을 지급대상으로 한다.

상시간병급여는 고용노동부장관이 매년 고시하는 금액을 기준으로 하며, 수시간병급여는 상시간병급여의 2/3 수준으로 지급된다. 2013년 12월 기준으로 적용되고 있는 상시간병급여의 기준금액은 1일당 3만 8240원, 그리고 수시간병급여의 기준금액은 2만 5490원이었다. 그러나 간병급여는 수급대상자가 실제로 간병을 받은 기간에 대해서만 지원된다. 따라서 대상자가 무료요양소 등에 입소하거나 실제 간병비용이 간병급여액보다 적을 경우에는 발생한 비용에 대해서만 지급한다.

장의비

　장의비는 근로자가 업무상재해로 사망했을 경우 장제에 소요되는 비용을 지원해주기 위한 목적의 급여이다. 장의비는 비록 유족급여의 지급사유와 동일하지만, 유족급여와 성격을 달리하는 독립적인 보험급여로 실제로 장제를 지낸 사람에게 지급된다. 수급권자가 장제를 행한 유족인 경우에는 실제 장제비용에 관계없이 평균임금의 120일분에 상당하는 금액을 지급한다. 그러나 근로자 상호 간 임금 격차로 인한 형평성의 문제가 제기되는 경우가 있으므로 매년 고용노동부장관이 장의비의 최고 수준과 최저 수준을 고시하고, 그 범위에서 장의비를 지원하고 있다. 만약 산재보험법상의 유족이 아닌 자가 장제를 행했을 경우에는 실제로 장제에 소요된 비용에 대해서만 장의비로 지급한다.

요양급여: 의료 서비스

원종욱(연세대 의과대학 교수)

제6장에서는 산재보험이 제공하는 대표적 현물급여인 요양급여에 대해 살펴본다. 요양급여는 산재보험 총급여액의 21%에 불과하지만 모든 급여 중에서 가장 먼저 발생하면서 휴업급여와 장해급여 등의 다른 급여의 수준에 직접적인 영향을 미치므로 매우 중요한 위치를 차지한다.

요양급여는 재해근로자의 직장복귀를 최선의 목적으로 하며, 이에 따라 산재보험은 최선의 의료제공을 추구한다. 반면 건강보험은 상대적으로 의학적 근거에 기반을 둔 경제적 효율성을 강조한다. 따라서 요양급여에 다소 많은 비용이 지출되어도 서비스의 질이 향상되면 휴업급여나 장해급여가 감소하기 때문에 국민경제 측면에서는 더 효율적일 수 있다.

산재환자의 요양에 대해서는 '요양기간이 길다' '불필요한 치료를 많이 한다' '산재환자에 대한 서비스가 나쁘다'는 등의 부정적인 견해들이 있으므로 산재의료의 질 향상을 위한 노력이 필요하다. 제6장에서는 산재보험 요양급여의 특징과 우리나라의 현황을 살펴보고, 의료 서비스로서 요양급여의 문제점과 해결방안에 대해 알아보도록 한다.

산재보험의 현물급여

산업재해를 당한 근로자에 대한 보상은 경제적 손실에 대한 보상과 신체 손상에 대한 치료로 나눌 수 있다. 경제적 손실은 일을 하지 못해서 발생하는 임금 손실, 치료를 했지만 불가피하게 발생하는 장해에 대한 보상 및 재해로 근로자가 사망한 경우 유족에 대한 보상 등이 있다. 경제적 손실에 대한 보상은 대부분 일시금이나 연금 등 현금으로 지급하기 때문에 현금급여라 한다.

반면 산재환자의 치료에 대해서는 산재근로자에게 직접 치료비를 지급하지 않고, 치료를 시행한 의료기관에 비용을 지급한다. 사실 치료는 근로복지공단을 대신해서 의료기관이 의료 서비스를 제공하는 것이기 때문에 이를 현물급여라 한다. 산재보험의 현물급여에는 요양급여와 직업재활급여가 있는데, 요양급여는 산재환자를 치료한 의료기관에 지급하는 치료비를 말한다. 즉 산재환자가 산재보험 지정 의료기관에서 요양을 받으면 근로복지공단이 해당 의료기관에 요양비를 지급한다. 산재환자가 부득이하게 비지정 의료기관에서 치료를 받았다면, 산재환자가 우선 치료비를 지불하고 근로복지공단이 실제 소요된 의료비를 환자에게 지급한다. 이 경우에도 건강보험에서 지급한 부분은 건강보험에 지급하고, 산재환자 본인이 의료기관에 지급한 비용만 환자에게 지급한다.

직업재활급여로 직업훈련비, 직업훈련수당, 그리고 산재장해근로자를 고용한 사업주에게 지급하는 직장복귀지원금, 직장적응훈련비 및 재활운동비가 있다. 직업훈련비는 산재근로자가 근로복지공단과 계약을 체결한 직업훈련기관에서 직업훈련을 받도록 하고, 그 비용을 직업훈련기관에 직접 지급한다. 직업훈련수당은 직업훈련으로 인해 취업하지 못한 기간 동안 최저임금에 상응하는 금액을 지급하는 것을 말한다. 직업훈련비는 현물급여이지만 직업훈련수당은 현금급여이다.

한편 산재장해근로자를 고용한 사업주에게 지급하는 직장복귀지원금, 직장적응훈련비 및 재활운동비는 현금으로 지급하지만 근로자에게 지급하는 것이 아니라 고용과 서비스의 대가로 사업주에게 지급하는 것이어서 현물급여의 성격이 강하다. 현물급여로 분류해야 할 또 다른 급여로 간병급여가 있다. 간병급여는 요양이 종료된 후에 의학적으로 상시 또는 수시로 간병이 필요하여 실제로 간병을 받는 산재장해근로자에게 지급하는 것이다. 근로자에게 현금을 지급하기 때문에 현금급여가 맞는데, 내용상으로는 간병이 필요한 근로자에게 간병을 받는 대가로 지급하기 때문에 간병 서비스라는 현물급여가 가능하다. 참고로 간병급여를 현재와 같이 계속 운영해야 할지 또는 간병 서비스를 제공하는 방식으로 전환해야 할지를 검토할 때 여러 가지 사항을 고려해야 한다.

우리나라는 물론이고 세계 모든 나라에서 산재보험의 의료 서비스는 현물급여를 원칙으로 하고 있지만, 제공되는 의료 서비스의 양과 질에는 다소 차이가 있다. 예를 들어 우리나라는 4일 이상 요양을 필요로 하는 손상이나 질병에 대해서만 요양급여를 제공하지만, 다른 많은 나라에서는 손상이 발생한 당일부터 요양급여를 지급하고 있다. 또한 직업재활급여의 경우 우리나라에서처럼 급여의 특성에 따라 현물급여와 현금급여를 혼합하여 사용하는 나라가 많다.

요양급여를 현금 대신 의료 서비스로 제공하는 이유

현금급여는 급여를 받는 사람이 필요에 따라 마음대로 사용할 수 있는 편리한 장점이 있지만, 지급목적대로 사용되지 않을 수 있는 단점이 있다. 예를 들어 산재로 허리가 삔 근로자에게 입원치료를 받도록 치료비를 지급했을 때, 이 근로자가 치료비의 일부를 자녀 등록금으로 쓰고 치료를 소홀히 할 수도 있다.

경제적 손실에 대한 보전을 목적으로 하는 현금급여는 현금을 지급하는 것으로 충분히 목적을 달성할 수 있고, 수급자가 자신의 필요에 따라 사용하게 하는 것이 당연하다. 그러나 요양이나 재활과 같은 의료 서비스는 반드시 목적에 따라 가장 적합하게 사용되어야 한다. 의료 서비스를 현금으로 지급할 경우 산재환자는 산재의료 서비스에 대한 지식과 정보가 부족하므로 적절한 의료 서비스를 구매하기 어렵다. 또한 의료 서비스는 질에 따라 비용의 차이가 크고, 서비스를 제공하기 전에는 소요되는 적정 비용을 산출하기도 쉽지 않다. 이런 이유로 요양과 재활급여를 현금이 아닌 현물로 지급한다.

요양이나 직업재활급여는 재해환자의 신체적 회복과 사회복귀가 목적이다. 그런데 이것을 현금으로 지급하면 산재환자가 자신의 필요에 따라 더 저렴한 의료 서비스를 구매하고, 차액을 다른 용도로 사용할 수도 있다. 이렇게 되면 신체적 회복이 늦어지거나 장해가 더 높게 남을 수 있다. 결국 산재환자의 사회복귀가 늦어지거나 불가능하게 될 수 있는 것이다. 이런 결과는 요양급여의 목적에 맞지 않을 뿐만 아니라 사회적 부담으로 남게 된다. 낮은 의료 서비스와 관련된 다른 문제는 이것과 연동되어 있는 휴업급여와 장해급여가 증가하는 것이다. 따라서 요양급여는 적절한 의료 서비스가 제공될 수 있도록 하는 것이 중요하며, 그러기 위해서는 잘 관리된 의료(현물) 서비스로 제공하는 것이 낫다.

요양급여와 산재보험 지정 의료기관

요양급여를 서비스로 제공하는 방법 중 가장 좋은 것은 근로복지공단이 직접 의료 서비스를 제공하는 것이다. 즉 근로복지공단이 의료기관을 설립한 후 직접 산재환자를 치료하는 것이 서비스의 질을 높이고, 양을 적절히 통제할 수 있는 가장 좋은 방법이다. 그러나 이 경우 충분히 많은 의료기관을 설립하기 어려우므로 산재환자의 접근성이 문제가 된다. 즉 산재환자가 필요한 때 필요한 곳에서 편리하게 의료 서비스를 받기 어려워진다.

접근성의 문제를 해결하기 위해 보험자와 계약을 맺은 의료기관에서 서비스를 받게 하는 방법이 있다. 우리나라에서는 근로복지공단에서 의료기관을 지정하여 운영하고 있다. 이 방법은 보험자가 직접 운영하는 것보다 관리하기는 어렵지만, 환자의 접근성을 높일 수 있다. 이 방법이 성공하기 위해서는 지정 의료기관이 제공하는 의료 서비스의 질과 양을 얼마나 잘 관리하는지가 관건이다. 이것에 대해서는 뒤에서 다시 논의하도록 한다.

요양급여의 서비스 양과 질은 각각의 사례마다 달라서 적절히 평가하기 어렵다. 환자는 더욱 양질의 의료 서비스를 제한 없이 받기를 원하지만, 보험재정의 한계 때문에 적절한 수준에서 서비스의 양을 제한할 수밖에 없다. 그러면서도 의료 서비스의 결과가 휴업급여나 장해급여 등 현금급여에 영향을 주기 때문에 단순히 의료 서비스의 경제적 측면만 고려해서도 안 된다. 의료 서비스의 양과 질이 높으면 요양기간이 짧아지고, 장해가 낮아져 휴업급여와 장해급여가 낮아질 가능성이 있다. 반면 의료의 질이 낮으면 요양기간이 길어지고, 치료 후에 장해가 더 심해질 수 있다. 결국 의료의 질이 낮으면 휴업급여와 장해급여가 높아질 가능성이 있다. 그러나 이런 관계가 반드시 성립하는 것은 아니므로 적절한 의료의 양과 질을 정하는 것이 쉽지 않고, 따라서 적절한 수준의 요양관리가 절실하게 필요하다.

산재환자의 요양

산재보험의 목적은 '근로자의 업무상의 재해를 신속하고 공정하게 보상하며, 재해근로자의 재활 및 사회복귀를 촉진'하기 위한 것이다.[1]

이는 한마디로 보상과 치료로 요약할 수 있는데, 신체 부상이나 질병의 치료에 소요되는 모든 걸 포함한 것을 요양이라 한다. 산재보상에 있어서 요양은 모든 보상에 최우선하여 지급하는 급여이며, 요양의 결과에 따라 다른 보상의 양과 질이 달라지기 때문에 매우 중요한 위치에 있다. 산재환자의 재활도 현물 서비스의 하나이지만 재활은 8장에서 다루기로 한다.

산재보험 도입 이전의 산재환자 치료

인류의 시작과 함께 어떤 형태이든 노동이 존재했고, 그 노동과정을 통해 손상을 받거나 질병에 걸리는 사람이 생겼을 것이다. 원시 동굴 벽화에 있는 수렵은 삶의 수단이자 노동이었다. 주술사는 길흉화복을 비는 것뿐만 아니라 치료사의 역할을 했기 때문에 이들이 최초의 산재환자와 치료사였을지 모른다.

서양은 물론이고 우리나라에서도 고대사회의 노동은 주로 노예계급이 수행했고, 일부 평민들도 자신의 생계를 위해 일했다. 평민이 자신의 생계를 위해 일을 하다 다치면 스스로 치료해야 했지만, 노예는 주인의 입장에 따라 달라진다. 노예는 '소유'하는 것이어서 '도구'로 생각했기 때문에 일을 하다 부상을 당한 노예는 주인 입장에서는 손실이었다. 부상이 경미해서 노동능력이 많이 남은 노예는 적극적으로 치료해서 노동력을 확보하려 했겠지만, 심한 부상으로 노동능력이 별로 남아 있지 않은 노예에게는 최소한의 치료만을 제공하거나 방치했을 것이다. 이때 손상받은 노예의 치료는 전적으로 주인의 재량이었으며 시혜적 차원이었다.

이러한 주종관계가 시민혁명과 산업혁명을 거치면서 사적 계약관계인 노사관계로 발전하면서 산업재해 환자의 치료 문제가 다른 양상을 보이게 되었다. 이 시대의 산재에 대한 보상은 사업주의 과실 또는 주의의무태만(negligence liability)에 근거한 소송을 통해 받을 수 있었다. 산재를 당한 근로자들이 이 소송에서 이기기는 쉽지 않았지만, 소송에서 이기면 치료비를 포함한 금전적 손실까지 함께 보상되었다. 소송 이외의 방법으로 위험에 따르는 수당을 지급하여 미리 보상하는 경우도 있었는데, 이 경우 근로자들은 잉여수입을 저축하여 자신이 부상당할 때를 대비해야 했다.[2]

　산재보험 도입 이전 시기의 산재근로자들은 소송을 통해 보상 받기가 어려웠고, 사업주 역시 소송에서 지면 재정적 부담이 매우 컸기 때문에 근로자와 사업주 간의 합의에 의한 보상이 많았다. 이 경우 재해를 당한 근로자들은 금전적 손실(임금 손실)에 대해서는 보상을 받지 못하는 경우도 많았고, 설령 금전적 손실과 치료비를 보상받아도 실제 손실에 미치지 못했다. 따라서 보상을 받았다고 하더라도 생계유지가 급했기 때문에 산재환자들은 보상금을 치료비보다 생계에 더 많이 사용했고, 그 결과 적절한 치료를 기대하기 어려웠을 것이다.[3] 산재보험이 도입되면서 사업주의 무과실책임과 요양비 전액 보상이 원칙으로 자리 잡으면서 비로소 산재환자가 제대로 치료받기 시작했다고 볼 수 있다.

어떤 질병을 치료해주나?

아픈 근로자는 모두 산재보험으로 치료받을 수 있을까? 한마디로 산재보험이 근로자의 모든 질병을 치료해주지는 않는다. 산재보험에서 근로자가 업무상 사유로 부상을 당하거나 질병에 걸리는 경우에 한해 요양급여의 대상이 된다. 여기서 업무상 사유는 업무수행 중에 업무에 기인해서 발생하는 것을 말한다.[4] 이를 업무상사고와 업무상질병으로 구분할 수 있다. 업무상사고의 경우 근로계약에 따른 업무, 업무와 함께 수반되는 여러 가지 준비 및 종료 후 정리 작업, 업무시간 중 생리현상 등이 모두 업무의 범주에 포함된다. 사업주가 제공한 시설물 이용으로 발생하는 사고, 사업주 지배·관리 하의 출퇴근이나 행사 참여 중 발생한 사고 등은 엄격한 의미의 업무가 아니지만 업무상사고에 포함된다. 즉 사업장 내부가 아니거나 업무시간 중에 발생한 사고가 아니라 하더라도 사업주의 지배·관리 하에 발생한 사고로 인한 손상은 모두 업무상재해에 포함된다.

업무상질병은 업무 수행과정에서 노출된 여러 가지 유해요인에 의해 발생한 질병을 말한다. 업무상사고는 시간과 장소에 따라 원인이 분명하므로 특별한 상황을 제외하고는 논란의 여지가 적다. 그러나 질병은 한 가지 원인으로 설명하기 어렵고, 여러 가지 요인이 결합되어 발생하는데, 업무상질병도 예외는 아니다. 따라서 어떤 질병이 업무상질병인지 여부를 판단하는 것은 쉽지 않다. 예를 들어 석면에 노출된 사람은 폐암에 걸릴 위험이 높은데, 이 사람이 담배를 많이 피웠다면 이 사람의 폐암은 석면에 의한 것인가, 아니면 흡연에 의한 것인가? 질병의 원인이 다양할 뿐만 아니라 아직도 의학적으로 원인을 잘 모르는 질병도 많이 있다. 이런 질병에 걸렸을 때 이것이 직업병인지 아닌지를 판단하는 것은 매우 어렵다.

업무상질병 여부를 판단하기 위해서는 다음 세 가지 기준을 충족해야 한다. 첫째, 업무수행 중 의심되는 유해인자에 노출되어야 한다. 둘째, 이 유해인자에 대한 노출이 질병을 유발할 수 있을 만큼 충분해야 한다. 셋째, 이 유해인자와 질병 사이의 인과관계가 의학적으로 증명되어야 한다.

소음, 분진 및 중금속 등 많은 유해인자와 질병 사이의 인과관계는 의학적으로 알려져 있기 때문에 이런 알려진 유해인자들에 의한 질병은 업무수행 중의 노출 여부와 노출량만 평가하면 된다. 그러나 아직 잘 알려지지 않은 유해인자와 질병 사이의 인과관계가 많이 있으며, 유해인자와 질병 사이의 인과관계를 밝히기 위해 역학조사를 실시하기도 한다.

역학조사는 집단적 인과관계를 밝히는 것이기 때문에 지극히 개인적인 사건인 업무상질병 판정에는 적절하지 못할 수도 있다. 그러나 아직 이를 대신할 만한 좋은 방법이 없으므로 잘 알려지지 않은 유해인자에 대한 것은 역학조사를 통해 업무상질병 여부를 판단한다. 그렇다고 해서 모든 질병에 대해 역학조사를 실시할 수는 없다. 또한 모든 사례 하나하나에 대해 엄격히 인과관계를 밝히고 조사하는 것은 시간과 비용의 낭비다.

그래서 우리나라는 당연히 인정해야 하는 업무상질병으로 근로기준법에서 8종 32가지의 질병을 구체적으로 열거하고 있는데 고용노동부 장관이 지정하는 질병과 기타 질병으로 구분하여 열거하고 있다.[5] 또한 산업재해보상보험법에서는 13종 96가지 업무상질병의 구체적인 인정기준을 정하고 있다.[6] 여기에 열거된 질병들은 법에서 정한 요건만 갖추면, 해당 근로자의 질병이 업무상질병이 아니라는 명백한 증거가 없는 한 업무상질병으로 인정하여 신속한 보상과 치료가 이루어지도록 하고 있다.

산재환자 요양 및 회복 과정과 처리 절차

사업장에서 재해가 발생했을 때 가장 중요한 것은 응급처치와 급성기 치료이다. 응급처치와 급성기 치료의 결과에 따라서 요양이 끝났을 때 환자의 상태가 달라진다. 급성기 치료는 통상적인 의료의 대부분을 차지한다. 진단, 검사, 수술과 수술 후 회복 등 주요 의료행위가 이루어지는 기간이다. 보통 의료의 질을 평가할 때 가장 중요한 부분이다.

급성기를 지난 후에는 회복기에 들어간다. 회복기에 가장 중요한 것은 재활이다. 재활치료는 급성기 처치가 끝난 후 환자 상태가 안정되

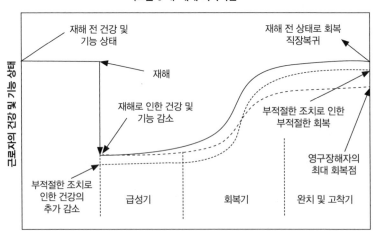

〈그림 6-1〉 재해 회복기간

면 바로 시작하도록 되어 있다. 산재환자에게는 특히 이 시기가 중요하다. 이 시기에 재활치료를 등한시하면 더 높은 장해가 남을 수 있고, 직장에 복귀하기 어려울 수 있다. 완치 및 고착기는 산재 요양이 종결되는 시기다.

이 시기에는 의학적 처치는 물론이고 재활치료를 통한 회복이 더 이상 진행되지 않고 정점을 이룬다. 이때가 의학적 치료효과가 최대로 나타나는 지점(maximum medical improvement)인데, 우리나라 산재보험에서는 '증세고정'이라고 한다. 이 시점을 요양을 종결하는 시점으로 삼고 있다(그림 6-1 참조).[7]

산재환자는 보통 응급처치가 끝난 후 근로복지공단에 요양신청을 한다. 산재근로자는 요양신청을 의료기관에 위임할 수 있다. 과거에는 요양신청서에 사업주 확인이 반드시 필요했지만, 이제는 사업주 확인이 없어도 제출할 수 있다. 다만, 사업주 확인 없이 요양신청서가 제출될 때에는 사업주에게 통보하고, 사업주의 의견이 있는 경우에는 근로자와 의료기관에 동 내용을 알려주게 된다. 또한 요양급여신청서 뒷면에는 의사 소견을 적게 되어 있는데, 이는 진료를 받은 의료기관에 제출하면 작성해준다. 의사 소견서에는 상병명, 검사기록을 포함한 상병상태, 입원 또는 외래치료 예상기간, 치료방법, 치료 중 취업할 수 있는지 여부 등의 의학적 소견을 기록한다.

업무상재해는 사실 확인과 요양신청서상 의사의 진료계획의 타당성을 검토하여 최종 승인된다.[8] 그러나 업무상질병은 질병의 발생에 관여하는 인자가 많으므로 업무관련성을 단순히 평가하기 어렵다. 그래서 업무상질병의 경우 '업무상질병 판정위원회'에서 업무상질병 여부를 판정한다. 업무상질병 판정위원회의 결정에 따라 근로복지공단 지사에서 최종 승인한다.

요양 중 처음에 승인받은 기간보다 더 요양이 필요하거나 수술 등 계획과 다른 치료가 필요하면 의료기관에서 요양연기 신청을 한다. 산재환자는 치료가 끝나면 직장으로 돌아가서 일해야 하므로 오랫동안 더욱 완벽하게 치료받기를 원한다. 그래서 산재환자의 요양기간이 길어지기도 한다. 그럼 산재환자는 언제까지 치료받을 수 있을까? 앞서 언급한 것처럼 증세고정의 시점에서 요양을 종결한다.

증세고정 시점은 어떤 것인가? 예를 들어 척수손상 환자가 하지마비 증상이 있을 때 재활치료를 통해 호전될 수 있다. 재활치료를 포함해서 대부분의 의학적 치료는 초기에 회복되는 속도가 더디지만 어느 순간부터는 회복속도가 빨라진다. 그러다가 더 이상 회복이 되지 않는 때가 있는데, 이때가 증세고정 시점이다. 이 시점에서 요양을 종결하게 되며, 요양 종결시점에 회복되지 않은 부분은 장해보상을 한다.

산재보험 요양급여

일반환자의 치료와 산업재해환자의 요양은 다른 점이 있다. 일반적으로 일반환자의 치료는 질병의 특성, 필요성 및 개인의 선택에 따라 경제적으로 결정된다. 반면 산재환자는 요양이 산재로 인한 보상의 일부이기 때문에 최대한의 치료를 받고자 한다. 따라서 일반환자는 자신이 갖고 있는 질병에 대한 이해와 경제상황에 따라 진단과 치료를 받고, 재활은 선택사항이 되는 경우가 많다. 특히 사회재활은 일반의료의 범주에 포함되지 않는다. 그러나 산재환자는 진단, 치료 및 의료재활은 물론 사회재활까지 요양의 범주에 포함시키고 있다.

사업주는 근로기준법에 따라 근로자가 업무상 부상 또는 질병에 걸리면 사업주의 비용으로 필요한 요양을 행하거나 필요한 요양비를 부담해야 한다.[9] 이 요양비에는 앞서 언급한 것처럼 진단, 치료 및 재활 비용까지 포함되어 있다. 산재보험에서 인정하는 요양의 범위는 ① 진찰 및 검사 ② 약제 또는 진료재료와 의지(義肢)나 그 밖의 보조기의 지급 ③ 처치, 수술, 그 밖의 치료 ④ 재활치료 ⑤ 입원 ⑥ 간호 및 간병 ⑦ 이송 ⑧ 그 밖에 고용노동부령으로 정하는 사항 등이다. 여기에는 통상적으로 의료기관에서 수행하는 치료와 재활에 필요한 모든 행위가 포함된다. 산재보험의 요양급여에서는 보통 건강보험에서 급여하지 않는 보철이나 일부 성형수술까지도 급여대상에 포함한다.

산재보험은 요양비 전액을 보상하는 것을 원칙으로 하고 있지만, 우리나라에서는 4일 이상 요양을 필요로 하는 업무상질병에 대해서만 요양급여를 실시하고 있다. 또한 치료효과가 조금 높거나 편리한 이유로 사용하는 고가의 의료 서비스도 다른 것으로 대체가 가능하면 급여대상에서 제외된다.

1인실과 같은 상급병실 이용료나 우리나라의 의료 관행으로 존재하는 특진료에 대해서는 부분적으로 인정하고 있다. 상급병실 이용료는 환자의 격리 등 1인실을 이용해야 하는 특별한 이유가 있는 경우와 일반병실에 자리가 없어서 부득이하게 1인실을 이용할 수밖에 없는 기간 동안만 인정된다. 또한 특진료는 근로복지공단에서 특진을 요청한 경우에만 인정된다. 이처럼 건강보험에서 인정하지 않는 고가의 의료 서비스를 산재보험에서는 일부만 인정하여 급여하고 있다. 산재보험에서 지급하지 않는 이런 비용들은 산재근로자 자신이나 사업주가 부담하게 된다.

요양급여는 산재환자가 진료받은 의료기관이 근로복지공단에 비용을 청구하면 직접 지급하는 것이 원칙이며, 대부분의 산재환자가 지정 의료기관에서 진료를 받고 있다. 그러나 환자가 응급상황 등 특별한 사정으로 비지정 의료기관에서 치료를 받은 경우 비지정 의료기관은 근로복지공단에 비용을 청구하지 못한다. 따라서 산재환자는 본인이 의료기관에 치료비를 지급하고, 이 비용을 근로복지공단에 청구하면 근로복지공단에서 산재환자에게 비용을 지급한다.

산재보험 요양급여 현황

1971년 산재보험의 총급여액은 약 25억 원이었으며, 이 중 요양급여는 12억 9000만 원으로 총급여액의 50.8%를 차지했다. 같은 해 휴업급여는 총급여의 17.6%, 유족급여는 22.5%였다. 그러나 요양급여가 차지하는 비중이 점차 낮아져 1991년에는 총급여액의 27.4%였으며, 2012년에는 18.6%로 더욱 낮아졌다. 반면 총급여액 중 장해급여가 차지하는 비중은 점차 증가하여 1998년 30.0%로 가장 높았다가 낮아졌으며, 2006년에 33.7%로 다시 가장 높은 비중을 차지했다. 2006년 이후에는 총급여액 중 장해급여가 차지하는 비중이 가장 높아 2012년에 44.4%를 차지했다(그림 6-2 참조). 요양급여가 전체 급여에서 차지하는 비중은 낮아졌지만, 요양급여의 금액 자체는 계속 증가했다. 1971년 12억 9000만 원에서 2008년에 8120억 원으로 가장 많았고, 2012년에는 7180억 원이었다.

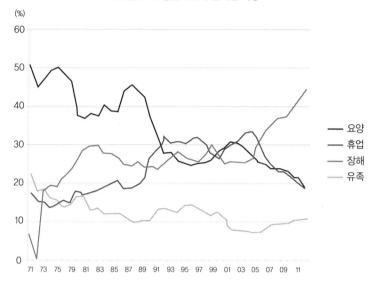

〈그림 6-2〉 총급여에서 급여별 비중

(%)

범례:
— 요양
— 휴업
— 장해
— 유족

2012년 우리나라 산업재해의 재해자 수는 9만 2256명이었으며, 요양급여 수급자 수는 16만 3597명이었고, 1인당 평균 요양급여액은 439만 원이었다. 재해자 수보다 요양급여 수급자 수가 많은 것은 요양급여 수급자 수가 1년 요양받은 총인원이며 전년도 수급자와 장기요양 수급자가 누적되었기 때문이다(표 6-1 참조).

산재보험 지정 의료기관

2012년 산재보험 지정 의료기관은 5472개로 약국과 보건소 등을 제외한 전국의 의료기관 5만 9351개(2012 『건강보험통계연보』)의 9.7%에 해당한다. 이 중 의원이 전체의 51.6%로 가장 높은 비중을 차지하며, 병원 22.5%, 종합병원 5.0%, 상급종합병원 0.9%로 의료기관 등급이 낮을수록 전체 의료기관에서 차지하는 비중이 높다.

산재보험 의료기관은 고용노동부에서 정한 인력과 시설 등에 관한 기준에 적합해야 하며, 고용노동부가 심사하여 지정한다. 상급종합병원(대학병원)은 장기요양으로 인한 수입 감소와 행정적 어려움 등을 이유로 산재보험 의료기관 지정을 기피했으나 2008년 7월 1일 시행된 산재보험법에 따라 당연적용되고 있다. 산재환자는 일반환자에 비해 행정처리가 복잡하고, 환자 관리가 상대적으로 어렵고, 요양기간이 장기화되어 병원의 수익이 낮아질 수 있기 때문에 산재보험 지정 의료기관을 기피하는 경향이 있다. 또한 고용노동부의 지정요건을 갖추어야 하고, 의료기관 평가를 받아야 하는 부담도 있다.

이런 어려움을 고려해서 산재보험 지정 의료기관에는 일반 의료기관보다 두 가지 인센티브를 제공하고 있다. 첫째, 의료기관 등급에 따라 지급하는 종별 가산율을 산재보험 의료기관에 추가로 가산하여 지급한다. 둘째, 장기입원을 방지하기 위해 건강보험의 경우 장기입원 환자에 대해서 병원에 지급하는 입원료를 감액하는 제도가 있지만 산재보험에서는 이 입원기간을 연장하거나 한도를 없애서 입원료 감액 정도를 완화해주고 있다.[10]

산재보험에서 지정 의료기관에 인센티브를 제공하는 이유는 행정적 어려움이나 환자의 장기입원으로 인한 손해를 보상해주고, 지정 의료기관을 확보하여 산재환자의 접근성을 보장하는 데 있다. 2012년 현재 산재지정 의료기관은 5472개로 양적으로는 접근성에 문제가 없다. 오히려 너무 많은 의료기관을 지정함으로써 관리의 한계에서 발생하는 의료기관의 질적인 면이 문제가 되고 있다. 양질의 의료기관을 지역적으로 적절히 확보하여 접근성을 확보하면서 산재의료의 질을 높이는 것이 당면한 과제이다.

산재의료의 특성

사회보험제도에서의 의료는 재원이 한정되어 있기 때문에 경제적인 측면을 고려해야 한다. 즉 아무리 좋은 치료방법이라도 경제적 효율성이 낮다면 적용하기 곤란하다. 건강보험에서 고가의 검사나 시술에 보험을 적용하지 않는 것도 이런 이유 때문이다. 그러나 산재보험은 재해근로자의 직장복귀가 최선의 목표이고, 앞서 언급한 것처럼 요양급여는 휴업급여와 장해급여 등과 밀접한 관련이 있다. 따라서 요양급여에 더 많은 비용이 투입되어도 질적으로 우수하여 요양기간이 단축되고, 전체적인 산재보험 급여를 감소시킬 수 있다면 요양비용은 문제가 되지 않는다. 이것이 산재의료와 일반의료의 차이점이다.[11]

요양기간이 길다는 것은 그만큼 더 많은 의료자원이 투입되었다는 것을 의미하고, 양적 증가만큼 질적으로도 우수해야 한다. 우리나라의 산재 요양기간이 길다고 해서 건강보험의료의 질보다 산재의료의 질이 더 우수하다고 할 수 있을까? 불행히도 아직은 '그렇다'고 대답하기 어렵다. 2005년 이후 산재보험 적용 근로자 수는 계속 증가하는 추세이며, 재해자 수는 2010년을 정점으로 감소세를 보이고 있다. 요양급여 수급자 수도 2005년의 15만 9815명에서 2012년에는 16만 3597명으로 증가했다(표 6-1, 부표 6-1 참조).

<표 6-1> 재해자 수, 요양급여 수급자 수 및 요양금액

(단위: 명)

	산재보험 적용 근로자 수	재해자 수	요양급여		
			수급자 수	총금액 (억 원)	1인당 금액 (만 원)
2005	1207만	8.5만	16.0만	7,692	481
2012	1555만	9.2만	16.3만	7,180	439

자료: 근로복지공단 연도별 『산재보험 사업연보』

요양급여 수급자 수가 계속 증가하는 추세를 보인 반면 요양급여액은 증가하지 않아 1인당 요양급여액은 감소하는 추세이다. 즉 1인당 요양급여 금액은 2005년 481만 원에서 계속 감소하여 2011년 371만 원으로 감소했다가 2012년 439만 원으로 다시 증가했지만 감소 추세가 계속되었다(표 6-1, 부표 6-1 참조). 의료경제적 측면에서 볼 때 요양기간과 의료비가 감소한 것은 긍정적인 측면이지만, 산재의료 관점에서 볼 때는 산재의료의 질을 확보하는 것이 우선되어야 한다. 다행히 그동안 요양기간과 1인당 요양급여가 감소했어도 산재의료의 질이 낮아졌다는 증거는 없다. 이는 그동안 산재요양비에 거품이 있었다는 사실의 반증이며, 산재지정 의료기관에 대한 요양관리가 어느 정도 효과를 보고 있다고 생각할 수도 있다.

산재의료가 최고가 되려면

산재보험 선진국이라 할 수 있는 독일을 비롯한 유럽 국가에서 산재의료의 목적은 '최선의 의료 서비스를 제공하는 것'이다. 유럽 국가에서도 건강보험에서는 '의학적 근거에 기초한 경제적 효율성이 있는 적절한 의료 서비스'가 목적인 것과 대비된다. 이렇듯 산재보험에서 최선의 의료 서비스를 중시하는 이유는 산재근로자의 권리라는 측면은 물론이고, 의료의 질이 높아지면 휴업급여나 장해급여 같은 현금급여가 상대적으로 감소하게 되기 때문이다. 최선의 산재의료 서비스를 제공하기 위해 유럽 국가들이 선택한 방법은 산재보험 직영병원이다. 산재보험 직영병원에 최선의 의료 서비스 모델을 만들고, 시설과 운영에 과감히 투자해서 일반 의료기관보다 훌륭한 의료 서비스를 제공할 수 있도록 하고 있다. 독일이나 오스트리아가 대표적인 국가이다. 이들 국가에서는 재활치료의 전문성 때문에 일반 손상 환자들도 산재보험 직영병원에서 치료받기를 희망한다.

반면 미국은 산재보험을 민영화했다. 산재보험을 민영화하여 발생하는 여러 가지 문제가 있지만, 그중에서 산재의료 서비스의 질 저하가 중요한 문제 중의 하나이다. 미국에서도 산재의료가 일반의료와 다르다는 점을 이해하고 최선의 의료 서비스가 오히려 더 낫다는 것을 알고 있지만, 민영보험에서 이를 실행하기가 쉽지 않다. 그래서 미국에서는 산재의료에 대해서 품질관리를 법으로 규정하여 관리하는 주가 많다.[12]

최선의 의료 서비스를 지향하는 산재보험에서는 의료 서비스에 한도를 두지 않는 것이 일반적이었지만, 산재보험 의료비가 급증하면서 산재의료의 질을 최고로 유지하면서도 의료비를 낮출 수 있는 방안을 마련하기 위한 노력이 세계적으로 진행되고 있다. 우리나라도 산재의료 서비스의 질에 대해 조금씩 관심을 갖기 시작했지만 아직은 요양기간 등 일부에만 관심을 갖고 있다. 지금은 요양급여가 차지하는 비중이 그리 높지 않고, 오히려 장해급여보다 상대적으로 낮은 편이기 때문에 관심이 적다고 생각한다. 그러나 앞으로 산재보험 선진국처럼 업무상질병, 특히 근골격계 질환에 대한 인정기준이 완화되어 산재요양 환자가 많아지면 요양급여에 대해 더 많은 관심을 가질 것으로 예상한다. 이때가 되면 산재의료의 질과 비용이 문제로 대두될 것이다.

미국뿐만 아니라 유럽 국가들도 산재의료의 비용을 낮추면서도 질을 높게 유지하기 위해 관리의료를 도입하고 있다. 대체로 관리의료를 도입하는 목적이 의료비 관리이기 때문에 관리의료 하에서 질을 유지하는 것이 쉽지는 않겠지만, 이제 산재의료 서비스에도 관리의료를 도입하는 것이 시대의 흐름이라고 볼 수 있다. 이런 관리의료가 단순히 의료비를 줄이려는 방편이 아니라 산재의료 서비스의 질을 높이는 목적으로 이용될 수 있게 해야 한다. 특히 우리나라에서는 꼭 지켜져야 할 덕목이다.

간병급여: 현금급여인가, 현물급여인가?

우리나라 의료 시스템에서는 입원하면 일반적으로 가족 중에서 누군가 환자 곁에서 간병을 해야 한다. 병원에서도 중환자실에 입원하는 경우를 제외하고는 누군가 환자 곁에서 간병하는 것을 당연히 여기고, 환자의 당연한 생리적 욕구를 해결해줄 수 있는 간호 인력을 배치하지 않는다. 결국 가족 중에서 누군가 간병을 하든지, 아니면 간병인을 고용해야 한다. 산재환자도 동일하여 가족이 간병하거나 간병인을 고용해야 한다. 이는 치료받는 환자뿐만 아니라 산재장해로 집에서 요양하는 산재장애인도 마찬가지이며, 장해등급이 높아 거동이 불편한 산재장애인도 간병이 필요하다.

바로 여기에 문제가 있다. 산재환자의 가족이 간병을 할 수 있으면 그래도 괜찮지만, 그럴 수 없는 경우 간병인을 고용해야 한다. 간병인을 고용해야 하는 경우는 물론이고 가족이 간병하는 경우에도 그 때문에 가정생활에 곤란한 일이 한두 가지가 아닐 것이다. 이 과정에서 생기는 문제를 어떻게 해결할 수 있을까? 현재 우리나라에서는 산재환자의 요양기간 중 간병이 필요한 경우 간병료를 지급하며, 상시 또는 수시로 간병이 필요한 제1급에서 제3급 산재장애인에게 간병급여를 지급하고 있다. 그런데 현실에서 지급하고 있는 간병급여가 간병인을 고용하기에는 턱없이 부족하다.

간병에 소요되는 비용을 산재환자에게 지급하기 때문에 간병급여를 현금급여로 보아야 하지만, 간병 서비스를 제공하면 어떨까? 예를 들어 병원에 입원 중인 산재환자 가운데 간병이 필요한 사람들을 같은 병실에 수용하여 1명의 간병인이 여러 산재환자를 간병하게 하면 더욱 효율적이지 않을까? 이것이 현실적으로 부족한 간병비를 해결할 수 있는 방안이 아닐까? 사실 병원에서의 간병은 의료 서비스의 일부로 볼 수도 있기 때문에 간병료를 현금으로 지급하지 않고 서비스로 제공할 수도 있다. 현재 지급하고 있는 간병료나 간병급여가 실제 소요되는 비용을 충족하지 못한다면, 의료기관을 통해 간병 서비스를 제공하는 것이 효율적인 대안이 될 수 있는지 검토할 필요가 있다.

산재보험 요양의 문제

가끔 언론에 산재환자의 도덕적 해이 문제가 거론된다. 주된 내용은 거짓으로 산재환자로 가장한 것과 질병상태를 부풀려 오랫동안 입원하면서 경제활동을 한 것 등이다. 이것은 명백히 부당한 행위로 처벌받아야 한다. 한편 이와 유사한 맥락으로 산재환자의 요양기간이 건강보험 환자보다 매우 길다는 문제를 지적하기도 한다. 그러나 이것은 부당한 행위와는 다르다. 다음에서는 산재환자의 요양과 관련된 문제점에 대해 생각해보도록 한다.

산재환자의 요양기간은 왜 길까?

산재환자의 요양기간은 건강보험 환자보다 정말 긴가? 몇 개 연구와 보고서를 보면 산재환자의 요양기간은 확실히 건강보험 환자보다 길다. 입원기간만 비교해봤을 때는 동일 상병인 경우 산재환자의 입원기간이 건강보험 환자보다 짧게는 2배에서 길게는 8배까지 길기도 하다. 그런데 우리는 이런 단순비교의 문제점을 알아야 한다. 산재보험 환자의 요양기간은 시작과 끝이 명확하지만 건강보험 환자는 시작과 끝이 분명하지 않다. 예를 들어 요추추간판 탈출증(허리 디스크)의 경우 산재환자는 요양 승인이 되어 입원하면 처음에 물리치료 등 보존적 치료를 시작하는데, 일정 기간 후 보존적 치료가 효과가 없다고 판단되면 그때 수술을 한다. 수술 후 물리치료와 재활치료를 거쳐 종결된다. 그러나 건강보험 환자는 처음 허리가 아팠을 때는 외래에서 치료를 받았을 것이고, 요추추간판 탈출증 진단 후에도 당분간은 외래에서 물리치료 등 보존적 치료를 받았을 가능성이 높다. 이렇게 해서 좋아지면 중단했다가 다시 치료받는 일이 반복되었을 것이고, 입원치료를 받는 경우에도 수술받지 않고, 호전되면 퇴원했다가 다시 입원하는 과정을 거친다. 수술을 받을 경우 급성기 치료가 끝나면 퇴원 후 통원치료로 물리치료를 받는다. 물리치료는 환자가 아프다고 느끼면 무기한으로 계속되고, 그만두고 싶으면 언제나 그만둔다. 이러한 과정에서 최초 요양 시작과 요양이 끝나는 시점을 알기 어렵고, 입원기간만 비교해도 단순히 비교하는 것은 의미가 없다.

만일 산재환자의 요양기간이 실제로 길다면 가능성 있는 이유는 무엇일까? 요양기간 비교에 있어 고려해야 할 다른 문제는 중증도와 복합손상 여부이다. 교통사고에 의한 중증외상을 제외하면 일반손상은 단일 부위의 손상이 많은 데 비해 산업재해의 경우 복합손상이 더 많다. 따라서 동일 상병이라도 타 부위의 손상이 동반된 산재의 경우 요양기간이 더 길게 된다.

한편 산재환자의 도덕적 해이로 인해 요양기간이 길어지는 경우도 있다. 산재보험에서는 요양 중에 휴업급여로 평균임금의 70%를 지급하고 있다. 그런데 나머지 30%를 노사협의로 지급하는 일부 대기업이 있고, 개인 의료보험에서 보상을 받는 산재환자들이 있다. 이 경우 환자가 병원에 입원해 있으면 직장에서 일하는 것보다 더 많은 수입을 얻을 수 있다. 이때 환자가 조기에 퇴원하여 직장으로 돌아가고 싶을까?

다른 예로 정년이 가까운 산재근로자가 요양이 종결된 후 원직장에 돌아가지 못할 경우 재취업할 가능성이 있을까? 재취업 가능성이 낮다면, 이 환자는 요양기간을 연장하여 계속 휴업급여를 받고 싶을 것이다. 이러한 다양한 이유 때문에 산재환자의 요양기간이 길어지고 있다.

산재환자의 요양기간을 길게 하는 또 다른 중요한 원인은 의료기관에 있다. 사실 산재환자의 요양기간을 결정하는 것은 의사의 의학적 판단이다. 물론 환자의 간절한 호소와 압력이 있다고는 하지만 결국 요양기간은 의사의 진단서에 따라 결정된다. 현재 우리나라 의료 현실에서 보면 중소병원과 의원의 경우 입원 병상을 모두 채우기 어렵다. 이때 환자가 입원연기를 희망하는 경우 특별히 문제가 없다면, 당연히 입원연기 진단서를 써주게 되고, 결과적으로 산재환자의 요양기간이 늘어나게 된다. 일부이긴 하지만 산재환자와 의사의 이해가 맞아떨어져 요양기간이 연기되고 있는 것이 현실이다.

공상은 무엇이며, 산재요양과 무엇이 다른가?

우리나라 산재보험에서는 4일 이상의 요양을 필요로 하는 손상이나 질병에 대해서만 요양급여를 지급한다. 3일 이하의 업무상재해는 요양급여 대상이 아니므로 사업주가 자신의 비용으로 산재근로자를 치료해야 한다. 이렇게 산재보험에서 요양급여를 시행하지 않는 3일을 대기기간이라 하고, 이 기간에 해당하는 산재를 사업주가 자기의 비용으로 치료하는 것을 공상이라고 한다.

3일 이하의 요양이 필요한 상병은 요양비가 적기 때문에 이를 급여하려면 행정비용이 더 많이 들어간다고 한다. 이 행정비용의 낭비를 막기 위해 요양기간 3일 이하의 상병에 대해서는 급여를 하지 않는다. 대부분의 외국에서는 요양기간에 대해 대기기간을 두지 않고 하루를 치료받아도 요양비에 대해 전액 급여를 하고 있다. 다만, 외국에서는 휴업급여에 대해서는 대기기간을 두고 있다. 즉 일정 기간 이상 요양이 필요한 상병에 대해서만 휴업급여를 지급하고 있다. 이와 달리 우리나라에서는 요양급여와 휴업급여의 대기기간을 동일하게 보고 요양급여에 대기기간을 두고 있는데, 이는 근로자 보호 차원에서 개선되어야할 부분이다.

산재를 얘기할 때 항상 공상이 거론된다. 산재가 분명하지만 사업주비용으로 치료해주는 손상을 공상이라고 하는데, 공상에 무슨 문제가있을까? 현행 우리나라 제도에서 공상은 당연한 것이고, 공상으로 사업주가 비용을 지불해서 산재근로자를 치료해주는 것 자체는 문제가되지 않기 때문이다. 그러나 요양기간이 3일을 초과해서 1개월에 이르러도 산재보험에 요양신청을 하지 않고 공상으로 처리하는 경우가 상당히 많다. 사업주가 산재를 신고하면 고용노동부의 강화된 감독을 받으면서 20인 이상 사업장에 적용되는 개별실적요율제도를 통해 산재보험료가 증가하기 때문에 이를 피하기 위해 공상으로 치료하는 경우가 현실에서 많다.

이렇게 당연히 산재보험으로 지료받아야 할 재해근로자가 공상으로치료받는 경우 나중에 후유증이 생기거나 재요양해야 할 때 해당 재해근로자가 제대로 치료받지 못하는 등의 피해가 발생할 수 있다. 또한 공상은 감독기관인 고용노동부에 보고되지 않기 때문에 산재의 실상에 대한 정보를 왜곡시키고 사업장 내에서 산재를 은폐하고자 하는유인을 강화시킬 수 있다. 요컨대 일선 사업장에서 반복되는 공상이산재로 보고되어 고용노동부 등이 체계적으로 관리·감독하지 않으면사업장 내 재해가 지금보다 더 심각한 수준으로 발전하거나 산재은폐

라는 구조적 문제를 더욱 심화시킬 수 있다.[13]

산재환자도 의료비를 부담하나?

국내에서는 산재보험의 의료비로 건강보험의 급여기준을 준용하고 있다. 건강보험에는 보험의 재정건전성을 확보하면서 의료의 남용을 억제하기 위해 본인부담금 제도가 있다. 외래나 입원비용의 일정 부분을 본인이 부담하고 있고, 고가의 검사나 반드시 필요하지 않은 처치에 대해서도 급여하지 않는다. 또한 1인실이나 2인실과 같은 상급병상 사용료나 대학병원의 특진료 또한 비급여 대상이다.

앞에서 설명한 것처럼 산재보험에서는 요양비 전체를 급여하는 것이 원칙이기 때문에 원칙적으로 본인부담금이 없어야 하지만, 우리나라의 산재보험에서는 본인부담금이 존재한다. 외래나 입원의 경우에는 본인부담금이 없지만, 건강보험에서 급여하지 않는 일부 항목은 산재보험의 비급여 대상이다.

궁극적으로 산재의료에서 본인부담금은 없어져야 한다. 그렇지만 우리나라의 의료 현실을 고려할 때 본인부담금 제도가 없다면 대부분의 산재환자가 대학병원이나 종합병원을 선호할 것이고, 병실 또한 1인실 사용을 원할 것이다. 의료기관 입장에서는 환자의 부담이 없으므로 고가의 검사를 필요 이상으로 시행할 가능성도 있다. 이런 여러 가지 현실적인 문제 때문에 본인부담금을 없애는 것이 쉽지 않다.

과거 근로복지공단에서는 '본인부담금'이라는 명칭을 사용했지만, 이제는 공식적으로 '산재보험 비급여'라는 명칭을 사용한다. 본인부담금이라는 명칭 때문에 산재보험 비급여 대상에 대해 산재환자가 부담하는 경우가 많이 있었다. 이는 분명히 '산재보험 비급여' 대상이고, 그래서 산재환자의 요양급여에 대한 사업주의 책임이 존재하기 때문에 사업주가 지급하는 게 적절할 것으로 생각된다. 물론 재해근로자의 편의를 위해 사용된 비용은 산재근로자 본인이 부담할 수 있겠지만, 요양과 직접적으로 관련된 비용에 대해서는 '산재보험 비급여'라는 명칭을 사용함으로써 사업주가 지급하도록 유도할 필요가 있다.

산재의료는 경제성도 중요하지만 산재근로자를 위한 최선의 서비스가 제공되어야 한다. 고가의 검사나 처치라 하더라도 산재환자에게 꼭 필요하다면 제공해야 하며, 특진료나 상급병실도 필요하다면 지급해야 한다. 현재 산재보험에서는 이에 대해 부분적으로만 급여하고 있다. 산재의료와 일반의료의 차이점을 인정하고, 급여범위를 점차 확대하여 최선의 요양 서비스가 제공될 수 있도록 해야 하겠다.

건강보험과 산재보험 요양급여의 통합을 기대하며

산재근로자는 환자이다. 건설현장이나 공장에서 일하다가 팔이 부러진 환자는 산재환자이면서 동시에 일반환자이다. 의사의 입장에서 보면 팔이 부러진 환자를 치료하는 데 치료방법이 다를 이유가 없다. 물론 산재환자를 치료할 때는 직장으로 돌아가 일할 수 있도록 하는 데 조금 더 신경을 써야 하겠지만, 기본적으로는 차이가 없다.

그런데 허리가 아프거나, 암에 걸리거나, 천식이 생기거나 하면 얘기가 달라진다. 의사의 입장에서 보면 똑같은 환자일 뿐이고 환자의 입장에서도 치료만 받으면 되는데, 보험자 입장에서는 누가 비용을 부담할 것인지가 관심사가 된다. 이러한 질병들은 원인이 복합적이어서 직장에서만 생기는 것이 아니고, 개인적 특성이나 가정 또는 일상 사회 환경의 원인도 함께 영향을 미친다. 그래서 이런 질병의 비용을 누가 부담할 것인지가 항상 논란이 되고 있다. 이것이 소위 업무상질병 여부를 판단하는 것인데 쉽지 않기 때문이다.

유럽의 복지국가들은 물론이고 이웃 나라 일본에서도 직장인이 질병에 걸리면 산재나 일반질병이나 별로 차이 없이 치료받는다. 물론 산재보상보다 약간 적기는 하지만 기본적인 생활을 할 수 있을 정도의 상병급여를 건강보험에서 받기 때문에 산재보험 급여대상인지 여부가 그렇게 심각한 문제는 아니다. 그러나 우리나라는 건강보험에 상병급여가 없으며 치료비 외에 부수적인 현금급여까지 고려하면 산재보험의 급여수준이 매우 높아 양 보험 간의 차이가 어마어마하다. 그래서 산재근로자는 산재보험의 적용 여부에 절대적으로 매달릴 수밖에 없다.

그러나 의학적 입장에서 보면 산재보험 요양급여와 건강보험은 모두 현물급여로 의료 서비스이다. 우리나라의 건강보험에는 아직 본인부담금이 있지만, 사회복지가 확대되면서 본인부담금을 점차 줄여가는 추세이다. 유럽의 복지국가 중 이미 의료 서비스에 관해서는 산재보험과 건강보험을 일원화하려는 움직임이 일고 있는 국가가 있다. 사회복지가 상대적으로 낙후되었다는 미국에서도 민영보험을 중심으로 산재보험과 건강보험을 하나로 통합한 보험이 나오고 있다.

최근 무상의료를 포함한 복지확대 논의가 활발해지고 있다. 모든 국민에게 양질의 의료를 무상으로 제공하는 것이 매우 중요하고 의미 있는 일이며, 언젠가는 꼭 이루어야 할 과제라고 생각한다. 모든 국민에게

무상의료를 제공할 수 없다면 가정과 국가 경제의 핵심인 근로자에게라도 우선적으로 질병의 원인에 관계없이 부담 없이 치료받을 수 있도록 해주는 것은 어떨까? 이것이 근로자를 위한 궁극적인 길이 아닐까?

맺음말

모든 환자가 아프지만 산재환자는 특히 더 아프다. 몸과 마음이 모두 아프다. 사고에 대한 후회, 억울함 및 분노가 마음을 아프게 한다. 그래서 할 말이 더 많고, 요구하는 것도 많다. 산재환자는 의료 서비스를 통해 가장 오랫동안 산재보험과 접한다. 장해보상을 받지 않는 환자는 요양급여에서 시작해 요양급여로 끝난다. 서비스를 제공하는 의료기관이 산재보험을 모두 대변하는 것은 아니지만, 산재근로자가 산재보험에 대해 평가하는 데 깊은 영향을 줄 것이다.

산재보험 요양급여를 생각하면서 가장 중요한 것은 산재환자이고 산재의료 서비스이다. 환자를 잘 치료해서 다시 직장으로 돌아가 일할 수 있게 해주는 것이 최선이다. 치료를 받는 동안 불편함이 없도록 해주어야 하고, 최선의 의료 서비스를 받았다고 믿을 수 있게 해주어야 한다. 이것이 산재보험 요양급여의 최종 목표가 되어야 한다. 근로복지공단은 이런 목표를 달성하기 위해 산재지정 의료기관이 산재환자들에게 최고의 의료 서비스를 가장 적절하게 제공할 수 있도록 관리해야 한다.

제7장

예방기능

김상호(광주과학기술원(GIST) 교수)

산재보험제도는 전통적으로 요양급여와 현금급여 위주로 출발했지만 점차 예방활동 강화를 통해 근로자의 복지를 제고하면서 동시에 비용도 절감하는 형태로 발전해왔다. 산재보험의 예방기능은 법률적 규제를 통한 방법과 경제적 유인을 통한 방법으로 실시되고 있다. 즉 산업안전보건법에 다양한 안전기준을 규정하고, 사업장의 준수 여부를 감독하며, 사업장의 안전을 진단하고, 산재예방을 위한 안전시설 자금을 지원하고 있다. 또한 경제적 유인을 통해 사업장의 예방활동 강화를 도모하기 위해 개별실적요율제도에서 사업장별 예방활동 결과를 평가하여 할인 또는 할증을 적용하고 있다. 이를 통해 사업장이 자발적으로 산재예방 시설에 대한 투자와 산업안전 교육을 강화하도록 유도하고 있다.

안타깝게도 국내에서는 2013년에 하루 평균 252명의 재해자와 5명의 사망자가 발생하여 예방기능의 취약성을 보여준다. 제7장에서는 예방사업의 중요성을 살펴본 후 우리나라 예방사업의 현실을 살펴보도록 한다. 이어서 예방사업의 효율성을 제고하기 위한 방안을 고찰하도록 한다.

산재보험에서 예방기능이 왜 중요한가?

산재보험제도는 전통적으로 산재발생 후의 요양치료와 상실한 임금을 대체하는 현금급여를 제공하는 데서 출발했다. 그러나 점차 사업주의 예방활동 강화를 통해 산업재해와 직업병 발생을 줄일 수 있고, 이것이 근로자 복지 제고에 기여하면서 비용 관점에서도 효과적이라는 사실이 알려지면서 예방사업을 강화했다.

산업재해는 업무에 관계되는 건설물, 설비, 원재료, 가스, 증기 및 분진 등에 의하거나 작업 또는 기타 업무에 기인하여 사망 또는 부상하거나 질병에 걸리는 것을 의미한다. 또한 중대재해는 산업재해 중 사망 등 재해 정도가 심한 것으로 사망자가 1인 이상 발생하거나, 3개월 이상의 요양이 필요한 부상자가 동시에 2명 이상 발생하거나, 부상자 또는 직업성 질병자가 동시에 10명 이상 발생한 경우이다.[1]

산업재해를 당한 근로자는 건강을 상실하고 중재해의 경우 사망에까지 이르게 된다. 산재근로자는 초기에 정신적 공황상태에 빠지게 되며 시간이 경과하면서 정신적 안정을 회복해도 경제적 어려움의 현실 문제에 직면하게 된다. 산업재해가 발생하면 산재근로자와 가족의 생계가 위험에 처하게 되어 가족이 해체되는 경우도 현실에서 종종 발생한다. 산재근로자가 겪는 정신적 후유증이 이러한 가족해체에 중요한 요인으로 작용하기도 한다.

의학적 치료를 통해 장해를 제거할 수 있으면 심각성이 줄어들지만 치료를 종료한 후에도 장해가 남게 되면 신체적·정신적 고통을 지속적으로 받으면서 산재근로자가 이를 받아들이기까지 많은 시간이 소요된다. 많은 산재근로자가 정신적·육체적 후유증 때문에 평생 고통스러운 삶을 살아가는 것으로 알려져 있다. 따라서 재해를 원천적으로 예방하는 것이 근로자 복지를 증대할 수 있는 최선의 방책이다.

이처럼 산업재해는 산재근로자와 그 가족에게 큰 고통을 가져다줄 뿐만 아니라 국민경제적 차원에서도 많은 문제를 야기한다. 산업재해가 발생하면 이를 의학적으로 치료하고 상실한 근로능력을 회복하기 위해 실시하는 직업재활훈련에 많은 비용이 소요된다. 또한 산업재해로 인해 상실하는 소득을 대체하기 위해 산재근로자 또는 유족에게 지급하는 현금급여에도 많은 비용이 발생한다.[2]

산재보험 운영에 소요되는 비용은 사업주가 부담하는 보험료로 조달되는데, 높은 보험료는 임금 부대비용을 증대시켜 기업의 국제경쟁력을 약화시킨다. 또한 숙련된 근로자가 본인 능력에 맞는 업무에 종사하지 못함으로써 해당 기업과 국가 차원에서도 인력 손실로 인한 생산성 저하 등 막대한 경제적 손실이 발생한다. 예를 들어 2012년 기준 산업재해 손실 추정액은 19조 2600억 원으로 교통사고비용 추정액

12조 7601억 원(2011년)의 1.5배이며 자연재난 재산피해액 추정액 1조 4196억 원의 14배에 해당한다.[3]

산재보험의 기능에 대한 법률 규정

독일의 산재보험법 제1조는 산재보험의 과제에 대해 다음과 같이 규정하고 있다. "산재보험의 과제는 산재보험법 규정에 따라, 첫째 모든 적절한 수단을 동원하여 산재사고, 직업병 및 근로 관련 건강위험을 예방하고, 둘째 산재사고나 직업병 발생 후 모든 적절한 수단을 동원하여 피보험자의 건강과 능력을 회복하고 피보험자 또는 유족에게 현금으로 보상하는 것이다." 이는 독일 산재보험이 재해예방에 최우선을 두어 운영하되 산재나 직업병이 발생하면 요양과 재활을 통해 취업능력을 회복하도록 하고, 이것이 달성되지 못하면 마지막으로 연금급여를 제공하는 것을 의미한다. 이 규정은 독일의 산재보험 운영에서 예방과 재활기능의 중요성을 잘 보여준다. 또한 현실에서도 이러한 기본원칙에 입각하여 산재보험을 운영하므로 예방과 재활사업이 보험사업에서 차지하는 비중이 높다.

이와 달리 우리나라 산업재해보상보험법 제1조에 "근로자의 업무상의 재해를 신속하고 공정하게 보상하며, 재해근로자의 재활 및 사회복귀를 촉진하기 위해 이에 필요한 보험시설을 설치·운영하고, 재해예방과 그 밖에 근로자의 복지증진을 위한 사업을 실시하여 근로자 보호에 이바지하는 것을 목적으로 한다"고 규정되어 있다. 이처럼 우리나라의 현행 규정에서는 재해예방기능이 다른 기능보다 중요성에서 우선시되는지 알 수 없다.

900여 명의 직업병 환자 배출한 원진레이온과 그 이후

세계 산재보험사에서 악명이 오래도록 남을 기업이 원진레이온(이하 원진)이다. 1966년부터 1993년까지 27년간 지금의 경기도 남양주시 도농동에 소재하면서 국내에서 유일하게 인조견사를 생산하던 화학섬유회사였다. 지금은 회사가 없어지고 공장부지에는 부영 e그린타운이라는 큰 아파트단지가 들어서 있다.

과거 이곳에서 일하던 원진 근로자 890명(2006년 기준)이 이황화탄소 중독증의 직업병에 걸려 산재보험 수급대상이 되었다. 폐업 시까지 중독증으로 사망한 사람이 15명이고 투병 중 사망자까지 합치면 100여 명에 달한다. 원진은 '죽음의 공장' '직업병 공장'으로 기억되고 있다.

원진은 1966년에 친일파 기업인 박흥식(구 화신기업 총수)이 설립한 흥한화학섬유가 모태이며 1960년대 후반부터 합성섬유가 부상되면서 인조견사 수요가 줄어 경영이 어려워졌다. 주인이 바뀌면서 회사명도 세진(1972년), 원진레이온(1976년)으로 바뀌다가 1979년에 한국산업은행이 관리하는 준공기업이 되면서 정부가 임명한 전직 군인들이 사장으로 들어왔다. 직업병 사건이 대외적으로 알려지기 시작한 1988년의 원진은 종업원 1580명, 연매출 455억 원의 중견기업으로 매년 적자가 누적되고 있었다.

생산의 핵심부서인 방사과에서 일했던 근로자 중 상당수가 제대로 된 방독면 같은 안전보호장구 없이 일하거나 방독면의 성능이 떨어져 유독가스인 이황화탄소에 장기간 노출되었다. 이러한 직원들이 중독증 증세를 보이면 원진은 강제로 퇴사시키면서 "나중에 직업병과 장해등급 판정을 받으면 민형사소송을 제기하지 않겠다"는 각서를 받고 600만 원 정도의 보상금을 주는 것이 고작이었다. 이황화탄소 중독은 만성뇌막부종, 자율신경중추교란, 신경생리학적 변화, 내분비기능 파괴, 생식기능장해, 심혈관질환 및 소화기능장해를 일으키는데 중독증은 개인차가 있어 늦게 발병하는 경우가 적지 않다. 퇴사 후 한참 있다가 직업병 환자로 인정받은 이들도 상당수에 달한다.

민주화 바람이 일기 시작한 1987년을 전후하여 증세가 심한 전현직 근로자들이 직업병을 인정해달라고 끈질기게 호소하고 항의했지만 당시의 노동부와 원진 측은 이들의 주장을 일축했다. 당시만 해도 직업병 인정 시 기업경영이 심각한 국면에 빠지고 경제 전체에 악영향이 미칠까 두려워 직업병 인정에 극도로 부정적이었다. 다행히 전두환 정권의 임기 말 유화정책에 힘입어 직업병 판정에 부정적이던 정부와 회사 측은 1987년 9월의 고려대병원 검진 결과에 근거해 1988년 35명의 원진 근로자를 직업병 환자로 인정했다. 이는 광산노동자의 '진폐증'과 '소음성난청'에 이어 세 번째로 인정된 직업병이다.[4]

이후 매년 직업병 인정자가 늘어났는데 일부 근로자들이 직업병으로 인정받기 전에 고통이나 우울증 등으로 자살했다. 김봉환 (1991년), 권경용(1991년), 고정자(1992년) 등이 대표적이며, 이들의 죽음은 산재근로자들의 지속적 저항운동의 촉매제가 되었고 정부 측 태도 변화에도 적지 않은 영향을 미쳤다고 할 수 있다. 사태 발생 후 정밀검진을 받는 원진 근로자는 2000여 명에 달했고, 이 중 직업병으로 인정받은 사람이 890여 명이나 된다. 원진이 폐쇄된 1993년 7월 이전의 인정자가 260명이었고, 1998년까지 경희대병원, 고려대병원, 순천향대병원 등에서 검진받은 420명이 추가로 인정되었다. 나머지 210명은 그 이후에 직업병으로 판정받았다.

원진 직업병 사건은 우리나라의 노동운동사와 산재보험사에 적지 않은 교훈을 남겨주었다. 첫째, 직업병으로 인정되기까지 원진 근로자와 가족이 중심이 되어 조직된 단체인 원진직업병피해자가족협의회, 원진직업병피해노동자협의회, 원진직업병대책협의회, 원진산업재해자협회 등이 정당한 권리를 주장하는 항의운동을 지속적으로 전개, 정부가 이를 수용토록 했다는 사실이다. 이는 성공적인 산업보건운동의 상징으로 간주되어 이후 타 분야 노동운동의 활성화에 기폭제 역할을 했다.

둘째, 직업병이 절단사고 등과 마찬가지로 경계하고 예방에 힘써야 할 산업재해라는 인식이 널리 확산되고, 직업병 예방을 소홀히 하면 원진 사태와 같은 대규모 재앙이 유발될 수 있다는 사실을 정부, 기업 및 노동단체 등이 학습할 수 있는 계기가 되었다.

셋째, 원진과 같은 문제 기업이 폐업하면 보험료 부담 등 관련 비용의 많은 부분이 다른 사업장에 전가된다는 사실이다. 비용부담과 관련하여 흥미 있는 사실은 원진 사태의 초기 대응과정에 들어간 비용, 가령 직업병 인정에 따른 위로보상금, 누적채무 상환, 종업원 퇴직금, 원진직업병관리재단과 원진노동자건강센터, 센터 산하 녹색병원과 연구소 개설비용 등의 많은 부분을 원진의 공장부지 매각대금으로 충당했다는 점이다. 남양주 도농과 용인 소재 공장부지 15만 7000평의 매각대금이 3760억 원에 달해 이들 비용을 지출하고도 1600억 원 정도가 남아 국고로 환수되었다. 거품기의 지가상승이 산재보상과 폐업처리 비용의 상당한 부분을 해결해주었다.

넷째, 직업병은 과거의 문제가 아니라 현재 진행 중이며 새로운 잠재적 직업병이 발생하고 있지만 제대로 인지하지 못하고 있을 뿐이라는 사실이다. 2000년대 후반에는 H타이어의 20대 후반에서 40대의 젊은 근로자들이 짧은 기간 안에 허혈성 심혈관질환과 폐암 등으로 돌연사하는 일이 발생했다. 최근에는 세계 최고의 반도체 회사인 S전자 근로자들이 암과 백혈병으로 70여 명이 죽고 180여 명이 질병으로 고생하거나 기형아 출산 등의 피해를 보고 있지만 원인이 제대로 규명되지 않고 기업 측의 방해와 회유 공작으로 대다수가 직업병으로 인정받지 못하고 있다.

다섯째, 직업병으로 인정받는 순간 산재근로자와 그 가족은 경제적·심적 고통에서 크게 벗어날 수 있고 인정받지 못하면 아무것도 얻지 못하는 현행의 재해보상 체계에 문제가 없는지 검토할 필요가 있다. 사실 직업병으로 인정될 수도 그렇지 않을 수도 있는 경계선상의 환자가 더 많을지 모른다. 이처럼 산재보험법이 '모 아니면 도' 방식으로 설계, 운영되면서 산재근로자들의 악착같은 항의 투쟁을 촉발하는 면이 없지 않다.

여섯째, 원진 사태는 후발국으로의 공해수출이라는 악의 연쇄를

끊는 것이 쉽지 않고, 근로자의 건강과 환경보호보다 기업의 이익 추구가 여전히 우선될 수 있음을 확인하는 계기가 되었다. 일본의 도레이가 교토 인근의 시가(滋賀) 사업장에서 가동하다 유독가스 발생 등의 문제를 일으켜 폐기처분키로 한 기계를 1966년 한국의 흥한화학섬유(대표 박흥식)에 1000만 달러를 받고 수출했다. 20년 후 이 기계가 엄청난 직업병 환자를 만들어내면서 회사가 문을 닫았다. 그런데 폐업 공장을 낙찰받은 나전모방이 문제의 직업병 기계를 분해, 중국 요녕 성 단둥 소재 화학섬유공사에 50억 원에 매각함으로써 한국에 온 지 30년 만인 1996년 중국에 설치되었다. 이 과정에서 원진 근로자들이 수출을 막으려고 한국과 일본의 중국 대사관을 방문하는 등 다방면으로 노력했지만 뜻을 이루지 못했다.

1999년 7월 한국의 참여연대 국제인권센터 간부들이 신의주와 마주한 단둥의 화학섬유공사를 방문했을 때에도 이 기계는 버젓이 가동하고 있었다. 회사 측이 해당 기계의 가동 모습 등 전면적인 공개를 거부하여 방문단은 관련 시설을 제대로 보지 못했지만 회사 관계자는 "위험성은 충분히 안다. 다만, 지금의 중국은 먹고사는 문제가 더 중요하다. 아이를 낳지 않은 여성은 근무시키지 않고 나이 든 노동자도 3년 정도에 보직을 바꾼다"고 답변했다.[5]

5년이 지난 2004년 같은 공장을 방문한 한겨레 기자는 관계자들로부터 "엄청난 돈을 들여 기계를 들여왔는데 기술자들이 조립을 잘못해서 기계가 잘 안 돌아갔다. 기계 수입을 주도한 당시 사장은 비리혐의로 해외로 도피했다. 원진 기계가 제대로 가동되어 산

212

업재해를 일으켰다면 한국에 대한 호의적인 여론에 큰 지장을 주었을지 모른다"는 말을 전해 들었다.[6] 직업병과 재해근로자 발생을 예상하고 잔뜩 긴장하고 찾아갔던 그는 이 말을 듣고 그나마 안심했을지 모른다.

미국 듀폰 사가 처음 만든 기계가 일본을 거쳐 한국, 중국으로 넘어갔다. 머지않아 북한으로 들어갈지 모른다는 얘기도 나오는 듯하다. 기계가 중국에 들어간 지 17년, 한겨레 기자가 관심을 갖고 근황을 보도한 후 9년이 경과했다. 직업병 관련 얘기가 과연 나올지, 나온다면 언제쯤 어떠한 형태가 될지 자못 궁금하다.

산재보험이 지향해야 할 가장 중요한 기능은 산업재해와 직업병을 예방하는 것이다. 이는 예방기능 강화를 통해 산업재해와 직업병을 줄이는 것이 궁극적으로 근로자 복지 제고에 기여하고 경제적으로도 이익이 되기 때문이다. 산재보험은 모든 적절한 수단을 활용하여 산업재해와 직업병 발생을 예방하는 기능을 우선적으로 수행해야 한다.

우리나라에서 예방기능은 잘 작동하고 있나?

안타깝게도 산업재해로 2013년에 하루 평균 252명의 재해자와 5명의 사망자가 발생했다. 1년간에 9만 1824명의 재해자와 1929명의 사망자가 발생한 것이다. 이러한 숫자는 우리 산재보험의 취약한 예방기능을 잘 보여준다. 〈표 7-1〉에 따르면 2000~2012년 기간에 적용 근로자 수가 64.2% 증가하면서 재해자 수가 33.8% 증가했으며 재해율, 도수율

전신주는 안전 아니면 위험
산업현장도 마찬가지

및 강도율이 최근에 소폭 하락했다. 또한 50인 미만 사업장 재해자 수 비중이 2012년에 81.5%(7만 5151명)로 매우 높아 소규모 사업장이 산재 취약지역임을 보여준다. 이는 정부의 노력에도 산업재해가 기대만큼 감소하지 않고 있으며 특히 소규모 사업장에서의 감독 강화와 경제적 유인책 제공이 필요함을 보여준다.[7]

또한 2013년의 산재 사망자 1929명(업무상사고 1090명)이 말해주듯이 산업안전 수준이 OECD 국가 중 최하위권이다. 근로자 만 명당 업무상사고에 따른 사망자 수 비율인 사망만인율은 2012년 기준으로 우리나라(0.73, 2013년 0.71)가 미국(0.35), 독일(0.17), 영국(0.05), 일본(0.20), 싱가포르(0.21)보다 월등히 높다.

우리나라에서 산업재해의 발생률이 높고 중대재해가 많이 발생하는 이유 중의 하나는 중화학 공업이 차지하는 비중이 높은 산업구조 때

〈표 7-1〉 산업재해 발생 추이

(단위: 명, 건)

	2000	2010	2011	2012
근로자수(천만 명)	0.95	1.42	1.44	1.56
재해자수(만 명)	6.90	9.86	9.33	9.23
재해율(%)	0.73	0.69	0.65	0.59
도수율	2.89	3.27	3.05	2.81
강도율	1.88	1.89	1.80	1.68

주: 1) 도수율은 1,000,000근로시간당 재해발생 건수임.
　　2) 강도율은 1,000근로시간당 재해로 인한 근로손실일수임.
자료: 고용노동부(2013a), 고용노동부 내부자료.

직업병 예방운동의 신호탄이 된 문송면

2013년 6월 24일 조직된 '문송면·원진노동자 산재사망 25주기 추모 조직위원회'는 "사건이 난 지 사반세기가 지나가고 있다. 국민소득은 5배 이상 뛰었으나 50% 이상의 비정규·영세 노동자 계층은 아직도 세계 1위의 산재사망률을 벗어나지 못하고 있다"고 지적한다. 산업재해의 발생이 25년 전인 1988년과 비교하여 그다지 개선되지 않았다는 것이다. H타이어 집단사망, S전자 집단사망, 1년에 600명씩 사망하는 건설노동자가 상징적이라는 것이다.

조직위 명칭에 들어가 있는 충남 서산 출신의 문송면 군은 중학 졸업을 앞둔 15세의 어린 나이에 상경하여 야간공고 진학을 목표로 영등포의 협성계공이라는 온도계, 압력계 제조업체에서 수은과 신나를 만지는 작업을 하다 수은중독증으로 1988년 7월 사망했다.[8] 그가 유명해진 것은 그의 사망 후 원진레이온 노동자 11명이 이황화탄소 중독으로 강제 퇴직당하고 이후 원진의 직업병 사건이 크게 확산되면서 같이 사회문제화되었기 때문이다. 놀라운 것은 문송면 군이 일하기 시작한 지 2달 만에 불면증, 두통, 식욕감퇴, 다리통증을 앓다가 곧 사망할 정도의 열악한 작업환경에서 안전보호장구 없이 일하도록 방치할 만큼 산업현장의 보건안전 의식이 없었다는 사실이다.

일부 비판적인 시각을 가진 사람들은 25주기 추모사업을 조용히 진행하면 되지 조직위까지 구성하여 추진할 필요가 있겠는가 하고 생각할 수 있을 것이다. 하지만 아직도 우리의 산재발생률이 높다는 점을 감안하면 이들의 행위를 꼭 부정적으로만 볼 필요는 없을 것이다.

문송면 군과 원진레이온 직업병 사망자 못지않게 일하다가 다쳐 처참하고 고통스럽게 죽은 이들 중 일부는 산재보상 대상으로 판정받지 못해 아무런 지원을 받지 못하고 있다. 업무상사고와 질병의 판정기준을 선진국 수준에 맞게 완화하는 방안을 적극 검토할 필요가 있다.

특별한 사례로 간주될 수 있겠지만 복지수준이 충실한 국가 중 하나인 네덜란드[9]는 재해를 당하면 모든 근로자와 자영업자가 업무관련 여부와 무관하게 장애연금의 지급대상이 되고 급여수준도 65세 이후에는 기본적으로 국민연금의 노령연금 수준으로 조정된다. 우리처럼 일하다가 다친 업무상재해를 엄격히 구분하여 우대해주지 않는다.

원진레이온 근로자들은 시간이 다소 걸렸지만 다수가 산재보상 대상으로 충실한 보상을 받아 당사자와 유족들은 국내 최고 수준의 현금급여를 받아 경제적으로 궁핍하지 않은 생활을 하고 있다. 또한 원진 정리과정에서 막대한 자금이 재해근로자와 주변 단체에 지원되어 원진직업병관리재단(1993년)이 설립되고 산하에 녹색병원(서울, 구리), 노동환경건강연구소 등이 운영되는 등 관계자 스스로 성공적인 직업병 투쟁운동이었다고 평가하고 있다. 중요한 점은 산재보상의 보호막 밖에 있는 재해근로자와 유족이 적지 않다는 사실을 잊지 말아야 한다는 것이다.

문이다. 따라서 산업구조의 소프트화로 서비스산업 비중이 증가하면 산업재해의 발생이 줄어들 것으로 예상한다. 그러나 중대재해가 많이 발생하는 중화학 공업이 차지하는 비중이 높은 산업구조를 고려해도 우리나라의 재해율과 사망률은 선진국과 비교하여 매우 높은 수준임을 알 수 있다.

참고로 일본의 산업재해율 추이를 보여주는 도수율과 강도율은 우리나라와 비교할 수 없을 정도로 월등히 낮은 상태에서 지속적으로 하락하고 있다(부표 7-1 참조). 이는 우리나라의 재해율이 최근 하락하는 추세이지만 재해를 감소시킬 수 있는 여지가 많이 있음을 보여준다. 따라서 정부가 대국민 캠페인을 전개하여 산재예방에 대한 사업주와 근로자의 의식을 고취하면서 제도 개선을 통해 사업장에 대한 감독을 강화하고 사업주의 예방활동을 유인하는 기능을 강화할 필요가 있다. 취약한 예방기능을 강화하여 산재 발생을 획기적으로 줄여야 근로자를 위한 복지국가 달성에 한발 다가갈 수 있다.

우리나라 산재통계 신뢰할 수 있나?

우리나라에서 실시하는 산재예방사업의 효율성이 떨어지는 중요한 이유 중의 하나는 산재발생 현황과 원인에 대한 정확한 파악이 이루어지지 않아 효과적인 예방정책 수립이 어렵기 때문이다. 개별실적요율 제도를 적용받는 20인 이상 사업장의 경우 산재가 발생하면 보험료율이 인상될 것을 우려해 산재를 은폐하고 산재보험 처리를 기피하는 경향이 있다. 즉 사업주가 재해근로자와 합의 하에 산재보험에 요양신청하는 대신 건강보험이나 자동차보험으로 처리하여 치료토록 하고 이때 발생하는 본인부담을 사업주가 대신 부담하면서 덧붙여 일정액의 위로금을 얹어주는 방식이다.

이러한 경향의 배경에는 산재발생 사업장에 대한 당국의 징벌적 제재가 있다. 즉 산재발생을 신고하면 개별실적요율제도를 적용받는 사업장의 경우 산재보험료율이 인상될 뿐 아니라 집중 점검·감독 대상으로 선정되어 이런저런 유형의 행정감독을 받아 각종 부담이 증대된다. 이 때문에 노동조합이 없는 소규모 사업장에서는 산재발생 시 재해근로자와 합의하여 사업주 부담으로 보상하려는 경향이 강하다.[10]

산업재해와 직업병 발생을 줄이기 위한 예방정책의 효율성을 높이는 데 필요한 선행조건은 산재발생 원인을 정확히 파악하는 것이다. 산재발생 원인을 정확히 파악해야 효율적인 예방정책을 수립할 수 있는데, 현실에서는 다양한 이유로 신뢰성 있는 산재통계를 산출하지 못하여 산재발생의 정확한 원인을 파악하는 데 한계가 있다.

신뢰성 있는 산재통계를 산출하지 못하는 근본적인 원인 중의 하나는 취약한 산재사고 보고제도에 있다. 산업안전보건법에 산업재해발생 보고에 대해 다음과 같이 규정되어 있다.[11] "사업주는 산업재해로 사망자가 발생하거나 4일 이상의 요양이 필요한 부상을 입거나 질병이 걸린 사람이 발생한 경우에는 법 제10조 제2항에 따라 해당 산업재해가 발생한 날부터 1개월 이내에 별지 제1호 서식의 산업재해조사표를 작성하여 관할 지방고용노동청장 또는 지청장에게 제출하여야 한다." 즉 4일 이상의 요양이 필요한 부상을 입을 경우 사업주가 1개월 이내에 산업재해조사표를 작성하여 제출토록 규정하고 있다. 그러나 이어서 단서조항을 두고 있다.[12] "다만, '산업재해보상보험법' 제41조에 따른 요양급여 또는 같은 법 제62조에 따른 유족급여를 산업재해가 발생한 날부터 1개월 이내에 근로복지공단에 신청한 경우에는 그러하지 아니하다."

이처럼 근로복지공단에 요양신청서를 제출한 경우 사업주의 보고의무를 면제해주기 때문에 산업재해발생보고제도의 실효성이 상실되고 있다. 중대재해뿐만 아니라 경미한 재해에 대해서도 사업주의 보고의무를 규정하면서 동시에 재해근로자가 근로복지공단에 요양신청서를 제출하면 사업주의 보고의무를 면제해줌으로써 산재발생의 정확한 원인을 파악하기 어려운 문제가 현실에서 발생하고 있다. 취약한 사업주의 보고의무제도가 효율적인 예방정책 수립에 장애요인으로 작용할뿐만 아니라 노동계를 포함한 관련 단체의 산재통계에 대한 불신을 초래하는 원인을 제공하고 있다.

법률적 규제를 통한 예방활동 강화

산재보험제도는 예방활동 강화를 위해 다양한 안전기준을 제정하고, 사업장의 준수 여부를 감독하며, 사업장의 안전을 진단하고, 산업재해예방을 위한 안전시설 자금을 지원하고 있다. 우리나라에서는 법률적 규제의 일환으로 1981년에 산업안전보건법을 제정했다. 산업안전보건법은 산업안전보건에 관한 기준을 정하고 정부, 사업주 및 근로자

산재예방 포스터(1929년 독일)　　　산재예방 포스터(제3제국 독일)
'산재예방이 생명을 구한다'　　　　'산재예방이 방위력을 키운다'

등의 책임소재를 명확히 하여 산업재해를 예방하고 쾌적한 작업환경을 조성함으로써 근로자의 안전과 보건을 유지하고 증진하는 것을 목적으로 한다.

　산업안전보건법은 사업주와 근로자에게 의무를 부여하고 있다. 사업주의 법률상 책임으로 산업재해예방을 위한 기준을 지키며, 해당 사업장의 안전·보건에 관한 정보를 근로자에게 제공하고, 근로조건을 개선하여 적절한 작업환경을 조성함으로써 신체적 피로와 정신적 스트레스 등으로 인한 건강장해를 예방함과 동시에 근로자의 생명을 지키고 안전 및 보건을 유지·증진시켜야 하며, 국가의 산업재해예방시책에 따라야 한다.[13] 사업주는 산업안전보건을 위해 예를 들면 평소에 작업에 대한 안전보건교육을 충분히 실시하고 있었다든지, 작업 시 사용하던 기계설비를 안전하게 방호조치했음을 입증하여야 한다. 또한 근로자는 산재예방을 위한 기준을 준수하여야 하며, 사업주나 그 밖의 관련 단체에서 실시하는 산재예방 조치를 따라야 한다.[14]

220

산재발생을 줄이기 위해서는 사업주와 근로자가 예방활동의 중요성을 인식하고 실천하도록 유도하는 것이 중요하다. 이러한 의식을 고취시키기 위해 한국산업안전보건공단에서 다양한 산업안전교육을 실시하며, 직업병 발생의 원인과 신체에 미치는 영향을 학술적으로 규명하여 산재예방사업을 효과적으로 실시하도록 지원하고 있다.

산업안전보건법 등에서 규정한 안전기준을 위반하면 벌과금 부과 같은 제재를 통해 안전기준을 준수하도록 유도하고 있다. 예를 들면 산업안전보건법 위반 시 형사처벌이 가능하며, 검찰의 구속기준으로 안전보건상 조치 위반은 7년 이하의 징역이나 1억 원 이하의 벌금 부과가 가능하다.[15] 이러한 형사처벌 규정이 있지만 현실에서 시행되지는 않고 있다. 또한 산업재해가 발생한 날부터 1개월 이내에 지방고용노동관서에 산업재해조사표를 제출하거나, 근로복지공단에 요양을 신청하여야 하며, 중대재해는 지체 없이 관할 지방고용노동관서에 보고하여야 한다.[16] 이를 위반하면 1000만 원 이하의 과태료를 부과하고 있다.

법률적 규제를 통한 예방활동은 산업재해를 줄이는 데 많은 기여를 하며, 일본에서는 강력한 법률적 규제를 통해 재해예방효과를 보고 있다. 이와 달리 우리나라에서는 규제완화를 통해 기업의 경쟁력을 높이자는 것이 대세를 이루고 있으며, 근로감독관을 통한 현장감독이 인력부족 등으로 느슨한 형태로 이루어지고 있다. 참고로 2011년 기준 산업안전감독관은 360명이며, 산업안전감독관 1인당 근로자 수와 사업장 수가 선진국과 비교할 때 3~10배 많은 실정이다.[17]

관리운영조직

우리나라에서는 산재예방사업과 여타 산재보험사업이 서로 다른 관리조직을 통해 실시되고 있다. 즉 일반적인 산재보험 운영은 고용노동부 산재예방보상정책관 소속의 산재보상정책과에서 정책을 입안하여 근로복지공단에서 집행한다. 반면 산재예방사업은 산재예방정책과 등에서 정책을 입안하고 한국산업안전보건공단이 집행업무를 수행한다.

한국산업안전보건공단의 운영비는 산재보험의 보험료수입에서 출연한 산재예방기금으로 조달되며, 관리운영이 근로복지공단과 무관하게 독자적으로 이루어지고 있다. 참고로 우리나라에서는 산재보험 지출예산의 8% 이상을 매년 산업안전보건사업과 한국산업안전보건공단에 대한 출연에 사용하도록 규정되어 있다.[18] 한국산업안전보건공단은 사업장 안전지도와 기술지도, 건설재해예방사업, 직업병 예방 및 근로자 건강보호, 작업환경 개선지도, 유해·위험방지계획서 심사, 유해·위험 기계기구 및 설비의 검사, 그리고 산업안전보건교육 같은 사업장의 산재예방사업에 대한 지도와 자문을 주로 수행한다.

한국산업안전보건공단은 산재예방을 위해 다양한 중소규모 사업장 지원제도를 운영하고 있다. 클린사업장 조성사업은 50인 미만 소규모 사업장에 산재예방에 필요한 자금을 지원하여 안전한 서비스 사업장을 조성하는 데 그 목적이 있다. 이 사업은 50인 미만 사업으로 고용노동부·공단·위탁기관의 감독·점검·기술지원 사업장 중 클린사업장 조성사업 참여신청서를 제출한 사업장을 대상으로 한다. 클린사업장으로 인정된 사업장에 유해·위험요인의 제거 외에 안전보건교육, 안전

검사, 건강진단, 작업환경 측정, 무재해운동 추진 등을 준수하는 경우에 최대 2000만 원(소요비용의 50%, 10인 미만 사업장은 소요금액의 70%)까지 지원한다.

또한 한국산업안전보건공단은 산업재해예방과 직업환경 개선 목적으로 안전한 산업재해예방 시설을 설치하고자 하는 사업장에 장기 저리로 시설 융자금을 지원하고 있다. 2014년 기준으로 사업장당 3억 원 한도로 연리 3%에 3년 거치 7년(총 10년) 분할상환 조건으로 융자하고 있다. 아울러 화학물질과 소음 등의 유해인자에 노출되는 소규모 사업장 근로자의 특수건강진단 비용을 지원하여 근로자의 건강보호와 업무상질병 감소를 도모하고 있다.

산업재해예방 분야의 선진국인 독일에서는 효과적인 산재예방을 위하여 산재보험 도입(1884년) 초기부터 조합 형태로 운영되는 산재보험 운영기관이 생산시설의 안정성 확보를 위한 기준과 산재예방을 위한 근로자의 의무 등에 관한 규정을 독자적으로 제정할 수 있도록 허용했다. 산재보험 운영기관이 산업별로 구성되어 있는데(2014년 기준 9개의 산업부문 산재보험조합), 산재보험 도입 이후 지속적으로 조합별 관리운영 체계를 유지하고 있어 업종 특성에 맞는 맞춤형 예방정책을 수립하여 실시할 수 있는 장점이 있다. 즉 오랜 산재보험 운영을 통해 축적된 경험을 바탕으로 업종과 산업별 특성을 잘 반영한 예방정책을 실시하여 효과를 보고 있다.

산재예방효과를 강화하기 위해 산업안전감독관을 통한 감독기능을 강화하면서 예방 분야에 대한 투자를 증가할 필요가 있다. 또한 산재보험의 운영을 담당하는 근로복지공단과 산업안전을 담당하는 한국산업안전보건공단을 통합하여 예방기능을 강화하는 방안의 타당성도 검토해야 할 것이다.

경제적 유인을 통한 예방활동 강화: 개별실적요율제도

앞에서 설명한 것처럼 예방에 관한 법적 규제를 통해 일정 수준의 산업안전시설과 규정이 준수되도록 하고, 이것이 준수되지 않으면 제재를 가하여 사업주가 예방활동을 강화하도록 유도하고 있다. 그러나 법적 규제보다 사업주가 산재예방에 적극 투자하도록 경제적 유인을 제공하는 것이 더 효과적일 수 있다. 대부분의 국가에서는 개별실적요율제도를 통해 다른 조건이 동일하면 보험급여 지출이 많이 발생한 기업에 높은 보험료를 부과한다.[19] 또한 보험급여 지출이 적게 발생한 기업에 대해서는 낮은 보험료를 부과하여 기업이 자발적으로 산재예방활동을 강화하도록 유인한다. 이처럼 보험료 산정에 기업별 보험발생 위험을 반영함으로써 사업주의 산재예방활동을 유인하면서 기업 간 보험료 납부의 형평성을 제고하는 제도를 운영하고 있다.

우리나라에서는 사업장 단위로 근로자 임금에 보험료율을 곱하여 보험료를 산출하고 있는데, 보험요율을 업종별 보험요율과 개별실적요율의 두 단계를 통해 산정한다. 첫째, 업종별 보험요율로 매년 6월 30일 현재 과거 3년 동안의 보수총액에 대한 산재보험 급여총액의 비율을 기초로 하고, 사업의 종류별로 구분하여 고용노동부령으로 정하고 있다. 2013년 보험연도의 경우 58개 업종으로 분류하여 과거 3년

통계자료에 기초하여 업종별 보험요율을 산정했으며, 평균보험요율은 1.70%였다.

둘째, 개별 사업장의 산재예방활동 결과를 사후적으로 보험료 산정에 반영하는 개별실적요율제도를 운영하고 있다. 즉 사업장 단위로 납부한 보험료 대비 지급한 보험급여 비율이 낮은 사업장에 대해 보험료 할인을, 납부한 보험료 대비 지급한 보험급여 비율이 높은 사업장에 대해서는 보험료 할증을 적용한다. 업종별 보험료율은 업종 내 사업장별 위험특성과 산재예방 노력을 적절히 반영하지 못하는 한계가 있다. 즉 동일 업종 내에도 사업장별로 산재발생 위험의 크기가 다르며, 사업장별로 산재예방에 투입하는 노력과 성과가 상이함에도 동일 업종에 속하는 모든 사업장에 동일한 보험료율을 적용하는 문제가 있다.

산재보험에서는 개별실적요율제도를 통해 이러한 업종별 보험료율의 한계를 보완하여 사업장의 예방활동을 유도하고, 재원조달에 참여하는 사업장 간 형평성을 제고하고자 한다. 또한 개별실적요율제도는 잘못된 업종 분류에서 발생할 수 있는 사업장의 반발을 완화하는 역할도 한다. 왜냐하면 업종별 보험료율이 높은 업종에 속해 있어도 산재가 많이 발생하지 않은 사업장의 경우 최대 50%까지 할인혜택을 받을 수 있기 때문이다.

개별실적요율제도의 내용

우리나라에서 2013년 현재 적용하고 있는 개별실적요율제도의 내용은 다음과 같다. 매년 6월 30일 현재 보험관계가 성립한 후 3년이 경과한 사업으로 그해 6월 30일 이전 3년 동안의 보험료총액에 대한 보험급여총액의 비율(보험수지율)이 대통령령으로 정하는 비율에 해당하는 경우 업종별 산재보험료율을 50%까지 조정하고 있다.

상시근로자 수 20명 이상 30명 미만 사업장에 대해 ±20% 범위에서 할인율과 할증률을, 상시근로자 수 30명 이상 150명 미만 사업장에 대해서는 ±30% 범위에서 할인율과 할증률을, 상시근로자 수 150명 이상 1000명 미만 사업장에 대해서는 ±40% 범위에서 할인율과 할증률을, 그리고 상시근로자 수 1000명 이상 사업장에 대해서는 ±50% 범위에서 할인율과 할증률을 적용한다(부표 4-4 참조). 이처럼 사업장 규모가 커질수록 높은 할인율과 할증률을 적용하는 것은 규모가 큰 사업장일수록 해당 사업장의 통계(보험수지율)에 높은 신뢰도(credibility)를 부여할 수 있기 때문이다. 현재 20인 미만 사업장에 대해서는 개별실적요율제도를 적용하지 않고 업종별 보험료율만 적용하고 있다. 주된 이유는 소규모 사업장의 통계가 신뢰도가 낮고 개별실적요율제도를 적용하면 해당 사업장에서 발생하는 재해가 은폐될 가능성이 크기 때문이다.[20]

개별실적요율제도 운영현황과 문제점

2012년 기준 산업별 개별실적요율 적용 사업장 현황을 살펴보면 개별실적요율 적용 사업장(6만 6328개)은 산재보험 적용 사업장(147만 8102개)의 4.5%를 차지했다. 개별실적요율제도를 20인 이상 사업장에만 적용하기 때문에 사업장 수를 기준으로 한 적용비율이 낮다. 또한 눈여겨볼 것은 개별실적요율 적용 사업장 중에서 할인을 적용받는 사업장이 2012년의 경우 87.5%로 매우 높으며, 할증을 적용받는 사업장은 10.9%에 불과하다는 점이다.[21] 이는 개별실적요율제도에서 대부분의 사업장이 할인을 적용받고 할증을 적용받는 사업장은 적기 때문에 보험료수입 감소가 발생한다는 것을 의미한다.

현행 개별실적요율제도의 주요 문제점은 다음과 같다. 첫째, 산업재해나 직업병 발생시점을 고려하지 않고 보험급여 지출 발생시점을 기준으로 보험수지율을 산정하기 때문에 사업주의 산업재해예방 투자유인을 감소시키는 역할을 한다. 즉 과거 3년 이전에 발생한 재해여도 3년 동안 보험급여 지출이 발생하면 보험수지율 산정에 포함된다. 예를 들면 장기요양 환자의 경우 오래전 사고에 기인하는 보험급여 지출이 계속 발생하는데, 이를 보험수지율 산정에 계속 반영하면 사업주의 산재예방 투자유인을 약화시키는 요인으로 작용할 수 있다. 그 결과 새로운 예방 시스템 도입 등을 통해 산재를 적극적으로 예방하려는 사업주의 노력을 개별실적요율 산정 시 충분히 반영하지 못하게 되어 개별실적요율제도가 지향하는 경제적 유인을 통한 예방 강화 기능에 장애요인으로 작용한다.

둘째, 보험수지율을 산정할 때 장해보상연금과 유족보상연금에 대해 실제로 발생하는 급여보다 적은 금액을 반영하기 때문에 대다수의 사업장이 할인을 적용받는 중요한 원인으로 작용한다. 즉 장해보상연금과 유족보상연금이 최초로 지급 결정된 때에 일시금이 지급된 것으로 간주하여 계산하고 있다. 연금과 일시금이 금액에 큰 차이가 없으면 연금 대신 일시금을 사용해도 큰 문제가 없겠지만 현실에서 연금과 일시금 금액에는 큰 차이가 있다.

예를 들면 장해등급 제1급의 경우 장해보상일시금은 1474일분의 평균임금에 해당하는데, 이는 장해보상연금의 4.5년 금액에 불과하다.[22] 또한 유족보상일시금은 평균임금의 1300일분에 불과하다. 일본에서 장해 1~3급의 경우 연금수급 기간이 25년을 초과하는 데서 알 수 있듯이,[23] 장해연금 수급기간은 4.5년보다 월등히 길다. 그 결과 실제로 발생하는 연금지급액의 일부만 보험수지율 산정에 반영되어 낮은 보험료율이 산출되며, 그에 따라 보험료수입 감소가 발생하면서 사업장의 예방활동 강화를 위한 유인으로 작용하는 데 부정적인 영향을 미친다.

셋째, 2012년의 경우 개별실적요율제도를 적용받는 사업장의 87.5%가 할인을 적용받고 할증을 적용받는 사업장은 10.9%에 불과하다. 이 때문에 평균할인율이 평균할증률보다 높아 보험료수입에 누출이 발생하고, 이 제도를 적용받는 재정여력이 큰 20인 이상 사업장과 미적용 사업장 간의 소득재분배가 축소되는 문제가 발생하고 있다.

진폐재해자와 산재보험 사각지대?

국내 최초의 직업병은 진폐증(또는 규폐증)이다. 1954년에 석탄공사의 최영태 박사가 장성광업소 근로자로부터 진폐증을 처음으로 확인했다. 이후 작업환경 조사를 거쳐 1957년에 직업병으로 인정하여 일부 보상했다. 진폐는 폐에 석탄가루 등의 먼지가 쌓여 폐가 굳어지면서 호흡기능장해를 일으킨다.[24] 이 때문에 환자들은 진폐를 탄폐라 부르기도 한다.

진폐에 대한 직업병 보상은 세계적으로 1920년에 시행되었고 일본도 1960년에 진폐법을 제정했다. 우리는 규폐증 내용이 포함된 산재보험법을 1964년에 시행했다. 2009년의 생존 진폐재해자는 1만 7300명이고, 진폐 관련 산재보험 급여액은 2929억 원이었다. 2009년에 새롭게 진폐로 장해등급 판정을 받은 사람이 507명이며, 진폐요양 환자는 3714명이며, 절반 이상이 5년 이상의 장기요양 환자였다.

산재보험에서는 질병을 치료하는 요양급여, 그리고 취업손실 기간에 대한 휴업급여와 상병보상연금을 합병증이 입증된 진폐재해자에게만 지급했다. 대다수의 진폐재해자는 합병증이 없기 때문에 이들은 현물급여인 요양급여와 현금급여를 받지 못했다.

진폐법은 합병증을 활동성폐결핵·흉막염·기흉·기관지염·기관지확장증·폐기종(심폐기능 경도장해이상)·폐성심·미코박테리아 감염 등 9가지[25]로 규정하고 있다. 이 때문에 진폐재해자는 합병증을 입증하여 현금급여를 받아 경제적으로 여유 있게 생활할 수 있는 환자와 합병증을 입증하지 못해 요양치료를 받기도 어려운 환자로 구분되었다. 그래서 진폐재해자들이 합병증 발생을 갈망(?)하거나 합병증을 유발하는 행동을 하는 등의 어처구니없는 일이 발생하기도 했다. 이처럼 법에서 정한 기준으로 엄격하게 판단하다 보니 증세가 비슷하거나 약간의 차이밖에 없는 재해자들의 경제력이 크게 달라지는 문제가 발생했다.

고용노동부는 이러한 문제의 심각성을 인식하고 법을 개정하여 2010년 11월 21일 새로운 제도를 도입했다. 즉 장해등급을 판정받은 모든 진폐재해자에게 합병증 여부와 관계없이 진폐보상연금을 지급하도록 개선했다. 진폐보상연금은 기초연금(최저임금의 60% 수준)과 진폐장해연금으로 구성된다. 모든 진폐근로자에게 기초연금을 지급하며, 진폐장해연금을 장해등급에 따라 3단계로 분류하여 지급한다. 또한 진폐근로자의 유족에게 진폐유족연금을 생전의 진폐보상연금 수준으로 지급하도록 변경되었다.

한편 기존의 장해연금, 유족보상연금 및 휴업급여 수급자의 기득권은 그대로 인정되었다. 참고로 진폐장해자로 판정받은 사람은 2008년 4808명에서 2010년 3782명, 2012년 2386명으로 지속적으로 줄어들고 있다.

제 **8** 장

재활기능

김상호(광주과학기술원(GIST) 교수)

산업재해는 개인과 가정의 행복을 위협할 뿐만 아니라 사회적으로 경제적 손실을 야기하므로 독일 등의 산재보험 선진국에서는 일찍부터 산재보상에서 현금보상 못지않게 현물급여로 지급되는 재활급여를 강조했다.

재활급여는 의료재활, 직업재활 및 사회재활로 구성된다. 의료재활은 요양이 종결된 후 장해가 남을 것으로 예상되는 산재근로자를 대상으로 장해 정도를 줄이기 위해 실시하는 치료이고, 직업재활은 장해근로자가 손상된 직업능력을 회복하여 다시 취업할 수 있도록 다양한 직업훈련을 실시하는 것이며, 사회재활은 장해근로자가 사회에 적응해서 원만한 사회활동을 할 수 있도록 사회복귀를 지원하는 것이다.

여기서는 재활사업의 중요성, 재활사업의 내용 및 재활사업의 문제점을 살펴본다. 또한 아직은 초보 단계이지만 우리나라의 산재보험 재활 성공사례를 소개한다.

재활급여는 무엇인가?

　산재장애인은 선천성 장애인과 달리 비장애인으로 직장생활을 한 경험 때문에 재해발생 후 자신이 장애인이라는 사실을 수용하지 못하고, 갑작스러운 신체기능의 상실로 인해 일상생활의 적응에 어려움을 많이 느낀다. 또한 산재발생 이전에 가정, 직장 및 사회에서 수행하던 역할이 제한되면서 사회복귀가 용이하지 않다. 원직장에의 복귀나 재취업을 이루지 못한 경우에는 경제적 곤란과 사회관계의 단절로 가정 붕괴를 경험하기도 한다.[1]

　이처럼 산재는 개인과 가정의 행복을 위협할 뿐만 아니라 사회적으로 경제적 손실을 일으키므로 독일 등의 산재보험 선진국에서는 일찍이 산재보상에서 현금보상 못지않게 현물급여인 재활 서비스의 중요성에 착안했다. 그래서 산재장애인 대상의 급여에서 재활이 최우선시되고 재활 서비스 제공이 불가능한 경우에 현금급여를 지급하는 방향으로 바뀌었다.

재활급여는 현물 서비스 또는 경우에 따라서 현물 서비스와 함께 현금급여를 제공하는 형태로 이루어져 있다. 현물급여인 재활 서비스는 의료기관에서 제공하거나 요양이 종결된 후 직업훈련기관이나 재활센터 등의 재활 서비스 기관을 통해 제공된다.

재활급여는 일반적으로 의료재활, 직업재활 및 사회재활로 구성된다. 의료재활은 요양이 종결된 후에도 장해가 남을 것으로 예상되는 산재근로자를 대상으로 장해를 감소시키기 위해 실시하는 재활치료이다. 일반 의료기관에서 시행하는 물리치료와 작업치료 등이 여기에 해당한다.

직업재활은 의료재활을 포함한 모든 치료가 종결되어도 장해가 남은 산재근로자의 손상된 직업능력을 회복시켜 다시 취업할 수 있도록 다양한 직업훈련을 실시하는 것을 지칭한다. 사회재활은 장해가 심해서 다시 취업할 수 없거나 취업해도 후유증 때문에 사회적응이 쉽지 않은 경우, 장해근로자가 사회에 적응하여 원만한 사회활동을 할 수 있도록 사회복귀를 지원하는 것을 지칭한다. 산재환자의 사회복귀를 위해 의료재활, 직업재활 및 사회재활을 유기적으로 연결하여 실시하는 것이 중요하다. 세 가지 재활이 서로 보완하면서 유기적으로 이루어져야 직장복귀와 사회복귀의 목적을 달성할 수 있기 때문이다.

산재환자의 재활은 가급적 빠른 시기에 실시하는 것이 좋다. 급성기 치료가 끝난 후 장해가 예상되는 산재환자에게는 그 환자에 맞는 재활계획을 수립하여 적절한 재활 서비스를 제공해야 한다. 의료재활과 사회재활은 대상이 되는 모든 환자에게 환자의 상태에 따라 적절히 제공되어야 한다.

반면 직업재활은 제대로 실시하면 일반적으로 많은 비용과 시간이 소요되기 때문에 적절한 대상자를 선정하여 실시하는 것이 필요하다. 환자의 상태나 본인의 의지에 따라 세 가지 재활을 동시에 진행할 수도 있고, 분리해서 실시할 수도 있다. 현행 제도에서는 요양 종결 후 직업재활급여를 제공하도록 되어 있지만 직업재활을 별개로 생각하지 않고, 포괄적 의미에서 재활의 일부로 생각하여 유기적으로 실시하는 게 바람직할 것이다.

환자의 직업재활 계획수립 시 최상의 목표는 재해발생 전에 다니던 직장의 원래 업무로 복귀하는 것이고, 이것이 어려우면 원직장의 다른 업무로 복귀하는 것이다. 산재근로자가 직장생활에 가장 잘 적응할 수 있는 곳은 원직장이다. 사업주 역시 발생한 재해에 대해 일정 부분 책임감을 느껴 배려하는 경향이 있고 직장 동료들과도 쉽게 어울릴 수 있다. 원직장 복귀가 어려우면 다른 직장의 유사 업무로 복귀할 수 있도록 하고, 그렇지 못한 경우에는 다른 직장에 취업할 수 있도록 새 분야의 기술을 습득할 수 있는 직업훈련을 받도록 해야 한다.

직업재활은 요양 종결 후 장해가 남거나 장해가 없더라도 직업훈련 없이는 직장에 복귀하기 어려운 근로자를 대상으로 실시한다. 직업재활 서비스에서 장해근로자가 자신의 원직장으로 복귀하여 일하는 데 필요한 보조구를 사용할 수 있도록 훈련하거나, 장해가 있는 상태에서 근무할 수 있도록 맞춤형 훈련을 실시하기도 한다. 또한 이전 직업을 수행할 수 없는 상태라면 직업훈련을 통해 새로운 직업을 가질 수 있도록 한다. 직업재활을 사업장 내에서 실시하기도 하고 사업장 밖에서 실시하기도 한다.

근로능력 손상 등으로 원직장 복귀가 어려울 경우 새로운 직업에 대한 재활훈련을 실시해야 하는데, 훈련 종료 후 취업에 성공하기 위해서는 산재근로자의 직업적성과 능력을 반영한 훈련 분야 선정이 중요하다. 이를 위해서는 의사, 심리상담사 및 직업교육학 전문가가 팀을 이루어 직업적성을 탐색해야 한다. 직업훈련 실시 분야 선정 시 직무능력 평가를 통해 환자의 장해상태와 남아 있는 기능을 정확히 판단하고, 과거의 직업적 경력, 학력 및 개인의 특성 등을 고려해야 한다. 독일에서는 이러한 평가가 재활평가센터에서 이루어진다.

의학적 치료가 필요한 산재근로자라면 누구에게나 동일하게 요양급여를 제공해야 하지만, 직업재활급여는 직업복귀 가능성을 염두에 두고 효율적으로 결정하여 서비스를 제공하는 것이 원칙이다. 직업훈련에는 많은 시간과 비용이 소요되는데, 연령이 많거나 적성에 맞지 않으면 기대하는 취업효과를 거둘 수 없다.

따라서 재해근로자가 직업복귀를 희망하더라도 전문가의 평가에 따라 직업재활급여를 제한할 수 있다. 반면 직업복귀가 충분히 가능한데도 본인이 직업복귀를 희망하지 않으면 직업재활 서비스를 수용하도록 강제하기도 한다. 이렇게 하는 배경에는 산재보험이 사회보험의 성격을 지녀 사회적 이익의 반영이 필요하다고 보기 때문이다. 우리는 직업재활 서비스를 제한하거나 강제하는 제도가 활성화되어 있지 않지만 독일 등에서는 해당 서비스를 특정 연령으로 제한하거나 강제하는 제도를 실시하고 있다.

우리의 재활사업 도입사

재활정책의 목적은 산재근로자가 수동적인 복지수혜자로 머무르기보다 생산활동 주체로 산재발생 이전처럼 경제활동에 적극 참여하고 사회에 통합되도록 하는 데 있다. 이는 산재근로자의 단기 생활안정을 지원하는 복지정책적 측면 외에 재취업 기회를 적극 지원하는 노동정책적 측면을 고려한 것이다.[2]

성공적인 재활을 통해 산재근로자가 조기에 직장으로 복귀토록 하는 것은 산재근로자의 복지 제고는 물론이고 요양기간 단축을 통한 재원의 효율적 사용과 인력 부족 문제 완화에도 도움이 된다. 선진국에서는 일찍이 재활사업의 중요성을 인식하고 재활을 강화하는 방향으로 산재보험을 운영했다. 가령 독일에서는 보험사고 발생 시 급여 청구권에 대한 기본원칙으로 요양치료와 재활급여를 연금보다 우선하여 제공하도록 규정되어 있고,[3] 현실에서도 이 원칙에 따라 급여가 지급된다. 이는 독일의 산재보험 운영에서 차지하는 재활사업의 위치를 잘 설명해준다.

우리는 1964년의 제도 도입 후 현금급여 인상에만 치중하여 제도 전반의 균형을 이루지 못했다. 특히 산재근로자의 치료 종결 후 사회복귀 촉진을 위한 재활기능이 미비된 상태였다.[4] 그러나 재활사업의 중요성을 인식하고 1998년 근로복지공단 본부에 재활사업부를 설치하고, 산재근로자의 재활과 사회복귀 촉진사업에 대한 준비를 시작했으며, 1999년 12월에는 개정 산업재해보상보험법에 재활사업의 근거를 명시했다. 법 제1조의 목적에 '재해근로자의 재활 및 사회복귀를 촉진하기 위해 필요한 보험시설을 설치·운영하고'라는 형태로 재활사업의 근거가 도입되었다.[5] 이후 2001년에는 산재보험 재활사업 5개년 계획이 수립되어 현행 재활사업 체계의 토대가 마련되었다.

그러나 강제 지급의 법정급여가 아닌 예산범위 내 사업으로 출발했고, 장기투자가 필요한 재활사업의 특성과 단기성과를 추구하는 행정기관의 특성이 충돌하여 전달체계가 제대로 구축되지 못했다. 특히 새롭게 시작하는 재활 서비스 담당인력의 전문성 부족으로 재활 서비스가 효율적으로 제공되지 못했다. 이러한 상황에서 2006년 12월 노사정위원회 합의에 따라 2008년 7월의 개정 산재보험법에서 직업훈련, 직장복귀지원, 직장적응훈련 및 재활운동지원 같은 직업재활급여가 예산사업에서 법정급여로 전환되었다. 재활급여가 법정급여로 전환되면서 산재장애인에게 재활 서비스는 그간의 임의급여에서 수급권으로 바뀌었다. 그리고 재활상담 인력으로 사회복지 전문요원인 사회복지사를 채용했다.

또한 2010년 4월 28일 근로복지공단과 한국산재의료원이 통합되면서 공단이 주관하는 직업재활 서비스와 산재의료원이 주관하는 의료재활 서비스를 결합하여 연계성을 제고함으로써 제한적이나마 재활 서비스의 시너지 효과를 기대할 수 있게 되었다. 근로복지공단은 2005년 10월 3명의 팀원이 한 명의 산재근로자를 담당하는 '찾아가는 서비스'를 도입했다. 그동안 '찾아가는 서비스'는 일정 수준의 성과가 있었지만 한계가 컸다. 왜냐하면 산재근로자와의 상담이 늦게 이루어지고, 급여지급 위주의 서비스 제공으로 산재근로자의 다양한 욕구를 충족시키는데 미흡했기 때문이다. 특히 산재근로자를 상대하는 3명의

우리나라 재활사업의 발전과정

고용노동부는 오래전부터 장애인 직업재활사업의 필요성을 인식해왔지만 실현은 늦었다. 사업 착수를 위한 첫걸음은 해외 사례에 대한 조사작업으로 시작되었다. 1995년 10월 약 2주 일정으로 근로복지공단 초대 박홍섭 이사장 등이 독일과 스웨덴의 산재보험 관련 의료 및 복지시설을 견학했다. 이때 방문단은 독일 산재보험의 의료시설(보쿰 시 광부요양병원 등), 장애인 직업재활시설 및 노인복지시설 등을 집중 벤치마킹했다.

국내에서는 한국노동연구원의 윤조덕 박사가 주요국의 산재보험 재활제도를 분석하고 1997년에는 산재보험정책연구회를 발족시켰다. 여기에는 학계 전문가, 근로복지공단, 노동자 및 경영자 단체 간부 등 60여 명이 참여했다. 윤 박사는 노동연구원에 신설된 산업복지연구센터(1999년 2월) 소장으로서 고용노동부가 집중 지원한 연구용역의 절반 이상을 산재보험 요양 및 재활 분야에 배정했다.

고용노동부는 산재보험 재활사업의 체계적인 수행을 위해 1998년 10월 근로복지공단 보험급여국에 재활사업부를 신설했다. 1999년 9월에는 9명의 직업재활상담원을 채용하여 개별 산재근로자 특성을 반영한 직업재활 계획을 수립하는 등 전문적 서비스 제공을 위한 발판 구축에 나섰다. 또한 산재근로자 재활사업 5개년계획(2001~2005년), 제1차(2006~2008년) 및 제2차(2009~2011년) 재활사업 중기발전계획을 실시했고 제3차(2012~2014년) 계획을 추진 중이다.

팀원 간 업무연계가 부족하여 고객의 만족도를 높이는 데 제약이 많았다. 그래서 2010년 5월에 맞춤형 통합 서비스로 개편되었다.

맞춤형 통합 서비스를 통해 요양 초기 단계부터 요양, 보상 및 재활 서비스를 적기에 체계적으로 지원하여 신체기능을 최대한 회복하고 심리적 안정을 도모하면서 원활한 직업복귀를 지원할 수 있게 되었다. 즉 산재근로자의 산재보험 접근성을 제고하고 선택과 집중을 통한 1:1 수요자 중심의 맞춤형 서비스로 업무체계를 전환할 수 있게 되었다.

이러한 노력의 결과 요양환자 수가 2004년 말 5만 3000명에서 2012년 말에 3만 7000명 수준으로 대폭 감소했다. 사회복귀 기간도 2004년의 252일에서 2011년 6월의 183일로 크게 단축되었고, 보험급여 증가율도 큰 폭으로 감소했다. 이는 요양관리 방법과 재활사업을 개선하려는 노력이 일부 결실을 맺고 있음을 보여준다.

재활사업의 종류

우리나라의 재활사업은 심리재활, 의료재활, 사회재활 및 직업재활로 구성되어 있다. 첫째, 심리재활은 산재근로자들의 자기행동 제한, 신체부상에 따른 불안과 욕구불만 등을 제거하여 정서적 안정을 제고하면서 새로운 가능성을 찾도록 도움을 제공하는 것이다. 현행 프로그램으로 심리상담, 희망키움 및 희망찾기가 있다(표 8-1, 부표 8-1 참조).

둘째, 의료재활은 산재근로자의 육체적 측면뿐만 아니라 정신적 측면과 직업적 측면을 고려하여 해당 근로자를 회복시키고, 생산적인 삶의 주체로 살아갈 수 있도록 의료 서비스를 제공하는 것이다. 의료 재활은 병원에서 산재근로자가 조기에 직장에 복귀할 수 있도록 요양치료와 직업재활을 연결해주는 역할을 한다. 이러한 의미에서의 의료재활은 우리나라에 아직 정착되어 있지 않은 것으로 평가할 수 있다.

〈표 8-1〉 심리재활, 의료재활 및 사회재활 사업의 내용

구분	사업명
심리재활	심리상담
	희망키움
	희망찾기
의료재활	합병증 등 예방관리
사회재활	재활 스포츠
	사회적응 프로그램
	진폐환자 취미활동

자료: 고용노동부(2013b), p.31.

셋째, 사회재활은 산재근로자가 가정생활에 적응할 수 있도록 하고 사회에 원만하게 통합될 수 있도록 하는 역할을 한다. 많은 경우 산재근로자는 재해 후유증 때문에 원만한 가정생활과 사회생활로 복귀하는 데 어려움을 겪는데, 이 경우 맞춤형 상담 서비스 등을 제공하여 일상생활로의 복귀를 지원하는 프로그램이다. 사회재활 프로그램 역시 우리나라에 아직 정착되어 있지 않다.

넷째, 직업재활은 산재근로자의 직업복귀를 위하여 직업훈련을 실시하고 필요한 경우 취업지원금을 제공하는 것으로 재활사업의 핵심사업이다.

직업재활사업의 종류

직업재활사업은 손상된 신체부위와 직업병 등으로 새로운 분야에서의 직업훈련이 필요할 경우 제공하는 직업훈련과 재취업지원으로 구성되어 있다.[6] 근로복지공단은 안산재활훈련원(1985년)과 광주재활훈련원(1992년)을 직접 운영했으나 훈련시설의 낙후성과 사회수요가 많지 않은 직종에 대한 훈련 등으로 훈련목표 인원을 달성하기 어려웠다. 그래서 2007년에 이들 훈련원을 폐지하고 민간의 직업훈련기관과 사설학원에 훈련을 위탁하고 있다. 한국장애인고용공단이 운영하는 직업전문학교와 한국산업인력공단 소속의 한국폴리텍대학에서도 소수의 산재근로자가 직업훈련을 받고 있다.[7]

직업훈련 지원대상은 신청 당시 만 60세 미만이며, 미취업 상태이고, 다른 직업훈련을 받고 있지 않은 산재근로자이며, 12개월의 훈련기간 내에 2회까지 연 600만 원 한도 내에서 지원된다. 직업훈련을 받는 산재근로자에게 직업훈련 수당이 지급되며 출석률이 80% 이상인 훈련생에게는 1일당 최저임금액에 해당하는 금액이 지급된다. 그러나 1일 훈련시간이 2시간 미만이면 직업훈련수당이 지급되지 않는다. 참고로 2012년에 직업훈련지원사업에서 3223명을 선발하여 2303명이 수료했고, 이 중 1635명이 직업복귀에 성공하여 복귀율은 51% 수준을 보였다.[8]

우리나라는 원직장으로의 복귀 시에만 직장복귀지원금, 직장적응훈련비 및 재활운동 지원을 제공하며 다른 직장으로의 복귀 시에는 지원하지 않는다. 직장복귀지원금은 장해급여자(제1~12급)를 원직장에 복귀시켜 6개월 이상 고용을 유지한 사업주에게 장해등급별(제1~3급월 60만 원, 제4~9급 월 45만 원, 제10~12급 월 30만 원)로 최장 12개월 동안 사업주가 실제 지급한 임금의 범위 내에서 제공한다. 이때 산재장애인이 자발적으로 퇴사하는 경우를 제외하고는 6개월 이상 고용이 유지되지 않으면 지급된 직장복귀지원금을 전액 회수한다. 2012년에 2416명에게 68억 원의 직장복귀지원금을 제공했다.

직장적응훈련비 지원은 원직장에 복귀한 장해급여자(제1~12급)에게 직무수행이나 직무전환에 필요한 적응훈련을 자체 시설 또는 외부 훈련기관에 위탁하여 실시하고 적응훈련 실시 후 6개월 이상 고용을 유지한 사업주에게 최장 3개월 동안 월 45만 원 이내에서 지원하는 사업이다. 이 역시 산재장애인이 자발적으로 퇴사하는 경우를 제외하고는 6개월 이상 고용이 유지되지 않으면 지급된 직장적응훈련비를 전액 회수한다. 2012년에 74명에게 4000만 원의 직장적응훈련비를 지원했다.

재활운동 지원은 원직장에 복귀한 장해급여자(제1~12급)의 직무수행이나 직무전환에 필요한 재활운동을 자체 시설 또는 외부 스포츠센터에 위탁하여 실시하고 재활운동 종료 후 6개월 이상 고용을 유지한 사업주에게 최장 3개월까지 월 15만 원 이내의 실비를 지원하는 사업이다. 2012년에 108명에게 1500만 원을 지원했다.[9]

한편 자영자 비중이 매우 높은 노동시장의 특성과 산재근로자의 직업복귀가 어려운 현실을 반영하여 우리나라는 창업을 지원하는 독특한 제도를 운용하고 있다. 창업을 희망하는 산재장애인의 빠른 정착과 생활안정을 위해 점포 전세비용을 지원하고 있다. 대상은 요양 종결 후 직업에 복귀하지 못한 직업훈련 수료자, 진폐장애인, 창업업종 관련 자격증 소지자 및 2년 이상 종사한 업종으로 창업을 희망하는 60세 미만의 산재장애인 등이다. 1억 원 이내의 점포를 공단 명의로 임대하여 최장 6년간 연리 3%로 지원하며, 점포 운영자금이 필요하면 사업자금(1500만 원 한도)을 융자하기도 한다. 2012년에 57명의 산재장애인에게 32억 2600만 원이 지원되었다.

직업복귀 현황[10]

2011년 4/4분기를 예로 들면 3만 7000명의 신규 산재장애인 중 2만 6000명이 직업에 복귀하여 70%의 직업복귀율을 기록했으며, 이는 1년 전의 64%와 비교하여 6%p 증가한 값이다. 내역은 원직복귀율이 39%로 전년 말의 37%에서 소폭 증가했고, 재취업 형태의 직업복귀율이 27%, 자영업 개시 형태의 직업복귀율이 5%로 나타났다. 또한 신규 산재장애인의 미취업률은 26%로 전년 말의 31% 대비 5%p 감소했다. 이때의 취업 여부는 조사시점 기준으로 1주일 이내에 1시간 이상 일하는 경우 취업으로 간주했다.

같은 시점의 신규 산재장애인 직업복귀 현황을 사업장 규모별로 살펴보면 5인 미만 사업장의 직업복귀율이 66%로 가장 낮고, 100인 이상 300인 미만 사업장의 직업복귀율이 76%로 가장 높았다. 또한 원직복귀율은 5인 미만 사업장에서 29%로 가장 낮았으며, 300인 이상 사업장에서 53%로 가장 높았다.

원직복귀율을 장해등급별로 살펴보면 제1~3급에서 15%로 가장 낮았고, 제13~14급에서 41%로 가장 높았다. 직업복귀자의 요양 종결일 이후 복귀기간은 평균 48일인데, 원직복귀자가 평균 16.7일인 반면 재취업자와 자영업자는 평균 86일이었다.

재활사업의 여건, 잘 구축되어 있나?

재활 시스템이 잘 작동하려면 산재근로자가 강한 재활의지를 가질 수 있도록 제반 여건이 구축되어 있어야 한다. 그런데 우리는 그렇지 못하다. 현금급여 수준은 높지만 유기적으로 작동하는 체계적인 재활 시스템이 구축되어 있지 않다. 그래서 산재근로자가 장기요양을 선호하도록 하는 원인으로 작용하고 있다. 재활사업에 대한 관심의 증가로 외형적인 체계는 갖추고 있지만 아직 초기 단계여서 담당자의 전문성이 낮고 구축된 프로그램이 부족하여 소기의 성과를 거두지 못하고 있다.

우리는 장해등급 1급에게 1년의 90%에 해당하는 329일분의 평균임금을 지급하는데, 이는 다른 나라와 비교할 때 높은 수준이다. 독일에서는 취업능력 완전 상실 시 지급하는 완전장해연금 수준이 연 근로소득의 2/3이며, 일본에서는 장해등급 1급의 장해연금이 1년의 86%에 해당하는 313일분의 평균임금이다.

현금급여 수준이 높은 반면 양질의 직업훈련시설이 구축되어 있지 않아 효율적인 직업재활훈련을 실시하기 어렵다. 즉 우리의 직업훈련시설은 주로 민간학원 위주인데, 시설이 영세하고 단기훈련 위주의 프로그램이어서 체계적인 직업훈련이 실시되기 힘들다. 이 때문에 근로능력을 상실한 산재근로자는 접근성이 좋고 양질의 훈련을 제공하는 공공직업훈련기관을 찾기 힘들고 새 분야 취업에 필요한 전직훈련을 받기 어려운 문제가 있다.

재활사업 프로그램의 주요 문제점은?

재활사업의 문제점을 세부적으로 살펴보면 다음과 같다. 첫째, 장해등급이 확정된 날부터 1년 이내에 신청하면 직업훈련지원금으로 2회(총 직업훈련기간이 12개월 이내)에 한해 총 600만 원까지 지원된다. 독일은 재활훈련 참여를 장려하기 위해 휴업급여와 훈련수당을 동시에 받을 수 있도록 허용한 반면 우리는 휴업급여를 수급하면 훈련수당(최저임금액에 상응하는 금액)을 지급하지 않는다. 훈련비가 적으면서 휴업급여 수급자에게 훈련수당을 지급하지 않기 때문에 재해근로자가 직업재활훈련에 참가할 유인이 약하다. 지금의 상황은 재해근로자에게 휴업급여 수급 종료 후 직업훈련에 참여하도록 유도하는 셈이다. 이로 인해 직업재활훈련이 늦게 시작되고 훈련성과의 효율성이 떨어지는 문제가 발생한다. 또한 직장복귀지원금으로 장해등급별로 30만~60만 원을 지급하므로 저임금 근로자에게는 경제적 유인으로 작동할 수 있지만 고임금 근로자에게는 경제적 유인으로 작동하지 못하는 한계가 있다.

둘째, 근로복지공단은 자체적으로 운영하던 재활훈련원을 폐지하고 민간훈련기관에 위탁하여 직업훈련을 받도록 하고 있다. 그런데 민간훈련기관이 제공하는 프로그램이 단기훈련 위주여서 훈련내용이 부실하며 취업성공률이 낮고, 거주지 근처에 훈련기관인 학원이 없는 산재근로자는 훈련 프로그램에 참여하기 어렵다.[11] 그 결과 요식업 등이 훈련 분야에서 차지하는 비중이 높다.

이처럼 특히 중증장해자의 경우 현금급여인 장해연금의 보상 수준이 높고 재활훈련 인프라가 제대로 구축되어 있지 않아 재취업에 대한 확신이 낮으므로 산재근로자가 장기요양을 선호하는 경향이 있다.

재활선진국 독일의 재활사업 개요

재활사업이 발달되어 있는 독일에서는 관련 사업을 건강회복을 지원하는 의료재활, 취업을 지원하는 직업재활, 사회편입을 지원하는 사회재활로 분류하여 재활사업을 적극적으로 실시하여 좋은 성과를 거두고 있다. 직업재활사업의 목적은 산재근로자가 본인의 적성, 취미 및 직업 등을 고려하여 적절한 직장에 장기취업하도록 지원하는 것이다. 직업재활훈련에 참여하는 산재근로자에게 훈련기간 동안 전환급여를 지급하는데, 이는 양육 자녀의 유무에 따라 재해발생 전 소득의 60% 또는 52.8%이다. 그런데 휴업급여가 재해발생 전 소득의 80% 수준이어서 전환급여 수급 시 휴업급여 지급을 중지하면 전환급여가 휴업급여보다 적어 직업재활훈련에 참가할 경제적 유인이 줄어들게 된다. 이를 고려하여 독일에서는 1997년부터 전환급여 수급기간에도 장해연금을 전액 지급하여 적극적인 직업재활훈련 참여를 유도하고 있다.[12]

공공직업훈련원과 민간직업훈련원에서의 훈련뿐만 아니라 다양한 형태의 사업장 훈련을 지원하며, 직장복귀를 위해 사용자에 대한 임금보조금, 시험채용보조금, 작업시설 변경 비용지원 및 주거지원 등 다양한 형태의 지원이 있다. 독일은 재취업을 활성화하고 비용을 줄이기 위하여 사내훈련 지원을 강화하여 성과를 거두고 있다. 직업훈련 실시 후의 취업률이 2000년대 들어 지속적으로 증가하여 2001년에 82% 수준에서 2007년에는 90%로 높아졌다(부표 8-2 참조).

재활선진국 독일에서의 재활상담원 역할

독일에서는 재활상담원이 요양치료 중에 직장복귀 계획을 수립하는 등 조기에 개입하여 사업주와의 대화를 통해 원직장으로의 복귀 가능성을 타진하고 원직장 복귀를 위한 다양한 지원수준을 판단하고 관련 서비스를 제공한다. 예를 들면 사용자에 대한 임금보조금으로 총임금의 70%까지 2년간 지급할 수 있는데, 재활상담원이 재취업 지원업무를 수행할 때 근로능력 상실 정도에 대한 담당의사의 소견을 받아 지원규모를 결정한다. 특히 기업별로 재정상황이 서로 다르고 원직복귀에 대한 사업주 태도에 큰 차이가 있기 때문에 이러한 상황을 전반적으로 고려하여 재활상담원이 사업주와의 협상을 통해 임금보조금 지원율을 결정한다.

원직복귀가 어려울 때에는 재활상담원이 다른 직장으로의 취업을 위한 다양한 지원수단을 강구하고 직장을 알선하기도 한다. 이와 같은 조기개입이 상당히 효과적이어서 많은 경우에 원직복귀가 이루어지고, 이는 훈련비 감소를 통해 산재보험조합의 재정안정화에 기여하고 있다.[13] 이처럼 재활상담원이 재활사업 수행에 핵심적인 역할을 수행하기 때문에 10년 이상 실무경험이 있는 직원 중 근무성적이 우수하면서 사회복지 마인드가 있는 사람을 선발하여 재활상담원으로 활용하고 있다.

독일에서는 재해근로자의 응급치료 후 급성장해 예방과 치료과정의 의료재활, 직업복귀를 위한 직업재활 및 사회편입을 위한 사회재활 과정이 연속적이면서 체계적으로 이루어진다. 구체적으로 살펴보면 산재가 발생하면 사업장 산재보호 규정에 따라 응급조치 실시 후 재해근로자를 인근 의료기관으로 이송한다. 초기 진료를 맡은 의사가 응급처치 후 산재환자를 산재전문의(D-Arzt)에게 이관하면, 산재전문의가 입원치료가 필요한지 여부를 결정하고 입원치료가 필요할 경우 산재보험 운영기관이 지정한 병원 중에서 이송할 병원을 정한다.

또한 병원에서 전문화된 의료재활 서비스뿐만 아니라 초기의 직업재활 서비스가 제공된다. 가능하면 이른 시기에 직업재활 서비스를 실시하는 것이 효과적이라는 판단 하에 의료재활과 직업재활을 유기적으로 연계하여 실시하고 있다.

치료가 종료되기 전에 재활상담원이 원직장으로의 복귀 가능성을 확인하고, 원직장으로의 복귀를 위해 다양한 현금과 현물 형태의 지원이 필요하면 이에 대해 사용자와 논의하고 필요하면 협상도 한다. 원직장 복귀가 어려우면 다른 기업으로의 고용을 알선하고, 상실된 근로능력 때문에 직업훈련이 필요하면 직업훈련기관을 알선한다. 이러한 모든 조정업무를 경험이 풍부한 재활상담원이 전담하여 좋은 성과를 거두고 있다.

독일 고용지원사업의 내용

고용지원사업에 다음과 같은 것이 있다. 첫째, 사업장훈련 지원이다. 동일 사업장의 다른 업무를 수행하기 위하여 훈련이 필요하면 훈련기간 동안 사용자가 일반적으로 지급하는 훈련비와 생계비를 지원한다. 둘째, 사용자에 대한 임금보조금이다. 사용자에 대한 임금보조는 주로 동일 기업의 다른 업무에 취업하거나 다른 기업에 취업할 때 지원하는 급여이다. 이 급여는 산재근로자에게 지급하던 총임금의 50% 범위

내에서 일반적으로 1년 동안 지급한다.

셋째, 시험채용보조금으로 3개월까지의 시험채용 기간 중 발생하는 인건비를 지원한다. 사용자가 임금에 대한 부담 없이 시험채용 기간 동안 관찰을 통해 산재근로자의 근로적합성 등을 판단할 수 있다. 넷째, 작업시설 변경비용 지원이다. 산재근로자가 기존 직장이나 새 직장에 근무할 수 있도록 작업시설 변경에 소요되는 비용을 지원한다.

재활사업의 개선방향

재활사업의 양적 증가에도 재활사업이 개별 사업 중심으로 진행됨에 따라 효과성을 높이는 시스템을 구축해야 하는 과제가 남아 있다. 효과적인 재활 서비스가 이루어지기 위해서는 재해발생에서 직업복귀에 이르기까지 개별 재활계획에 따라 연속적이고 통합적인 재활 서비스 전달체계를 확립하는 것이 중요하다.[14]

독일에서는 재활상담원이 사례관리자(case manager)로서 핵심적인 역할을 수행하는 데 비해 우리는 재활업무만 담당하면서 현금급여 업무 등에 대한 지식이 부족하여 사례관리자로서의 역할을 수행하지 못하고 있다. 앞으로 근로복지공단 재활상담사에게 폭넓은 현장교육을 실시하고 지원 프로그램을 개설하여 사례관리자로서의 역할을 수행하도록 할 필요가 있다.

재활사업에 대한 관심의 증가로 외형적 체계는 갖추었지만 아직 초기 단계로 전문성 미비와 구축된 프로그램 부족 등으로 기대만큼의 성과를 거두지 못하고 있다. 특히 전문인력 부족으로 통합 재활 프로그램이 갖추어져 있지 않으며, 재활사업 수행에서 담당자 간 유기적인 협조가 부족하고 다른 기업 취업 시 사용자에 대한 임금보조금이 제공되지 않는 문제가 남아 있다.

근로복지공단은 자체 운영하던 재활훈련원을 폐지하고 주로 민간훈련기관과 한국장애인고용촉진공단의 직업전문학교에서 직업훈련을 받도록 하고 있다. 그러나 산재근로자들이 선천성 장애인 대상의 직업전문학교에서 훈련받는 것을 꺼리고 있어 참가자가 극소수이며, 대부분의 산재근로자가 민간학원에서 제공하는 훈련에 참여하고 있다. 그런데 민간학원의 프로그램이 단기훈련 위주여서 훈련내용이 부실하며 취업성공률이 낮은 한계가 있다.

민간부문에서 산재근로자가 필요로 하는 양질의 훈련 서비스를 제공할 수 있다면 재활훈련을 민간부문에 위탁하는 것이 바람직할 것이다. 그러나 영세한 민간훈련기관이 난립하여 훈련 서비스의 질이 낮은 점을 고려하면 국가 차원에서 양질의 훈련 서비스를 제공하는 기관을 설립하는 방안을 적극 검토해야 할 것이다. 예를 들면 미국에서는 직업재활을 민간기관에 위탁하는데, 취업률이 2년 연속 평균 미만인 기관은 직업재활기관에서 제외한다. 따라서 이들 민간기관은 취업에 적합하도록 직업훈련을 실시할 뿐만 아니라 적극적으로 취업을 알선하고 있다.

앞으로 저출산·고령화로 인력난이 심화될 전망이어서 산재근로자의 직장복귀율을 높이는 것이 산재근로자뿐만 아니라 국민경제적으로 중요하므로 공공훈련기관 설립의 필요성은 더욱 커질 것이다. 이때 교통사고자와 산재근로자를 공동으로 훈련시키는 훈련기관을 설립하여 규모의 경제를 실현하는 방안도 하나의 대안이 될 수 있을 것이다.

근로복지공단이 직영하는 산재전문 재활병원 중 대다수는 진폐환자에 특화된 병원이다.[15] 그런데 진폐환자가 점차 줄어들고 있기 때문에 이들에 대한 수요 감소에 발맞추어 이들 병원을 통폐합하고 시설을 현대화하여 새로운 직업병 전문병원으로 탈바꿈시켜야 할 것이다.

아울러 원직복귀를 촉진하기 위해 지원 규모를 점진적으로 확대하면서 다른 직장으로의 취업도 지원함으로써 직업복귀율을 재활선진국 수준인 90%대로 높여야 한다. 이를 달성하기 위해서는 재활 프로그램을 현행보다 훨씬 세밀하게 설계해야 하며, 특히 근로복지공단의 재활 담당자가 전문성과 열의를 가지고 재활업무에 전념할 수 있도록 제반 여건을 조성해주어야 할 것이다.

벌목원의 재활 성공사례[16]

벌목원으로 일하던 나○○는 2011년 9월 6m 높이에서 추락하여 허리 압박골절과 대퇴부골절을 당했다. 그는 배우자와 신장이식 수술을 받아야 하는 딸을 부양해야 한다는 부담감 때문에 원직복귀를 강력히 희망했다. 그러나 회사 측은 재해근로자가 55세로 비교적 나이가 많은 상황이고, 작업의 성격이 움직임이 많고 허리를 사용해야 하는 것이어서 업무에 복귀하면 생산성에 영향을 미칠 것을 우려하면서 퇴사하기를 희망했다. 그러나 인정상 이를 재해근로자에게 통보하지 못하고 망설이고 있었다.

때마침 근로복지공단의 잡코디네이터가 해당 사업장을 방문, 복직에 대한 객관적인 평가를 위해 안산산재병원에서 실시하는 작업활동능력평가를 안내해주었다. 덕분에 재해근로자는 평가과정에 동행한 사업주에게 가족이 직면해 있는 문제의 심각성을 설명할 기회를 가졌다. 평가 결과 직업에서 요구하는 동작들의 요건을 모두 충족시킨 것으로 조사되었고, 종합 소견은 나 씨가 직업에서 요구하는 무게보다 2배 이상의 무게를 밀고 당기거나 들고 옮기는 동작이 가능해 직업복귀 가능으로 평가되었다.

회사는 당초 권고사직을 권유하려 했으나 재해근로자의 적극적인 원직복귀 의사와 직업복귀소견서를 고려하여 재해근로자를 원직에 복귀시키기로 했다. 재해근로자는 1년이 경과한 2012년 9월 원직에 복귀하여 근무 중이며 회사의 배려로 주 3일 정도의 단기근무를 하고 있다.

제**9**장

관리운영체계

이정우(인제대 사회복지학과 교수)

우리나라의 산재보험제도는 정책과 집행을 분리하여 운영해오고 있으며, 이는 국내 모든 사회보험에서도 공통되는 특징이다. 구체적으로 산재보험은 고용노동부가 산재 예방과 산재보상 관련 정책을 수립·집행하며, 실질적인 업무에서 산재보상은 근로복 지공단이, 그리고 산재예방은 한국산업안전보건공단이 맡고 있다. 나아가 보험료 징수 업무는 건설업 이외 일반사업장은 사회보험료 통합징수의 차원에서 국민건강보험공단 이, 그리고 건설업 사업장은 근로복지공단이 담당하고 있다. 산재보험에서 산업재해의 사후 보상관리와 산재예방은 상호 밀접한 관련성을 가지고 있어 이들은 정책개발과 제 도운영의 효율성 차원에서 함께 고려해야 할 사안으로 판단된다.

제9장에서는 먼저 근로복지공단을 통한 산재보험 관리운영방식의 현황과 문제점을 살펴보고 개선방향을 검토한다. 다음으로 산재보험제도의 선진화와 관련한 정책과제 로서 가입자와 사용자에 의한 자치운영의 원리와 주요 내용을 정리해본다. 이어서 산 재예방과 보상의 이원적 구조가 내포하고 있는 문제점을 살펴보고 그 개선대안을 간략 하게 정리한다. 마지막으로는 산재보험 관리운영방식으로서 통합방식, 조합방식 및 공 사 상호 간 경쟁방식의 특징과 장단점에 대해 간략하게 살펴보고자 한다.

관리운영체계

산재보험에서 관리운영이란 국가로부터 부여받은 정책과제를 행정적으로 실천하는 작업을 의미하며, 이를 실행하려면 적절한 관리조직이 필요하다. 여기서 관리운영은 대상자에게 적합한 급여와 서비스 프로그램을 신속하고 정확하게 전달해야 하는 효과성(effectiveness) 측면에서뿐만 아니라 제도운영의 효율성(efficiency) 측면에서도 중요한 의미를 가진다.

산재보험의 관리운영방식은 크게 모든 업종을 단일 조직에서 관리하는 통합방식, 직종별·직역별·지역별로 분리하여 운영하는 조합방식, 그리고 공적 보장기관과 사적 보험기관 상호 간 경쟁방식으로 구분할 수 있다. 〈표 9-1〉에 이와 같은 산재보험 관리운영방식의 특징을 비교하여 정리했다.

산재보험 같은 사회보장제도에는 국가별로 오랜 역사와 고유 문화가 스며 있기 때문에 사실 어떠한 관리운영방식이 우수한 것인지 비교 평

<표 9-1> 산재보험 관리운영방식의 특징 비교

	통합방식	조합방식	공사 경쟁방식
특징	단일보험자가 전체 산업을 독점적으로 관장	직역별·지역별 구분에 따라 다수의 조합이 분할하여 관리	다수의 공공·민간 보험 자가 경쟁적으로 관리
대표 국가	한국	독일	스위스

가하는 것 자체가 불가능할 수 있다. 우리는 1964년의 제도 도입 이후 초기의 행정적 인프라의 미비와 보험료 징수 및 제도 적용을 위한 공권력 동원의 용이성 등을 감안하여 1995년 4월까지 국가 직접 관리 형태로 운영했다. 이후 1995년 5월 1일부터 산재보험 업무 중 집행업무를 공공기관인 근로복지공단에 이관하여 담당토록 하면서 현재에 이르고 있다.

집행업무를 근로복지공단에 이관하게 된 배경은 다음과 같다. 첫째, 지속적인 경제성장에 따른 재정규모의 증가와 보험 적용범위의 확대 등에 발맞춰 보험 서비스의 전문성과 효율성을 제고하는 방향으로 관리운영체계를 개편할 필요성이 제기되었다. 둘째, 당시 작은 정부 구현이라는 정부정책에 맞추어 봉사행정적 성격이 강한 산재보험 업무를 산하기관으로 이관할 필요성이 있었다. 이때 이관대상이 된 업무범위는 보험료 징수와 보험급여 지급 같은 집행업무에 국한하고, 정책업무는 산재보험의 사회보험 성격을 감안하여 국가가 계속 관장하기로 했다.

근로복지공단이 산재보험의 집행업무를 담당토록 하는 운영방식은 국가가 자신이 수행해야 할 업무를 제3자에게 위임하고, 대신 이들 제3자에 대한 감독·통제를 통하여 제도운영의 책임성·효율성·전문성을 추구하고자 하는 특징을 가진다. 근로복지공단은 '산업재해보상보험법'

에 의거하여 설립된 공법상 특수법인의 지위를 가지고 있다. 근로복지공단의 역할범위는 법률에서 정하며, 대표적인 업무는 가입자와 수급권자에 대한 기록의 관리유지, 보험료와 기타 징수금의 징수, 보험급여의 결정과 지급, 산재환자를 위한 요양 및 재활과 이에 따른 사업, 근로자의 복지증진을 위한 사업 등이다.

이상에서 산재보험의 관리운영체계와 관련하여 다음과 같은 특징을 발견할 수 있다. 1995년의 산재보험법 개정 이후 산재보험은 정책기능과 집행기능을 구분하여 운영주체를 달리하고 있으나, 제도운영 전반에 걸쳐 정부가 주도권을 행사하고 있다. 또한 이와 관련한 정책수립과 운영과정에 이해관계 당사자인 노사 대표의 참여를 허용하고 있다. 그러나 이러한 이해관계 당사자의 참여가 실제로는 협의 내지 의견을 제시할 수 있는 기회를 부여하는 정도에 그치며, 산재보험 정책이나 집행과정을 주도적으로 결정하는 권한을 가지지 못하는 한계를 보이고 있다.

산재보험 관리운영체계의 개선과 관련한 정책적 논의로 세 가지 정도가 고려될 수 있을 것이다. 첫째, 산재보험 운영의 자치권을 어느 정도 수준으로 보장할 것인가에 관한 것이다. 둘째, 산재보험 가입계층의 동질성 확보를 위해 업종별·직역별로 분리하여 운영할 것인지, 아니면 단일의 보험자를 통해 통합적으로 관리해야 할 것인지에 관한 것이다. 셋째, 최근에 보상 못지않게 예방의 중요성이 강조되면서 기존의 보상과 예방의 이원구조에 대한 타당성 검토, 이와 연관된 정책 및 집행 기관 간의 업무영역 재조정, 집행기관 통합의 필요성 검토 등이다. 다음에서는 둘째 사안을 제외한 첫째와 셋째 주제로 한정하여 관련 내용을 간략히 살펴보도록 한다.

산재보험의 자치운영

우리나라의 산재보험에서 정책수립과 제도운영 전반에 걸쳐 국가가 주도적인 영향력을 행사해오고 있으며, 이해관계 당사자의 참여는 부분적으로만 보장하는 형식으로 운영되고 있다. 이처럼 국가가 일방적으로 주도하는 방식에서는 제도 출범 초기 행정수행력 측면에서 장점이 많을 수 있으나, 제도가 성숙한 단계로 접어들고 사회보장적 성격을 전면에 내세우는 단계에 이르게 되면 타율적인 시행보다 자율적인 제도 실행이 오히려 효과적일 수 있다.

실제로 사회보험방식으로 산재보험을 운영하는 대표적 국가인 독일, 오스트리아 및 스위스의 경우 국가가 직접 제도를 관장하기보다는 이해관계 당사자의 자치적 운영에 일임하고, 국가는 전체적인 견지에서 감독권을 행사하는 역할만 담당하고 있다. 이와 같은 산재보험의 자치운영은 다음과 같은 기본원칙을 바탕으로 하고 있다.[1]

첫째, 참여민주주의 원칙으로 제도의 운영 및 정책수립과 관련한 의사결정에 이해관계 당사자인 가입자 및 사용자 대표가 참여토록 함으로써 이들의 욕구가 최대한 제도에 반영될 수 있는 여건을 갖춘다. 둘째, 권력분산의 원칙으로 재정운용에서 독립성을 확보할 수 있도록 함으로써 관료화 문제와 정부의 자의적 개입이 최소화될 수 있도록 한다. 셋째, 다원주의 원칙으로 산재보험 관련 이해당사자(노동조합, 사용자단체 및 가입자단체 등)에게 제도참여 기회를 제공함으로써 사회의 다양한 욕구가 제도에 반영될 수 있도록 하고, 아울러 내부적 이해조정 절차를 통해 갈등요인의 사전적 해결과 사회적 합의의 도출을 쉽게 실현할 수 있다.

산재보험의 자치운영은 외견상 관리운영주체의 다양성과 의견수렴 절차의 복잡성 때문에 낭비적 요인으로 작용할 수 있다. 그러나 자치 운영은 실제적으로 행정관리비용의 통제기능을 수행할 수 있다. 산재 보험 행정관리기구 역시 다른 일반기관과 마찬가지로 조직을 확대하려는 욕구를 가지고 있으며, 이를 적절하게 통제할 수 있는 정부의 물리적 감독기능에는 한계가 있게 마련이다.

이러한 측면에서 자치운영기구는 행정조직의 확대본능에 대하여 견제와 자동조절기능(self-regulation function)을 담당할 수 있다. 왜냐하면 자치운영기구는 인적 구성의 특성상 가입자와 사용자의 비용부담 최소화와 산재환자의 욕구충족 극대화라는 이중 목표를 추구하게 되어, 산재보험 관리운영 조직의 규모를 적절하게 조절하고 감독하는 기능을 수행할 수 있을 것으로 판단되기 때문이다.

산업재해의 예방과 보상의 이원적 구조

산재보상은 산재예방과 불가분의 관련성을 가지고 있다. 특히 산재 보험의 궁극적인 목적을 고려할 때 산업재해에 대한 사후보상보다 사전예방의 중요성이 훨씬 더 강조된다고 볼 수 있다. 우리나라는 산재보상과 산재예방의 정책기능이 고용노동부에 집중되어 있어 합리적이며 효율적으로 정책을 수립·조정할 수 있는 조직체계를 갖추고 있는 것으로 평가할 수 있다.

그러나 집행 부분은 운영주체가 근로복지공단과 한국산업안전보건공단으로 이원화되어 업무의 연계나 조정이 원활하게 이루어지지 못하는 한계를 보이고 있다. 특히 전문화가 심화되고 있는 산재예방과 산재보상의 정책영역을 관장하는 고용노동부 담당 공무원 역시 순환보직으로 운영됨에 따라 정책결정기능의 정합성과 효율성 확보가 일관성 있게 유지되기 어려운 점도 존재한다.

이와 같은 문제점에 대해 산재보상과 산재예방의 정책기능 중의 일정 부분을 집행을 담당하는 개별 공단으로 이관하여 정책과 집행의 연계성과 제도운영의 전문성을 강화하는 방안을 강구할 필요가 있다. 나아가 이와 같은 방안의 효과성을 극대화하려면 근로복지공단과 한국산업안전보건공단 상호 간 정책수립과 집행에서 유기적인 연계체계가 확고하게 구축될 수 있도록 해야 할 것이다. 장기적으로는 산재보상과 산재예방의 불가분성과 세계적인 추세를 감안하여 근로복지공단과 한국산업안전보건공단을 통합하는 방안을 신중하게 검토할 필요가 있다.

산재보험의 관리운영방식

앞에서 서술했듯이 산재보험의 관리운영방식은 크게 세 가지로 구분할 수 있는데, 다음에서 관리운영방식을 차례로 검토하도록 한다.

통합방식

우리나라에서는 제도 도입 초기부터 업종 구분 없이 단일의 보험자(국가 → 근로복지공단)가 독점적으로 관리하는 통합방식의 관리운영체계를 유지해오고 있다. 통합방식에서는 다음과 같은 긍정적인 효과를 기대할 수 있다. 첫째, 모든 업종의 사업장을 통합하는 연대적 공동체가 '규모의 경제'에 따라 제도의 위험분산 기능을 강화할 수 있을 뿐만 아니라 행정관리비용의 절감효과를 기대할 수 있다. 둘째, 제반 행정업무를 단일기관에서 일괄적으로 처리할 수 있도록 하여 국민의 편익을 제고할 수 있다. 셋째, 통합운영방식에서는 통일된 기준을 토대로 보험료율의 적용 및 급여와 서비스의 제공 등이 가능하여 형평성을 강화할 수 있는 장점이 있다.

반면 산재보험의 통합운영방식은 다음과 같은 측면에서 부작용을 초래할 수 있다. 첫째, 업종·직역·지역을 구분하지 않고 모든 사업장을 통합하는 단일형 산재보험자의 탄생은 행정적 측면에서 행정관리의 경직성이나 관료화의 문제뿐만 아니라 경제적 측면에서 독점의 폐해(일례로 각종의 비효율적 제도운영)를 야기할 수 있다. 이에 따라 종종 행정관리기구의 크기에 비례하여 행정관리비용이 오히려 증가하는 '규모의 불경제' 현상이 발생할 수 있다. 둘째, 업종·직역·지역별 특성에 따라 발생할 수 있는 다양한 복지욕구를 제대로 반영할 수 없는 한계를 보이게 된다. 셋째, 통합방식에서는 보험원리를 벗어나는 보험료율 체계를 운영하여 업종 간 교차보조의 문제를 초래할 가능성이 높다. 이러한 교차보조의 부작용이 산업의 구조조정을 지연시켜 경제성장에 장애물로 작용하면서 각종 갈등과 제도 불신의 요인으로 작용할 수 있는 위험이 있다.

조합방식

조합방식의 산재보험은 법률에 근거하여 설립된 공적법인인 조합이 각자의 관할 영역을 독점적으로 관리하는 방식이다. 독일은 이러한 방식으로 산재보험을 운영하고 있는 국가로서 현재 업종별, 직역별 및 지역별로 구분하여 총 45개의 재해보험조합이 활동하고 있다.

조합방식의 산재보험은 다음과 같은 장점을 가지고 있다. 첫째, 조합방식의 관리운영체계는 업종별, 직역별 또는 지역별로 고유하게 발생할 수 있는 재해현상에 대해 가장 적합하고 전문적인 급여와 서비스를 제공할 수 있다. 또한 조합방식은 소속 집단의 특수한 복지욕구를 적절하게 반영해줄 수 있는 장점도 가지고 있다. 둘째, 조합별 분리운영체계는 구성원 상호 간 동질성과 조직의 연대성을 비교적 긴밀하게 유지할 수 있는 장점을 가지고 있다. 구체적으로 이러한 방식의 제도운영은 구성원 공동의 관심사를 해결하는 데 필요한 비용분담과 관련한 합의를 쉽게 도출할 수 있고, 동시에 자원 배분과정에서 발생할 수 있는 갈등을 최소한으로 억제할 수 있다. 셋째, 조합방식은 행정관리 측면에서 제도운영의 유연성과 민주성을 유지할 수 있는 장점을 가지고 있다.

반면 조합방식의 산재보험은 다음과 같은 측면에서 문제점을 보일수 있다. 첫째, 다양한 조합의 존재로 인해 행정관리비가 과도하게 발생하게 된다. 즉 소규모 조합 형태로 운영되기 때문에 행정관리에서 규모의 경제의 이점을 활용할 수 없다. 둘째, 동일한 위험에 대해서도 조합별로 보험료 수준에 차이가 있는 형평성 문제가 발생할 뿐만 아니라 제도 체계의 복잡성 때문에 가입자들의 불편을 초래하게 될 가능성이 크다. 셋째, 조합방식에서는 위험공동체 규모가 협소하여 사회보험제도의 특징인 위험분산 기능과 재분배 기능이 제한받게 되는 문제가 발생할 수 있다. 넷째, 보험수요자인 근로자와 사업주가 공급자 또는 보험상품을 선택할 수 있는 권한이 제한된다.

공사 경쟁방식

공사 경쟁방식이란 산재보험법에 따라 설립된 공적법인 형태의 보험자 이외에 다수의 공공 또는 민간기관들에 대해서도 산재보험 참여를 허용하여 상호 경쟁적으로 운영하는 방식을 의미한다. 이러한 방식으로 산재보험을 운영하고 있는 대표적 국가가 스위스인데, 스위스에서 산재보험 참여주체는 공적법인인 스위스산재보험공단(SUVA)뿐만 아니라 민영보험회사, 의료보험금고 및 공공산재보험금고이다.[2]

공사 경쟁방식의 산재보험은 다양한 장점을 가지고 있다. 첫째, 산재보험의 운영이 시장원리에 기초하여 이루어지게 되어 수요자인 근로자와 사업주가 공급자 또는 보험상품에 대한 선택권을 행사할 수 있는 범위가 확대된다. 둘째, 경쟁원리를 통해 제도운영의 효율성을 제고할 수 있고, 수요자는 저렴한 가격으로 산재보험 서비스를 구입할 수 있다.

반대로 경쟁방식의 산재보험은 다음과 같은 문제점을 보일 수 있다. 첫째, 산재보험 운영 시 경쟁원리가 사양산업이나 취약근로계층을 위한 사회보장 기능을 제약하는 부작용을 초래할 수 있다. 둘째, 산재보험을 둘러싼 공급자 간 과잉경쟁이 자칫 직종 또는 직역별로 보험상품의 수급 불균형을 초래할 가능성이 크다.[3]

제10장

산재보험의 미래

집필진 공동

산재보험의 미래는 사회보장정책, 산업구조 및 산업재해 양상의 변화와 밀접하게 연관되어 있어 예측이 쉽지 않다. 여기서는 외국의 사례와 산재보험의 기본원칙 등을 고려하여 산재보험이 나아가야 할 방향을 제시하고 미래를 전망한다.

산재보험은 법적으로 사용자의 무과실책임을 강조하는 책임보험 측면과 가입자 간 소득재분배라는 사회보험 측면이 혼재되어 있는데 미래에는 사회보험 측면이 강조될 것이다. 산재보험은 적용대상이 확대되어 근로자뿐만 아니라 일하는 모든 사람에게 보험혜택을 제공해야 할 것이다. 또한 산재 인정범위도 확대되어야 하는데, 특히 통근재해에 대한 확대가 우선적으로 논의되고 업무상재해의 허용범위가 단계적으로 확대될 것이다.

산재보험은 사회보장제도의 틀 속에서 다른 제도와 유기적인 관계 하에 상호 보완적으로 발전해야 한다. 관련하여 요양급여와 건강보험, 장해급여와 국민연금, 은퇴기 이후의 장해연금(혹은 재요양시 휴업급여)과 국민연금의 조정이 이루어질 것이다. 그 과정에서 산재보험의 법적 위치와 재정 문제, 전반적인 사회보장의 수준과 산재보상의 상호관계에 대한 심도 있는 논의가 필요할 것이다. 나아가 산재예방이 중시되고 중소기업 사업장에 대한 감독기능이 확대되며 요양관리와 재활기능이 강화될 것이다.

우리나라 산재보험의 미래

　빠른 속도의 저출산·고령화로 인해 2020년부터 인구가 감소하고, 생산가능인구(15~64세)도 2017년부터 감소할 전망이다. 생산가능인구의 감소는 기업과 국가의 경쟁력을 약화시킬 수 있다. 이 문제를 완화하려면 경제활동기간 동안 질병과 재해를 예방하여 건강한 노동력을 확보하고 유지하는 것이 중요하다. 이를 위해서는 사회안전망 확충이 필수적이며 청소년기, 장년기 및 노년기에 걸쳐 취업자에 대한 재해보상을 강화할 필요가 있다. 즉 산재보험의 사각지대를 최소화하여 취업자 복지와 국가경쟁력을 높이는 것이 중요하다.

　산재보험 선진국인 독일은 2011년도 말 기준 산재보험 피보험자가 7800만 명 수준으로 전 국민의 95%에 달하고 있다. 이는 산재보험이 전 국민 재해보험 형태로 발전했음을 의미한다. 이에 비해 우리나라는 2012년 기준으로 산재보험 피보험자가 1555만 명으로 전 국민 5080만 명의 31%에 불과하다. 독일과 같이 산재보험을 모든 국민을 대상으로 하는 재해보험으로 확대하기는 어렵겠지만, 적용대상을 확대하여 적용대상에서 제외되어 있는 다양한 특수형태근로종사자와 자영업자 등을 포함할 수 있어야 한다.

현행법상 법률적으로 근로자로 구분되지 않아 근로기준법과 노동관계법이 적용되지 않았던 특수형태근로종사자에게 산재보험을 적용한 것이 적용대상을 확대한 대표적인 예이다. 즉 보험설계사, 콘크리트믹서 트럭운전사, 학습지 교사, 골프장 캐디, 택배 및 퀵서비스 기사에 대해 경제적 종속성을 인정하여 산재보험법 개정을 통해 특례 형태로 적용대상에 포함시켰다. 앞으로 간병인, 가사도우미, 대리운전 기사 등 다양한 특수형태근로종사자들을 가입대상에 포함시킬 것으로 전망한다.

가입대상에 포함된 특수형태근로종사자들은 사업주의 부담능력을 고려하여 산재보험료를 사업주와 근로자가 절반씩 부담하도록 했다. 이렇다 보니 가입률이 10% 정도의 낮은 수준을 보이고 있다. 이들은 특례에 의한 강제가입 대상이지만 가입 후 임의탈퇴가 가능하므로 대상자들은 사실상 임의가입으로 인식하고 있다.

아마도 가장 조기에 개선될 사안의 하나가 특수형태근로종사자에 대한 산재보험료 지원이 될 것으로 예상할 수 있다. 입법 취지나 현실을 고려할 때 경제적 지위가 취약한 이들 특수형태근로종사자의 보험료 부담을 덜어주어 가입률을 높이는 것이 필요하다고 판단되기 때문이다. 이와 관련하여 그동안 수차례 입법시도가 행해졌지만 법제화되지 못했는데 근간에 산재보험료를 사업주가 전액 부담하고 이들의 부담 보험료의 50%를 국가가 지원하는 방안을 담은 입법시도가 행해지

고 있다.[1] 법안에 나와 있는 그대로 정책화되기는 어렵겠지만 국가가
단계적으로 관련 사업주의 보험료를 지원하는 방안을 검토할 수 있을
것이다. 한편 이 방안의 대안으로 서비스를 제공받는 사람을 사업주로
지정하여 비용을 부담하게 하는 방안을 검토할 수 있을 것이다.

현재는 시기상조이겠지만 단계적인 적용대상의 확대를 통해 장기적
으로는 독일의 산재보험처럼 농업종사자는 물론이고 유치원생, 초·
중·고교생 및 대학생에게도 적용함으로써 전 국민의 재해보상제도로
발전시켜나갈 수 있을 것이다. 물론 이렇게 하려면 산업체 근로자만을
적용대상으로 하는 지금의 법제를 근본적으로 바꿔 일반적인 재해보
상제도로 개편해나가는 작업이 필요하며, 이 과정에서 국민연금 및 건
강보험과의 조정작업이 필수적일 것이다.

독일뿐만 아니라 네덜란드도 1960년대 중반 이후 산재보험의 틀을
벗어나 전 국민에게 통상의 재해보상제도를 적용하여 두텁게 보호하
고 있다. 네덜란드에서는 사고별로 별도의 보험제도가 구축되어 사고
나 질병이 발생하면 치료와 휴업급여 등이 건강보험에서, 장해급여는
근로자장해연금과 자영업자장해연금에서 처리하며, 사망 시는 유족연
금으로 대응한다. 이들 나라처럼 우리의 기존 제도를 바꾸는 것은 결
코 쉬운 작업이 아닐 것이다. 다만, 이들의 제도가 추구하는 정책목표
와 수행방식은 충분히 벤치마킹할 가치가 있을 것이다.

다음에서는 본서의 제2장 이하에서 논의된 사항을 중심으로 해당
분야 이슈의 향후 전개 내지는 발전하는 모습을 상상을 곁들여 서술
한다. 물론 서술내용과 그 방향성에는 필자의 주관이 강하게 개입되어
있는 점을 미리 밝히며 독자 제현의 폭넓은 이해를 구한다.

법적 지위와 특성 분야의 미래

현행 산재보험제도는 사용자의 무과실책임에 대한 책임보험적 성격과 사회보장적 성격을 함께 지니고 있는 것으로 평가할 수 있다. 그러나 개정과정을 거칠 때마다 사회보장적 성격이 점차 강화되고 있는 추세이다. 이러한 발전방향성은 근로자 이외의 자에 대한 보험적용 확대와 재활제도를 도입하면서 새로운 단계로 접어든 것으로 볼 수 있으며, 향후에는 사회보장적 성격이 더욱 강화될 것으로 예상한다.

산재보험의 발전방향성은 지금과 같은 입법체계 유지를 전제로 하면서 계속 진행될 수 있을 것이지만, 산재보험제도의 독자성을 강화하는 관점에서 독립적인 규율체계를 정립하는 방향으로 진행될 수도 있을 것이다. 어느 방향성을 기본으로 취하든 간에 전통적인 산업체 근로자를 중심으로 업무상재해에 대해 보호한다는 '근로자(人) 중심' 관점에서, 누구든지 노동을 하다 재해를 입으면 모두 보호한다는 '노동과정에 대한 보호 중심'으로 발전할 것으로 예상한다. 이와 더불어 현재 근로기준법상 재해보상책임과 민사상 손해배상책임이 경합관계에 있는데, 향후에는 산재보험의 단독 보상주의로 발전할 것으로 예상한다.

산재보험 재정의 미래

산재보험의 재정은 장기적 지속가능성이 낮지 않은 편이다. 지금의 책임준비금이 보험수리 관점에서 공평한(actually fair) 수준의 적립금에 크게 모자라는 수준이긴 하지만 최근 재정수지가 매년 큰 폭의 흑자를 보이면서 적립금 규모를 키워나가고 있고, 기금을 추가 적립하는 현행 추세가 지속된다면 미적립 채무가 장기적으로 산재보험 재정운영에 부담으로 작용할 가능성이 크지 않을 것으로 예상한다. 더욱이 정부의 재해예방 노력이 결실을 거두면 앞으로 재해발생이 줄어들 것으로 예상할 수 있어 연금수급자 수도 30~40년 후에는 줄어들 것으로 기대되므로 이렇게 전망할 수 있을 것이다.

물론 중기적으로 미적립 채무가 한동안 더 커질 수 있다는 점에서 부채규모를 지속적으로 추적하고 예상되는 파급효과에 대한 분석과 대응책 마련이 필요할 것이다. 정책당국이 당분간 높은 보험료율을 유지하여 흑자폭을 키워 적립금을 증가시켜 나가면 장기적인 재정안정이 예상보다 조기에 실현될 수도 있다. 정부의 산재예방정책이 향후 소기의 목적을 달성하게 되면 재해발생이 줄어들 것이며, 사용자의 보험료 부담능력은 경제성장에 따라 지금보다 커질 것으로 예상한다.

향후의 재정안정을 위한 재정운영 방향을 예상하면 다음과 같다. 첫째, 예방활동 강화를 통해 재해발생을 예방하고, 재해근로자의 개별 특성을 반영한 재활사업을 강화하여 신규 연금수급자 발생을 줄이고, 보험급여 지출의 증가를 억제토록 할 것이다. 둘째, 보험료율을 당분간 현재 수준으로 유지하여 재정수지 흑자폭을 키워 적립금 규모를 지금(2012년 말 기준 7조 4578억 원)의 2배 이상 수준으로 확충할 것이다. 셋째, 개별실적요율제도 적용대상을 단계적으로 확대하여 전체 사업장의 10% 수준으로 늘리고 할증사업장의 비율이 지금보다 늘어나도록 제도를 변경할 것이다. 넷째, 개별실적요율제도를 적용받지 못하는 소규모 사업장과 신설 사업장의 재해예방을 촉구할 수 있는 추가의 유인책을 도입하여 이들 사업장에서의 재해발생을 줄일 것이다.

앞으로 적립금 규모가 낮은 수준으로 유지되고 미적립 채무가 큰 폭으로 줄지 않더라도 연금수급자에게 약속한 연금을 제때 지급하지 못하거나 산재보험 재정이 파산할 가능성은 낮다. 그 이유는 앞으로도 사용자에게 보험료를 부과하여 징수하는 것이 현실적으로 어렵지 않기 때문이다. 다만, 적립금 규모를 낮게 유지하면 미래의 사용자 부담이 매우 증가하여 기업의 경쟁력 약화요인으로 작용하면서 미래세대로의 부담이전을 통한 세대 간 형평성 문제가 발생할 수 있다. 또한 큰 규모의 적립금을 유지할 수 있으면 미래의 보험료율을 낮은 수준으로 유지하여 사용자의 인건비 부담을 덜어줘 고용 증대와 기업수익 증대를 통해 국민경제에 긍정적 파급효과를 미칠 수 있는 장점이 있다.

현금급여의 미래

산재보험은 현금급여를 통해 산업재해로 인한 경제적 피해를 신속하고 공정하게 보상해줌으로써 산재환자와 그 가족의 생계안정을 보장하고, 아울러 적절한 재활 프로그램을 통해 신속한 직장 및 사회 복귀를 지원해야 한다. 그러나 휴업급여와 상병보상연금 같은 현금급여는 근로자가 산재사고나 직업병 치료 때문에 근로활동을 중단하게 되었을 때 상실된 소득을 대체해주는 기능을 하게 되어 종종 산재환자의 근로유인을 제약하는 부작용을 초래하기도 한다.

우리나라의 현금급여제도는 향후 사회보장적 차원에서 급여의 충분성과 적절성을 보장하면서 급여의 선진화를 통해 산재환자의 자립의지를 고취시킬 수 있는 방향으로 개선될 것으로 전망한다. 현금급여의 충분성과 적절성은 이미 일정 수준 달성된 것으로 평가할 수 있기 때문에 앞으로 산재환자의 자립의지 강화를 유인하는 방향으로의 제도개선이 중점적으로 추진될 것으로 전망한다.

자립의지를 강화하는 취지의 제도 개선사례로 2008년 7월 1일 도입된 부분휴업급여를 들 수 있다. 이전에는 휴업급여를 수급하고 있는 기간에 산재환자가 별도의 소득활동에 종사하면 그 수준에 관계없이 급여 지급이 중단되는 문제가 있었다. 그러나 산재보험법 개정을 통해 산재환자가 요양기간 중 근로활동을 했을 때에도 근로소득과 함께 휴업급여의 일부분인 부분휴업급여를 받을 수 있도록 하여 개인의 근로동기를 강화할 수 있게 되었다.

요양급여의 미래

산재보험의 의료 서비스는 산재환자에게 처음과 끝이다. 환자의 육체적 치유는 물론이고 불의의 사고로 입은 마음의 상처까지 어루만져줄 수 있어야 한다. 경제적 효율성을 내세워서도 안 되지만 필요하지 않은 과잉진료도 경계해야 한다. 궁극적으로 모든 산재환자가 불편 없이 치료받고 만족할 수 있어야 하며, 의학적으로 최선의 진료(best practice)를 제공받을 수 있어야 한다.

우리나라는 지금까지 산재보험 발전을 위해 많은 노력을 해왔지만 산재의료 서비스 분야에서는 아직도 해야 할 일이 많이 있다. 다음 사항은 짧게는 수년 내에 이루어지거나 더욱 먼 미래에 이루어질 수도 있지만, 앞으로 우리나라가 달성해야 할 산재의료의 미래라고 생각한다.

첫째, 요양급여의 대기기간이 없어져야 한다. 우리나라는 행정편의를 위해 4일 이상의 요양을 필요로 하는 재해에 대해서만 급여대상으로 하고 있다. 그러나 산재환자의 신속하고 적극적인 치료를 위해서는 모든 산재에 대해 요양급여를 실시할 필요가 있다. 많은 국가가 휴업급여에 대해서는 대기기간을 두지만 요양급여에서는 대기기간을 두지 않는 이유가 이것이다. 따라서 우리도 요양급여에 대한 대기기간을 없애 산재환자를 신속하고 적극적으로 치료할 수 있도록 해야 한다.

둘째, 우리나라 특유의 의료문화 때문에 존재하는 산재환자의 본인부담금을 없애거나 축소해야 한다. 우리나라 산재요양에서 비급여가 존재하는 여러 가지 이유가 있지만, 산재보험 본래의 취지에 맞도록 치료목적에 맞는 요양에 대해서는 비급여(본인부담금)가 없어지도록 해야 한다. 불가피하게 비급여를 존속시켜야 하는 경우라면 이 부분을 사업주가 부담하도록 해야 할 것이다.

셋째, 산재의료 서비스가 최선의 의료가 되고 최고의 의료를 제공할 수 있도록 산재의료제도가 개선되고, 의료의 질이 향상될 수 있도록 관리되어야 한다. 현재 산재의료에 대한 관리를 강화하고 있지만 아직도 체계적으로 이루어지지 못하고 있다. 앞으로 산재의료기관에 대한 관리를 강화하여 산재의료기관이 그 분야, 그 지역 최고의 의료기관이 되도록 관리와 지원을 강화하고, 산재의료에 대한 질관리를 상시 실시할 수 있도록 체계를 개선해야 한다.

넷째, 일하는 사람의 질병은 원인을 불문하고 치료가 보장되어야 한다. 이는 건강보험과 산재보험이 머리를 맞대고 같이 해결해야 할 문제이지만 언젠가는 모든 일하는 사람이 건강 문제를 걱정하지 않고 일할 수 있게 해주어야 한다. 세계적인 추세에 따라 우리나라에서도 앞으로 근로자의 질병치료는 산재 여부에 관계없이 보장되어야 한다. 산재보험의 의료 서비스가 나아갈 길은 근로자는 물론이고 모든 취업자가 다치거나 병에 걸려도 치료비 걱정 없이 치료를 받을 수 있도록 하고, 치료 후에는 다시 직장에 복귀할 수 있도록 보장해주어야 한다.

예방기능의 미래

앞으로 산재예방기능의 중요성을 인식하여 산업재해보상보험법 제1조의 산재보험 목적에서 재해예방기능이 재해보상기능보다 우선시되도록 규정을 변경할 것으로 전망한다. 이것은 재해예방에 최우선을 두어 제도를 운영하되 재해가 발생하면 보상기능을 통해 보상하게 됨을 의미한다. 또한 법률적 규제를 통한 예방기능 강화 분야에서 향후 산업안전감독관과 한국산업안전보건공단을 통한 감독기능이 강화될 것으로 예상한다. 예방 분야의 법률적 체계는 갖추고 있지만 이를 현실에 적용할 감독체계가 부족한 게 현실이다.

특히 세계화로 기업에 대한 규제완화가 대세를 이루면서 사용자단체는 산업안전 분야에서도 규제완화를 요청하고 있으며, 정부도 이러

산재예방전시회(1889년 베를린):
근로조건 개선과 안전조치 필요성 강조

한 방향으로 제도를 변경하고 있다. 불필요한 규제는 당연히 완화해야 하지만 산재예방의 효율성을 높이는 데 필요한 규제는 강화할 필요가 있다. 특히 일선 사업장을 감독할 감독관을 증원하여 사업장 감독을 ` 강화하는 방안을 적극 검토할 것을 제안한다.

신뢰할 수 있는 산재예방 통계에 기초하여 효율적인 예방정책을 수립하려면 취약한 사업주의 산재사고 보고제도를 개선해야 한다. 근로복지공단에 요양신청서를 제출하면 고용노동부에 대한 사업주의 산재사고 보고의무를 면제해주는 현행 제도를 개선해야 한다. 사업주의 산재사고 보고의무를 강화하는 방향으로 제도를 개선해서 산재통계의 신뢰성을 제고해야 사고발생 원인에 대한 정확한 진단에 기초한 예방정책 수립이 가능하게 될 것이다.

또한 개별실적요율제도가 지향하는 경제적 유인책의 목적을 달성하기 위해 최근의 산재예방활동 결과를 보험료율 산정에 많이 반영하도록 함으로써 사업주의 예방투자를 활성화하도록 개선될 것으로 예상한다. 아울러 장기간 연금급여를 지급하는 산재사고 발생 시 미래에 발생할 것으로 예상되는 급여액 전체를 재해발생 연도의 보험료 산정에 반영함으로써 개별실적요율제도가 사업주에 대한 경제적 유인책으로 충실히 작동할 수 있도록 제도를 개선할 것으로 전망한다. 이러한 변경 시 개별실적요율제도에 관한 미국, 일본 및 독일 제도의 내용은 우리나라가 지향해야 할 방향에 대한 참고자료가 될 것이다.

예방기능을 강화하기 위해 한국산업안전보건공단이 보험료수입을 재원으로 하여 예방투자에 지출하는 사업의 효율성을 높여야 한다. 또한 개별실적요율제도를 개선하여 사업주의 예방투자 증대를 적극적으로 유인해야 한다. 현장감독 기능의 강화, 사업주의 산재사고 보고의무 강화 및 예방투자의 활성화를 통해 근로자 복지를 제고하는 한편 저출산 시대 도래에 따른 근로자 부족사태에 대비하면서 동시에 산재왕국이라는 불명예를 벗을 수 있을 것으로 기대한다.

재활기능의 미래

재활사업에 대한 관심 증가로 외형적 체계는 갖추었지만 아직 초기 단계여서 전문성 미비와 구축된 프로그램 부족 등으로 기대만큼의 성과를 거두지 못하고 있다. 특히 전문인력 부족으로 통합 재활 프로그램이 갖추어져 있지 않으며, 재활사업 수행과정에서 담당자 간 유기적인 협조가 부족하다.

재활상담사가 독일에서 사례관리자(case manager)로서 핵심역할을 수행하는 반면 우리나라에서는 재활업무만 담당하면서 현금급여 업무 등에 대한 지식 부족으로 사례관리자로서의 역할을 수행하지 못하고 있다. 앞으로 근로복지공단 재활상담사에게 폭넓은 현장교육을 실시하고 지원 프로그램을 개설하여 사례관리자로서의 역할을 수행할 수 있도록 개선해야 한다.

근로복지공단은 자체적으로 운영하던 재활훈련원을 폐지하고 주로 민간훈련기관에서 직업훈련을 받도록 하고 있다. 그러나 영세한 민간 훈련기관이 난립하고 있고 훈련 서비스의 질이 낮은 현실을 고려하면 국가 차원에서 양질의 훈련 서비스를 제공하는 기관을 설립하는 방안을 검토할 필요가 있다. 특히 저출산·고령사회 도래로 인력난이 심화될 전망이어서 재해근로자의 직장복귀율을 높이는 것이 재해근로자뿐만 아니라 국민경제적으로도 더욱 중요하다.

근로복지공단이 운영하는 산재전문 재활병원 중 대다수는 진폐환자 특화병원이다. 진폐환자가 줄어들면서 이들에 대한 수요가 감소함에 따라 이들 병원을 통폐합하고 시설을 현대화하여 새로운 직업병에 전문화된 병원으로 전환해야 한다. 아울러 원직복귀를 촉진하기 위해 지원규모를 확대하면서 다른 직장으로의 취업에 대해서도 지원하여 직업복귀율이 재활선진국 수준인 90%대로 높아져야 한다. 이를 달성하기 위해 재활제도를 현행보다 세밀하게 설계하고, 특히 근로복지공단의 재활담당자가 전문성과 열의를 가지고 재활업무에 종사할 수 있도록 제반 여건을 조성해주어야 한다.

관리운영체계의 미래

산재보험의 관리운영과 관련한 과제는 대상자에게 적합한 급여와 서비스 프로그램을 신속하게 전달해야 하는 효과성 측면뿐만 아니라 제도운영의 효율성 측면에서도 중대한 의미를 가진다. 이러한 점을 감안할 때 우리나라의 산재보험 관리운영의 발전방향을 다음과 같이 정리할 수 있다.

첫째, 산재보험 관련 실무의 집행자인 근로복지공단에 단순한 집행업무 외에 집행과 연관도가 높은 정책 업무를 부분적으로 이관하여 제도운영의 효율성이 높아지면서 공단의 책임성을 강화시킬 것이다. 둘째, 산재보험의 이해관계 당사자인 근로자 및 사용자 대표가 정책의 수립, 개선 및 제도운영 과정에 적극적으로 참여할 수 있는 자치운영 원리가 폭넓게 보장될 것이다. 셋째, 산재예방과 산재보상의 깊은 연관성을 고려하여 현재 분리 운영되고 있는 근로복지공단과 한국산업안전보건공단 간 연계가 강화되고 장기적으로는 양 기관의 통합이 적극 검토될 것이다.

잊을 만하면 굵직굵직한 산업재해가 발생하여 국민의 마음을 안타깝고 우울하게 만든다. 지난 2년 사이에도 대형 사망사고가 많았다. 여수산단 대림산업 폭발(8명, 2013년 3월), 당진 현대제철 아르곤가스 누출(5명, 5월), 노량진 배수지 수몰(6명, 7월), 방화대교 상판 붕괴(2명, 7월), 경주 마우나리조트 체육관 붕괴(학생 포함 10명, 2014년 2월), 여객선 세월호 침몰(학생 포함 302명, 4월, 실종 포함), 울산 현대중공업 선박 건조장 폭발(2명, 4월) 등이 그것이다. 특히 세월호 사고는 우리는 물론 전 세계 사람들의 마음을 처절하고 애통하게 만들었다. 이들 재해로 하루 평균 5명(요양 중 사망 포함)이 죽고 250명 정도가 다쳐 병원 응급실에 실려가고 있다.

모든 재해가 그렇지만 산업재해는 끔찍하여 사망자의 처참한 모습이 구조요원은 물론 가족과 주변 사람의 마음을 아프게 한다. 그래서 많은 이들이 산업재해를 줄이자고 다짐하지만 부주의와 방심으로 사고가 그치지 않고 있다. 사업장 관계자를 포함한 국민의 안전의식과 마음자세가 바뀌어야 하지만 쉽게 고쳐지지 않고 있다.

지금 이 원고를 집필하고 있는 시점에도 어느 사업장에서는 재해가 발생하고 있을 것이다. 바람이 있다면 이 책이 일선 사업장 현장근로자의 눈에 띄어 몇 쪽이라도 읽혔으면 하는 것이다. 또한 정책당국과 사업주들의 관심을 끌어 산재보험의 문제점들이 하나씩 개선되어 나갈 수 있다면 더없이 기쁠 것이다. 우리는 이 책을 읽는 독자들이 산업재해와 산재보험의 배경과 원리를 이해하여 재해발생률을 낮추고, 산재보험의 각종 급여와 보험료 등 제도적 요소에 내재된 문제점을 인식하여 이를 개선하는 데 앞장설 것이라는 희망을 갖고 있다.

　박근혜 대통령은 4대 중증질환 치료에 따른 부담을 덜어주겠다고 강조하면서 그 대책 마련에 골몰하고 있다. 암, 뇌질환, 심혈관질환, 희귀난치병의 4대 질병이 유발하는 사회적 비용이 적지 않지만 이들 중 어느 것도 산업재해에 따른 사회적 비용보다 적다. 또한 박 대통령이 강조한 '범죄와 사고 없는 안전한 세상'이 되려면 4대 사회악인 성폭력, 학교폭력, 가정파괴, 불량식품 못지않게 '산업안전'의 확보가 중요할 것이다. 국내에서는 정치인을 포함하여 우리 사회 전반이 산업안전의 중요성을 아직도 충분히 인식하지 못하고 있다.

　산재보험의 이론과 발전사를 이해하기 쉽게 정리한 국내 서적은 많지 않다. 산재보험의 정책과제 연구는 주로 1990년대 이후 수행되었으며, 한국노동연구원과 고용노동부의 용역보고서와 주요 학술지 논문이 적지 않다. 다만, 산재보험의 경제적 파급효과, 예를 들면 산재보험을 통한 감독 강화와 보험료율 차등화가 재해예방에 미치는 효과 및 다양한 형태의 산재보험제도 운영방식의 효율성 분석 등에 대한 문헌은 매우 적다. 대신 법제도의 소개와 해설, 적용범위와 급여수준, 요율

체계와 요율결정, 재정안정, 운영 및 전달 체계, 민영화(운영주체 다양화) 등 법제와 운영 실무의 현황 고찰과 개선방안을 모색한 문헌은 많다.

외국에서는 1970년대 이후 미국, 호주, 캐나다 등의 연구진을 필두로 관련 연구가 지속적으로 나오고 있다. 스프링거(Springer) 사에서 시리즈물(Huebner International Series on Risk, Insurance and Economic Security)로 나온 책자 중 일부가 산재보험을 다루고 있으며, 2000년대 중반 이후에는 미국 캘리포니아 주의 산재보험 개혁사례와 관련하여 랜드(Rand) 연구소에서 좋은 연구물이 간행되고 있다.

이러한 상황에서 우리는 산재보험의 이론과 실제를 알기 쉽게 설명하고 역사적 발전까지 다룬 우리말 교양서가 필요하다는 인식을 갖게 되었다. 집필에는 6명이 참여했다. 산재보험을 경제학적 측면에서 연구해온 김상호 광주과학기술원(GIST) 교수, 산재보험을 법적 측면에서 고찰해온 박종희 고려대 법학전문대학원 교수, 재정 분야와 쟁점 이슈에 관심이 많은 배준호 한신대 대학원장, 요양 분야에 밝은 직업환경의학 전문의인 원종욱 연세대 의과대학 교수, 국내 산재보험 연구의 선구자인 윤조덕 한국사회정책연구원 부원장, 사회복지와 사회보장 전문가인 이정우 인제대 사회복지학과 교수가 그들이다.

2012년 4월에 6명이 만나 집필 분야를 정하고 그해 8월에 첫 번째 모임을 갖고 이후 두 차례 모임을 거쳐 2013년 3월에 초고가 만들어졌다. 이후 일부 내용의 수정, 보완과 편집 작업에 꽤 많은 시간이 소요되어 최종 원고가 완성된 것은 2013년 11월 초였다. 집필진의 전공 분야가 다르고 교양서 집필 경험자가 많지 않아 공동작업에 어려움이 있었다. 전문적인 내용을 독자들이 이해할 수 있도록 풀어 쓰는 것도 쉽지 않은 작업이었다. 이 과정에서 집필진이 고려대 노동대학원, 신도림 쉐라톤 호텔 레스토랑 피스트, 같은 건물의 지하 한식저잣거리 벽계수 등에서 만나 토론하면서 주고받았던 이런저런 이야기, 그때의 분위기 등은 두고두고 기억에 남을 것 같다.

이 책이 교양서로 기획되었기 때문에 일부 독자들은 내용의 깊이가 부족하고 다루지 않은 주제가 많다고 느낄 수 있다. 미주를 통해 일정 부분 보완 설명하고 있으나 부족한 점에 대해 너그러운 양해를 구하며 상세한 정보는 참고문헌을 참조하기 바란다. 아울러 외국 제도 소개는 기원과 발전, 통근재해, 재원조달 등으로 제한적이며, 최근 이슈화된 보험급여 결정 절차상 증명책임 문제도 다루지 못했다.

프롤로그와 에필로그의 집필은 김상호·배준호·윤조덕이, 편집은 김상호·배준호가 맡았다. 끝으로 한국사회보장학회가 기획한 교양서 시리즈 발간에 따른 비용을 지원해준 손해보험협회(문재우 전 회장, 장상용 회장 직무대행), 출판을 맡아준 21세기북스 김영곤 대표이사, 그림과 삽화가 담긴 도서를 제공해준 윤조덕 박사와 이정우 교수에게 감사드린다.

프롤로그

1) 이는 산업안전보건법 제2조 1호에 규정된 내용이다. 업무상재해에 대한 정의는 산업재해보상보험법 제5조 1호와 5호에 규정되어 있다. 1호에서는 '업무상의 재해'를 '업무상의 사유에 따른 근로자의 부상·질병·장해 또는 사망'으로 규정, 장해를 추가하고 있다. 이때의 '장해'는 부상 또는 질병이 치유되었으나 정신적 또는 육체적 훼손으로 인하여 노동능력이 상실되거나 감소된 상태를 말한다(5호).

2) 자동차보험에는 의무가입의 책임보험과 임의가입의 종합보험이 있다. 대인배상의 책임보험은 자동차 소유자가 의무가입(미가입 시 행정관청의 과태료 부과 있음)해야 하는 보험으로 사고로 남을 사상케 할 경우 자동차손해배상보장법에 의한 배상책임을 약관에 따라 보상하는 보험이다. 자동차손해배상보장법 제2조 5호에 따르면 '책임보험'이란 자동차보유자와 보험업법에 따라 허가를 받아 보험업을 영위하는 자(이하 '보험회사'라 한다)가 자동차의 운행으로 다른 사람이 사망하거나 부상한 경우 이 법에 따른 손해배상책임을 보장하는 내용을 약정하는 보험을 말한다.

3) 2012년의 경우, 하루 4200억 원대의 보험료가 납부되고 1700억 원대의 보험금(환급금, 배당금 포함)이 지급되었다. 이 보험료에는 저축성보험의 보험료가 포함되어 각종 위험에 대비하는 보장성보험의 보험료는 전체의 1/3 이하일 것이다. 국내 민영 보험 업계 종사자는 40만여 명 정도로 교사와 더불어 가장 많은 직종의 하나이다.

4) ILO(2012a), preface.

5) 중대재해는 산업안전보건법 시행규칙 제2조에 열거되어 있다. ① 사망자가 1명 이

상 발생 재해 ② 3개월 이상 요양이 필요한 부상자가 동시에 2명 이상 발생 재해 ③ 부상자 또는 직업성질병자가 동시에 10명 이상 발생 재해.

6) 업무상사고 사망만인율은 (업무상사고 사망자 수 / 근로자) × 10,000으로 계산한다. 업무상사고 사망자에 업무상질병 사망자를 합하면 사망만인률이 1.20으로 상승한다. 업무상사고 사망자 수에는 사업장외 교통사고, 체육행사, 폭력행위, 사고 발생일로부터 1년 경과 사고사망자가 제외된다. 단, 운수업과 음식숙박업의 사업장 외 교통사고 사망자는 포함한다.

7) 2013년 산재 적용 사업장은 197만 7057개소, 종사 근로자는 1544만 9228명, 4일 이상 요양을 요하는 재해자가 9만 1824명 발생했다. 이 중 사망 1929명, 사고재해 8만 4197명, 질병재해 7627명이며 재해율은 0.59%(사고재해율 0.54)였다. 고용노동부 보도자료 2014.4.1.

8) 유념할 점은 비교대상이 '현금급여'라는 사실이다. 재해근로자에게 지급되는 '현물급여'까지를 고려하면 이같이 말하기 어려울지 모른다. 주요국에서는 재해근로자에게 간병 서비스를 현물로 제공하는데 우리는 1~2급 대상으로 이를 현금급여로 대체지급하고 있다. 그런데 그 수준이 월평균 82만 원(2012년)으로 충분하다고 할 수 없으며, 일부 재해근로자는 자신의 부담으로 간병 서비스를 추가로 구입해야 한다. 장해급여 수급자는 1급 3031명(장해연금 3028명), 2급 3980명(동 3975명)이며 이 중 간병급여 수급자는 5261명이다. 참고로 2012년 기준 1~2급 장해연금 수급자(7003명)는 전체 장해연금 수급자(5만 8091명)의 12%이고 이들에게 지급되는 장해연금은 전체 장해연금(1조 1533억 원)의 23%이다. 1~3급으로 넓히면 수급자가 1만 1032명(19%), 연금액이 34%로 커진다.

9) 이렇게 조정하는 이유는 수급자가 나이 들면서 필요한 생활비 수준이 달라지기 때문이다. 장해급여는 근로능력 상실에 따른 소득을 보상하여 본인과 배우자, 미성년 자녀가 빈곤에 빠지지 않고 일정 수준 이상의 생활을 지속하도록 보장해줄 목적으로 설계되었기 때문에 일반적으로 금액이 많다. 그러나 은퇴기에는 부양가족 수가 줄고 소비 씀씀이도 의료비가 크게 들어가는 경우가 아니라면 근로기보다 줄기 때문에 장해연금 등 현금급여를 국민연금(노령연금)을 고려하여 낮춘다. 참고로 주요국의 국민연금은 우리보다 급여수준이 다소 높다.

제1장

1) 독일에서는 산재보험이 건강보험보다 한 해 늦게 도입되었으나 다른 나라에서는 제도의 특성상 건강보험이나 국민연금보다 먼저 도입된 경우가 많다.

2) 산업재해보상보험정책전문위원회, 2013년 2월 15일 회의자료.

3) 각국의 통계 출처는 미국 Dept.of Labor BLS(2013), 독일 Health and Safety Executive(2012b, p.2)와 근로복지공단(2013, p.277), 영국 Health and Safety Executive(2012a, p.1), 일본 厚生勞働省勞働基準局安全衛生部安全課(2012), 싱가포르 Singapore Yearbook of Manpower Statistics(2013, F.1)이다. 사망자 수는 2012년 기준 우리나라 1134명(2013년 1090명), 미국 4693명(2011년), 독일 892명(2011년, 업무상재해 498명, 통근재해 394명), 영국 148명(근로자 99명, 자영자 49명), 일본 1093명, 싱가포르 63명이다.

4) 2001년 기준 사망만인율(rate of fatal injury per 10,000 workers)은 1.6으로 2003년 기준의 미국 0.8, 독일 0.35, 영국 0.1, 일본 0.31, 스웨덴 0.16, 네덜란드 0.18에 비해 격차가 더 컸다. 우리와 함께 값이 컸던 멕시코 1.2, 터키 2.1(2001년) 등 대부분의 국가가 1995년 이후 작아지고 있다. OECD(2007), p.108의 CO4.1. 유의할 점은 나라에 따라 통계 작성 시 자영업자나 영세기업 근로자 등 산재보험 미가입자가 제외되기도 하므로 단순 비교는 신중해야 한다는 사실이다. 참고로 미국의 경우 노동부 통계로 따르면 업무상사고 사망자가 2003년 5575명으로 2011년의 4693명보다 약간 많을 뿐이며 이에 따른 사망만인율은 0.42로 위의 0.8보다 훨씬 작다. 조사대상 범위에 따라 서로 다른 사망만인율이 얻어질 수 있음을 시사한다.

제2장

1) 5. Buch Moses, Kapitel 22, Vers 8, Skiba(1985), p.15.

2) Skiba(1985), p.15.

3) Weber(1988), pp.38-41.

4) Weber(1988), pp.14-16.

5) Wickenhagen(1980), p.7.

6) Hoerder Bergwerk- und Huetten-Verein.

7) Weber(1988), p.93.

8) Biesel(2010), p.1.

9) 1853년 독일 뒤셀도르프, 아헨 및 안스베르크에 최초로 3명의 공장감독관 (Fabrikinspektor)이 업무를 개시했다. 1853년 5월 16일 '1839년 공포된 공장에서 일하는 청소년 근로자 취업에 관한 법의 일부 개정에 관한 기본법(Grundgesetz betreffend einige Veränderungen des Regulativ von 1839 über die Beschaeftigung jugendlicher Arbeiter in Fabriken)'은 독일 사업장 감독 탄생의 전제조건이었다(Verein Deutscher Gewerbeaufsichtsbeamten e.V.(1994), p.10).

10) Haftpflichtgesetz fuer Unternehmer.

11) Biesel(2010), p.2.

12) DGUV(2010), p.5.

13) Sozialistengesetz=Gesetz gegen die gemeingefaehrischen Bestrebung der Sozialdemokratie vom 19. Oktober 1878.

14) Schneider(2000), pp.60−61.

15) Biesel(2010), p.2.

16) 필자는 Berufsgenossenschaft를 '산재보험조합'으로 번역했다.

17) 필자는 Unfallkasse를 '공공부문 재해보험관리운영기관'으로 번역했다.

18) Biesel(2010), p.2.

19) Das Erste Ausdehnungsgesetz vom 28. Mai 1885.

20) in Form von "Ausfuehrungsbehoerden fuer Unfallversicherung". (Leube(1985), p.114).

21) Gesetz ueber die Unfallversicherung der bei Bauten beschaeftigten Personen vom 11. Juli 1887.

22) 필자는 Arbeitsunfall을 '노동재해'로 번역했다.

23) Unfallverhuetungsvorschriften을 '산재예방규정'으로 번역했다.

24) Biesel(2010), p.2.

25) 여기서 Reichsversicherungsamt(RVA)를 '제국보험청'으로 번역했다.

26) Wickenhagen(1980), pp.58−59.

27) DGUV(2010), p.6.

28) Bundesratsverordnungen vom 22.1.1885, vom 27.5.1886, vom 14.1.1888.

(Wickenhagen(1980), p.53).

29) Die Besatzungen der Fischdampfer wurden dann durch Verordnung des Bundesrates vom 14.6.1895, die uebrige Seefischerei erst durch das See-Unfallversicherungsgesetz vom 30.6.1900 in die Unfallversicherung einbezogen (Wickenhagwen(1980), pp.54-56).

30) Wickenhagen(1980), pp.59-63.

31) Gewerbe-Unfallversicherungsgesetz vom 30.6.1990를 '산업부문 산재보험법'으로 번역했다.

32) Privatfahrzeug- und Reittierbesitzer Berufsgenossenschaft를 '개인차량 및 탑승용 동물 소유자 산재보험조합'으로 번역했다.

33) Dritte Gesetz ueber Aenderung der Unfallversicherung vom 20.12.1928.

34) Reichsgesetz betreffend die Unfall- und Krankenversicherung der in land- und forstwirtschaftlichen Betrieben beschaeftigten Personen vom 5. Mai 1886(Jahnsen 외(1985), p.102).

35) Wurbs(2009), pp.247-277.

36) SGB VII(Gesetzliche Unfallversicherung)

37) Das Dritte Gesetz ueber Aenderung in der Unfallversicherung vom 20. Dezember 1928.

38) Leube(1985), p.114.

39) Verordnung ueber Ausdehnung der Unfallversicherung auf gewerbliche Berufskrankheiten vom 12. Juni 1925 (RGBl, IS, 69) in Kraft getreten am 01.07.1925.

40) Krohn(1928), p.187.

41) Bauer 외(1929), p.111.

42) 3. BKVO vom 16.12.1936(BGBl. IS. 1117).

43) Wagner und Koerner(1967), p.279.

44) Kransney(1985), p.54.

45) 사회법전 제7권(SGB VII, 산재보험법) 제8조 제2항 제1-4호.

46) Biesel(2010), p.3.

47) 필자는 einheitliche Sozialversicherung을 '통합 사회보험'으로, Freier Deutscher Gewerkschaftsbund을 '독일자유노조연맹'으로 번역했다.

48) 필자는 Die Gestzliche Schuellerunfallversicherung(GSUV)을 '학생재해보험'으로 번역했다.

49) Titze und Finkenzeller(1985), p.182.

50) Micha(2009), pp.59-60.

51) 판결번호 III ZR 190/65.

52) Gesetz ueber die Unfallversicherung fuer Schueller und Studenten sowie Kinder in Kindergaerten vom 20. Januar 1971.

53) Micha(2009)

54) 일본 산재보험의 역사는 勞務行政研究所(2004), 厚生勞働省 勞働基準局(1997~), 西村健一郎(1998), 井上浩(1999), 稲木健人(2008, p.26) 등에 부분적으로 서술되어 있다. 여기서는 이들의 내용을 발췌하여 간략히 정리했다.

55) 1857~1929년. 의사 출신의 관료이자 정치가. 내무성 위생국에 근무하면서 병원과 위생 분야의 독일 제도 도입에 관심을 가졌다. 1890년 독일에 유학, 귀국 후 의학박사 학위를 받고 1892년 내무성 위생국장이 되었다. 이후 대만총독부 민정장관, 초대 만주철도 총재, 체신대신, 내무대신, NHK 초대 총재를 역임했다.

56) 古賀昭典(2001), p.89.

57) 古賀昭典(2001), pp.219-223.

58) 이홍무(2003), pp.17-18.

59) 「慶州의 南山新城碑 弟1碑의 부실공사 방지의 문구 및 이에 대한 해설」은 충남대학교 공과대학 노태천 교수가 필자에게 제공한 것이다.

60) 윤조덕(1995), pp.15-16.

61) 고용노동부(2004), pp.5-6.

62) 고용노동부(2004), pp.8-10.

63) 우명숙(2007).

64) 우명숙(2007).

65) 김장기·윤조덕(2012), pp.16-17.

66) 지시각서의 내용은 다음과 같다. "이미 생활보호법을 공포하여 요구호자에 대한

부조를 실시하고 있지만 국민, 기업주, 정부가 함께 참여하여 연대적으로 국민생활을 보장하는 항구적인 사회보장제도가 경제개발과 병행하여 추진되어야 할 것이며, 사회보장제도의 중요한 부분인 사회보험 중 그 실시가 비교적 용이한 보험을 선택하여 착수하고 이 시범사업을 통하여 우리나라에 적합한 제도를 연구 발전시켜 종합적인 사회보장제도를 확립하도록 지시할 것……"(우명숙, 2007).

67) 김장기·윤조덕(2012), pp.17-18.

68) 김장기·윤조덕(2012), pp.18-19.

69) 고용노동부(2004).

70) e-나라지표 일반고용동향, 『2012 산업재해현황분석』

71) 전태일(1989)(전순옥(2004), p.170에서 재인용)

72) 후에 청계피복노조 운동가가 된 평화시장 여성 노동자의 일기(전순옥(2004), p.167에서 재인용)

73) 윤조덕(2010)

74) 고용노동부(2004), pp.23-29.

제3장

1) '위험인수(acceptance or assumption of the risk)의 항변'이란 사용자의 과실이 있다손 치더라도 근로자가 위험에 대해 사전에 승낙했다는 점을 이유로 책임을 지지 않음을 의미한다. '공동고용(common employment)의 항변'이란 가해자가 동료 근로자의 행위로 재해를 입었을 경우 사용자가 면책된다는 것을 의미한다. '기여과실(contributory negligence)의 항변'이란 근로자가 주의를 다했더라면 재해발생을 회피할 수 있은 경우 사용자의 과실이 재해발생의 유일한 원인이 될 수 없음을 의미한다.

2) 이러한 위험책임을 영미법에서는 '엄격책임(strict liability)'으로 표현한다.

3) 이외에도 환경에 의한 책임에 대해 규정하고 있는 환경정책기본법(제44조), 광물채굴작업으로 인하여 손해를 야기한 경우 손해배상책임을 규정하고 있는 광업법(제75조), 원자력 사용으로 인한 손해발생 시 원자력사업자의 책임을 정하고 있는 원자력손해배상법(제3조), 운행으로 타인에게 발생한 손해에 대해 운전자가 책임지게 하는 자동차손해배상보장법(제3조) 등을 무과실책임을 규정하고 있는 현행법

규정의 예로 들 수 있다.

4) 오선균(2011), p.84. 헌재 2004.10.28. 2003헌바70 전원재판부 "일반적으로 산업재해보상은 민사상의 과실책임의 원칙에서 벗어나서 무과실책임이론을 중심으로 하는 직접보상 형식으로 변했고, 나아가서 사회보험제도로 변천하여 사용자가 직접 피재근로자에게 보상책임을 지는 형태로부터 보험기관과 피재근로자 사이에서 보상관계를 성립시키는 형태로 발전(했는바)": 헌재 2005.7.21. 2004헌바2 "……근로자의 산업재해는 처음에는 주로 '과실책임주의'를 기초로 하여 사법상의 손해배상의 방법에 의해 해결했으나 제2차 세계대전 이후에는 점차 '무과실책임이론'을 중심으로 한 직접보상제의 형식을 거쳐 사회보험제도로 변하고 있다. 이러한 추세와 더불어 …… 산업재해보상보험법이 제정되었다……. 헌법 제34조 제2항에서는 국가의 사회보장 사회복지 증진의무를, 동조 제6항에서는 국가에게 재해예방 및 그 위험으로부터 국민을 보호하기 위해 노력할 의무가 있음을 선언하고 있다. 산재보험법의 기본이념은 산업재해를 당한 근로자와 그 가족의 생존권을 보장하는 것이고, 산재보험수급권은 이러한 헌법상의 '생존권적 기본권'에 근거하여 산재보험법에 의하여 구체화된 것이다."

5) 여기서 말하는 부진정 피보험자란 연혁적으로 볼 때 애초의 피보험자 대상은 아니었지만, 목적의 확대 또는 사정변화에 기인한 필요성의 요청 등에 따라 추가 적용 대상자로 인정되어 포함된 대상자를 말한다.

6) 산재보험법 제6조 단서; 동법 시행령 제2조; 보험료 징수법 제5조 제4항.

7) 근로자와 자영자의 중간 영역에서 근로하는 자들에 대해 노동관계법상 일정 수준의 보호를 하기 위하여 '특수형태근로종사자'라는 개념이 만들어졌다.

8) 이와 관련하여 대법원은 학습지 교사를 회사와 사용종속관계에서 임금을 목적으로 근로를 제공하는 근로자로 볼 수 없다고 판단한 적이 있다(대법원 2005.11.24. 선고 2005다39136 판결). 또한 사용종속관계 하에서 임금을 목적으로 근로를 제공하지 아니하는 골프장 캐디는 산업재해보상보험법상 근로자가 아니라고 판시한 적이 있다(대법원 1996.07.30. 선고 95누13432 판결).

9) 2009년 말 기준으로 보험설계사가 12.1%, 레미콘 트럭 운전자가 28.7%, 학습지 교사가 6.6%, 골프장 캐디는 2.2% 적용되었다(박종희 외(2011), p.80).

10) 박종희(2003), p.119; 강성태(2007), p.114.

11) 국가의 영역을 기준으로 법을 적용하는 방식으로 한 국가의 영역 안에서는 자국 민과 외국인을 구분하지 않고 그 나라 법을 적용하는 것을 내용으로 한다.

12) 이에 반해 기간제근로자 및 단시간근로자 보호 등에 관한 법률에서는 2년 기간 적용제외 대상자에 자활사업근로종사자를 포함하여 규정함으로써 이들도 근로기 준법상 근로자임을 전제하는 것으로 되어 있다. 입법적으로 정리될 필요가 있는 부분으로 생각한다.

13) 2요건주의는 영국 근로자재해보상법(Workmen's Compensation Act 1897)에서 도입된 요건규정(a personal injury by accident arising out of and in the course of employment or occupational disease)에서 연원하는 것으로 설명된다.

14) 박종희(2005), p.202.

15) 업무수행 중에 발생하는 재해는 대부분 업무상사고로 인한 경우이며, 이에 대한 판단은 어렵지 않다. 문제가 되는 경우는 업무상질병에 관한 것으로 업무수행 중 과 관계없이 발생하는 것이 특징이어서 업무기인성을 중심으로 판단하게 된다(김 형배(2012), p.508; 임종률(2012), p.461 참조).

16) 이흥재(2000), p.202.

17) 대법원 1996.02.09. 선고 95누16769 판결; 대법원 1996.11.15. 선고 96누10843 판 결; 대법원 1997.11.14. 선고 97누13009 판결.

18) 대법원 2008.03.13. 선고 2007두2029 판결.

19) 근로기준법은 근로자의 중과실에 대해서는 사용자의 재해보상책임을 면제하나, 산재보상법은 근로자의 중과실 경우까지 보상을 인정해준다.

20) 전광석(2007), p.358; 이상광(2003), p.16.

21) 대법원 1992.10.09. 선고 92누11107 판결; 대법원 1997.09.26. 선고 97다4494 판결 참조.

22) 대법원 1995.05.26. 선고 94다60509 판결 참조.

23) 대법원 2000.04.25. 선고 2000다2033 판결.

24) 대법원 1996.08.23. 선고 95누14633 판결.

25) 불명확한 사실을 일단 존재하는 것으로 정하여 법률효과를 발생시키되, 추후 반 증이 있을 때에는 그 효과를 발생시키지 않는 법적 제도이다(정동윤 외(2011), p.514).

26) 대법원 2001.07.27. 선고 2000두4538 판결.

27) 대법원 1997.02.28. 선고 96누14883 판결; 대법원 1997.09.05. 선고 97누7011 판결; 대법원 1998.05.22. 선고 98두4740 판결.

28) 대법원 2003.11.14. 선고 2003두5501 판결.

29) 대법원 2007.04.12. 선고 2006두4912 판결; 대법원 2001.7.27 선고 2000두4538 판결; 대법원 2003.11.14 선고 2003두5501 판결 등 참조.

30) 근로기준법 시행령 [별표 5]에 해당하는 질병에 걸린 경우로 유해·위험요인을 취급하거나 이에 노출된 경력이 기간이나 환경 등에 비추어볼 때 질병을 유발할 수 있다고 의학적으로 인정되는 경우에 산재보험법상의 업무상질병으로 인정된다.

31) 대법원 1992.05.12. 선고 91누10022 판결; 대법원 1993.10.12. 선고 93누9408 판결; 대법원 2000.05.12. 선고 99두11424 판결 등.

32) 전광석(2007), p.363.

33) 실제 독일에서 이같이 사실상 입증책임을 전화시키는 입법개선 논의를 했으나 이러한 점 때문에 수용되지 않았다(BT-Drs. 13/2333, S.78 및 BSG v. 29.01.1974, SozR 2200 §551 Nr. 1 참조).

34) 대법원 2010.01.28. 선고 2009두5794 판결.

35) 대법원 2004.09.03. 선고 2003두12912 판결.

36) 대법원 2005.06.30. 선고 2004누15989 판결.

37) 대법원 1996.02.13. 선고 95누12774 판결.

38) 대법원 1999.01.26. 선고 98두15757 판결.

39) 박지순 외(2011), p.58.

40) 대법원 2009.02.12. 선고 2008두17899 판결.

41) 대법원 2005.09.29. 선고 2005두4458 판결.

42) 대법원 2012.11.29. 선고 2011두28165 판결; 대법원 2009.05.28. 선고 2007두2784 판결.

43) 박종희 외(2012), p.238.

44) 2006년 기준으로 전체 보험급여가 3조 1638억 원이며, 통근재해 도입 시 소요될 비용을 약 9743억 원(이자소득을 감안한 현재가치로 환산할 경우 8910억 원)으로 추계했다(권홍구(2006), p.130).

45) 한인상(2013)은 ILO 권고와 일본, 독일, 프랑스 사례를 간략히 소개하고 최근 국회 내 입법논의 현황, 쟁점과 입법과제를 정리하고 있다.

46) 일본이 통근재해 보상제도를 도입한 것은 1973년 12월 이후이다. 다만, 통근재해의 특성을 고려하여 전체 업종에 동일하게 0.06%를 보험료율로 부과하고 있다. 이처럼 다른 방식을 도입한 배경에는 통근재해가 사용자 지배와 관리 하에 발생한 재해, 즉 업무상재해가 아닌 재해에 대한 특별보호제도이고, 주거의 선택, 통근수단과 경로의 선택이 근로자의 자유이고, 사업주의 재해방지 노력이 일반적으로 미치지 못한다는 사실이 있다. 또한 이와 같은 특성 때문에 보험료 할인할증제도인 개별실적요율제도의 적용대상에서 제외하고 있다. 물론 급여내용은 업무상재해의 경우와 동일하다. 노재보험(일본의 산재보험)의 보험료율은 3년 단위로 개정되는데, 최근의 개정으로 2012년 4월 이후 54개 업종에 대해 최고 8.9%, 최저 0.25%가 적용되며, 여기에 통근재해(와 2차건강진단등급여)에 대한 전업종 비업무재해율 0.06%가 포함되어 있다. (獨) 勞働政策研究 · 硏修機構
http://www.jil.go.jp/institute/chosa/2007/documents/021_01.pdf
후생노동성 노동기준(국) 웹사이트

47) 신청을 받은 공단은 7일 이내에 요양급여의 지급 여부를 결정하여 신청인 및 사업주에게 알려야 한다(동법 시행규칙 제21조 제1항). 다만, 질병판정위원회에서의 심의를 필요로 하거나 역학조사가 필요한 경우, 산재보험 의료기관에서의 진찰이 필요한 경우에는 진찰받는 기간 그리고 관련서류 보완 및 사업주 의견 제출에 걸리는 기간 등은 위 7일의 기간에 산입하지 않는다(시행규칙 제21조 제2항).

48) 이뿐만 아니라 진료비에 관한 결정이나 약제비에 관한 결정, 진료계획 변경조치, 보험급여 일시지급에 관한 결정 등의 경우에도 해당된다.

49) 실손보상의 원칙은 손해보험계약에서 본질적이고 절대적인 원칙으로 보험계약자나 피보험자가 보험사고로 발생한 실손해 이상의 이익을 얻는 것을 금지하는 것을 의미하며, 이는 손해보험계약의 도박화와 보험범죄를 방지하는 역할을 수행한다(박세민(2011), p.381).

50) 근로기준법 제87조
보상을 받게 될 자가 동일한 사유에 대하여 민법이나 그 밖의 법령에 따라 이 법의 재해보상에 상당한 금품을 받으면 그 가액(價額)의 한도에서 사용자는 보상의 책임을 면한다.

51) 산업재해보상보험법 제80조

① 수급권자가 이 법에 따라 보험급여를 받았거나 받을 수 있으면 보험가입자는 동일한 사유에 대하여 「근로기준법」에 따른 재해보상책임이 면제된다.

② 수급권자가 동일한 사유에 대하여 이 법에 따른 보험급여를 받으면 보험가입자는 그 금액의 한도 안에서 「민법」이나 그 밖의 법령에 따른 손해배상의 책임이 면제된다. 이 경우 장해보상연금 또는 유족보상연금을 받고 있는 자는 장해보상일시금 또는 유족보상일시금을 받은 것으로 본다.

③ 수급권자가 동일한 사유로 「민법」이나 그 밖의 법령에 따라 이 법의 보험급여에 상당한 금품을 받으면 공단은 그 받은 금품을 대통령령으로 정하는 방법에 따라 환산한 금액의 한도 안에서 이 법에 따른 보험급여를 지급하지 아니한다. 다만, 제2항 후단에 따라 수급권자가 지급받은 것으로 보게 되는 장해보상일시금 또는 유족보상일시금에 해당하는 연금액에 대하여는 그러하지 아니하다.

52) 사고나 질병으로 인한 영구장해로 판명되면 중앙적립기금의 보통계정, 특별계정, 의료저축계정에 적립된 기여금(본인과 사용자 분)에 최소 2.5%의 이자율로 계산한 이자를 붙이고 그간의 인출액과 55세 기준시점에서 필요한 최저예치한도(퇴직계정 13.9만 달러. 단, 이는 나이에 따라 다름, 의료저축계정 3.85만 달러)를 차감한 잔액이 일시금으로 지급된다. 이때의 이자율은 보통계정의 경우 12개월 정기예금과 주요 지역은행의 월말 저축이자율이 기준이 되고, 특별계정, 의료저축계정, 퇴직계정의 이자율은 10년 만기 국채의 12개월 평균수익률에 1%를 더한 값이다. 보통계정의 2만 달러(한도)를 포함하여 가입자의 결합계정 내 최초 6만 달러까지는 추가로 1%의 이자를 더 얹어준다. CPF는 모든 계정에 대해 최저 이자율로 2.5%를 보장하며 매월 이자를 계산, 복리로 증식하며 연 단위로 원리금을 확정한다.

53) 대법원 2009.05.21. 선고 2008다13104 판결; 대법원 2006.02.23. 선고 2005두11845 판결.

54) 강선희(2011), p.122.

55) 대법원 2005.03.17. 선고 2003다2802 판결.

56) 김희성(2008), p.317.

제4장

1) 이하의 내용은 Lewis(2012, pp.167-168)와 上田達子(2002, p.275)의 서술에 크게 의존하고 있다.

2) 제도 도입 이후 국고지원이 별로 없어 초기에는 산재보험을 자동차보험의 책임보험과 비슷한 성격의 보험으로 인식하는 이들도 없지 않았다(한겨레, 1989.1.26, 박석운). 이는 산재보험이 재해발생 시 재해근로자를 사전에 정해진 수준으로 보상하고 사업주들은 그에 상응하여 추가적인 부담을 지는 '책임보험방식'으로 운영되고 있었기 때문이다. 따라서 이렇게 운영할 바에는 민영화하면 어떻겠느냐는 지적이 일부 전문가들에 의해 지속적으로 제기되었다. 이러한 비판에 대응하는 과정에서 정책당국은 사후보상 외에 재해예방사업에 예산과 인력을 투입하고 각종 연금제도의 확대로 피해자에 대한 보상수준을 강화하며, 재해발생 사업주에 대한 징벌적인 부담 증대를 완화하는 등의 조치를 취해왔다.

3) 연도별로 재정수지가 흑자를 보일 경우 이를 회계상의 '잉여금'으로 처리해왔다. 1964년 발족 후 초기에는 상당한 잉여금이 적립되기도 했다. 시행 후 5년이 경과한 1969년 말 기준으로 잉여금이 5.8억 원에 달해 당시 행정을 책임지고 있던 노동청의 '소액보상, 다액징수' 원칙에 대한 비난이 일기도 했다(매일경제신문, 1970.3.10). 이후에도 잉여금이 지속적으로 늘어 1977년경에는 100억 원 수준으로 증가했으나 재해발생이 증가하면서 보험급여 지출이 늘자 적립금 증대의 필요성이 제기되기도 했다(동아일보, 1977.9.9). 이때의 적립기금을 당시에는 '산재보험보상특별회계기금'이라고 칭했으나, 1990년대 초반에는 기금이 거의 고갈되어 한국은행에서 차입하여 보상금을 지급하는 상황으로 바뀌었다(매일경제신문, 1992.10.2).

4) 산업재해보상보험법 시행령이 1995년 4월 15일에 전면개정(5.1 시행)되면서 새롭게 규정된 조항이 제87조이다.

5) '특별회계'에서 '기금'으로 변경되면 예산의 편성과 운용 과정에서 예산당국(당시의 경제기획원)의 간섭을 덜 받게 되고 실제 운영부처(당시의 노동부)의 재량이 커지고 독자적 운영의 폭이 넓어진다. 1992년 10월 예산부처인 경제기획원은 1993년 예산을 편성하면서 산재보상보험특별회계기금에서 300억 원을 재정투융자특별회계로 전입, 예치토록 하는 조치를 취해 그렇지 않아도 어려운 상태에 있던 산재보상보험특별회계에 재정적인 부담을 안겨주었다. 당시 경제기획원은 산업안전보건법

298

에 규정된 '산업재해보상보험특별회계 예산의 5% 범위 내 일반회계 예산의 재해예방사업 출연'도 이행하지 않으면서 거꾸로 산재보험기금 예산을 전용했다. 이 일도 특별회계에서 기금으로 독립, 운영될 수 있도록 하는 계기가 되었다(매일경제신문, 1992.10.2).

6) 산업재해의 예방 관련 내용을 규정한 '산업안전보건법'은 1981년에 제정되었다. 산업재해보상보험법이 1963년 11월에 제정되었으니 18년 정도 늦었다. 그동안 당국은 산업안전 분야를 근로기준법에 규정하여 관리하면서 재해예방보다 사후보상에 중점을 두어왔다고 할 수 있다(매일경제신문, 1990.7.4, '사후보장보다 예방이 우선' 좌담회 한창석의 발언).

7) 제1차 발전위원회는 2004년 6월부터 그해 12월까지 7개월간 운영되었다. 신수식 고려대 교수를 위원장으로 징수·재정, 요양·보상, 재활·복지의 3개 분과로 구성되었다. 위원으로는 노동연구원, 근로복지공단, 산업안전관리공단, 노동부 관계자 외에 외부 전문가로 신수식 위원장 외 5명이 포함되었다(고용노동부 2004b). 제2차 발전위원회는 2005년 3월 30일부터 12월까지 9개월간 운영되었다. 위원장은 역시 신수식 교수가 맡았고 24인으로 구성되었으며, 논의 주제는 보험재정, 보험급여 등 13개 부문에 달했다. 이 위원회의 활동내용은 2006년 1월에 제출된 연구용역결과 보고서(산재보험제도 개선방안)에 정리되어 있다(고용노동부, 2006). 이 보고서의 pp.3-23에 '산재보험책임준비금제도 개선방안'(연구책임자 정홍주 성균관대 교수)이 서술되어 있다. 여기서 연구자는 중기적으로 연금에 대해 책임준비금을 적립해 놓고 있는 일본과 독일(계획 중)을 벤치마킹하고 장기적으로 완전히 적립하고 있는 미국과 호주 식으로 전환할 것을 제안했다. 보고서에 담긴 개선방안의 법제화를 위한 작업은 2006년부터 노사정위원회에서 준비했다.

8) 당시의 발전위원회는 15명의 위원으로 구성되었다(위원장은 김상균 서울대 교수). 노동계 3인, 경영계 3인, 정부 3인 및 공익 5인으로 구성되었다. 노동계에서는 한국노총과 공공노련이 참여하고 민주노총은 빠졌다. 발전위원회 위원장이 신수식 교수에서 김상균 교수로 바뀌고 발전위원회 위원 모두가 교체된 배경에는 자신들의 권익을 지키려는 노동계에서 호의적이지 않은 것으로 평가한 위원들에 대한 비토가 거셌기 때문이다. 발전위원회는 많은 모임을 통해 산재보험의 재정·징수, 요양·재활, 급여체계, 보험적용, 관리운영체계 등 5개 분야, 42개 과제, 80개 항목에 걸

쳐 포괄적인 합의를 보았다. 다만, 7개월이 채 안 되는 짧은 기간에 합의를 도출하면서 상당수 과제가 중장기 과제로 넘겨졌다. 상세한 내용은 「산재보험 제도 개선에 관한 노사정 합의문」 참조.

9) 합의문에 언급된 산재보험 재정 관련 사항은 "보험재정·징수와 관련하여 업종별 보험료 부담의 형평성을 제고하면서 보험재정의 중장기적 안정성을 확보한다"는 것이다. 구체적으로는 업종별 보험료 부담의 형평성 제고와 관련하여 '① (최고 보험료율제 도입) 업종 간 보험료율 편차를 줄이기 위해 업종별 보험료율 산정·고시 시 최고 요율은 전 업종 평균보험료율의 20배 이내로 한다. ② (업종별 요율 변동폭 제한) 업종별 보험요율의 급격한 변동을 방지하기 위해 사업종류별 보험요율 산정·고시 시 업종단위 연간 보험료율 변동폭은 30% 이내에서 정한다'가 있다. 보험재정의 중장기적 안정성 확보와 관련하여서는 ① (재정운용 방식) 산재보험 재정운용 방식은 매년 보험급여 지출 등을 고려하여 보험요율을 책정하는 현행 부과방식을 유지하되, 향후 연금급여 증가 추이를 고려하여 장기급여의 일부를 적립하는 방안을 중장기적으로 검토한다. ② (책임준비금 적립기준) 전년도 보험급여총액으로 변경하며 ③ (부족 책임준비금 적립) 현재의 적립금 보유액이 변경된 법정책임준비금보다 부족하여 발생한 차액은 단계적으로 확보해나간다는 것이다.

10) 2007년부터 보험료율이 인상되어 2007~2008년의 평균보험료율이 1.95%로 높게 유지되었다. 평균보험료율은 2004년 1.48%, 2005년 1.62%, 2006년 1.77%, 2007~2008년 1.95%, 2009~2010년 1.80%, 2011~2012년 1.77%, 2013년에 1.70%를 보이고 있다. 보험료율은 고용노동부의 산업재해보상보험 및 예방심의위원회에서 결정한다.

11) 문성현 외(2013), p.9.

12) 2011년의 경우 장해보상연금 9725억 원, 유족보상연금 2691억 원, 상병보상연금 1729억 원으로 이들의 합계액이 1조 4144억 원이었다. 이들 3개 연금의 6배 금액이 8.5조 원이며, 2012년의 보험급여는 2011년보다 다소 낮은 0.9조 원으로 추정된다.

13) 부과방식(Pay As You Go system)은 보험연도의 지출에 소요되는 비용을 보험연도의 수입으로 충당하는 제도이다.

14) 일본의 산재보험 재정방식은 1970년부터 1988년까지 수정부과방식의 일종인 '단

계적 보험료 방식'이었으나 1989년부터 충족부과방식으로 변경되었다. 변경 이유는 장기급여의 지속적 지급에 필요한 안정적인 재원을 적립금 형태로 보유하기 위한 것이었다. 즉 과거의 미적립 채무를 단계적으로 줄여나가기 위한 것으로 1989년 이후 35년에 걸쳐 2023년(당초는 30년에 걸쳐 2018년)까지 부과하고 있다. 추가 부담수준은 연도별로 차이가 있는데, 1989년 초에 0.15%였으나 이후 적립금 적립 상황을 고려하여 조정되었다. 1995~1997년에 0.11%, 1998~2000년에 0.10%, 2001~2002년에 0.06%, 2003년도부터 0.01%로 낮아졌다. 추가부담률이 낮아진 것은 적립금이 필요준비금에 상응하는 수준으로 적립되었기 때문이다(상세한 내용은 김상호 외(2011) 제2장 제2절 참조).

15) 문성현(2009) p.233.

16) 법 제99조(책임준비금의 적립) ① 고용노동부장관은 보험급여에 충당하기 위하여 책임준비금을 적립하여야 한다. ② 고용노동부장관은 회계연도마다 책임준비금을 산정하여 적립금 보유액이 책임준비금의 금액을 초과하면 그 초과액을 장래의 보험급여 지급 재원으로 사용하고, 부족하면 그 부족액을 보험료수입에서 적립하여야 한다. ③ 제1항에 따른 책임준비금의 산정기준 및 적립에 필요한 사항은 대통령령으로 정한다. 시행령 제90조(책임준비금의 산정기준 등) ① 고용노동부장관은 법 제99조 제3항에 따라 매년 12월 31일을 기준으로 전년도 1월 1일부터 12월 31일까지 지급 결정한 보험급여의 총액을 다음 연도의 책임준비금으로 산정하여야 한다. ② 고용노동부장관은 제1항에 따라 산정된 책임준비금을 초과한 적립금 보유액이 있는 경우에는 장래의 보험급여 지급에 사용하기 위하여 적립하여야 한다. ③ 고용노동부장관은 징수한 보험료의 총액과 지급한 보험급여의 총액을 3년마다 분석하여 수입과 지출의 균형을 유지하도록 노력하여야 한다.

17) 책임준비금의 규모를 추정한 몇 개 연구는 조금씩 다른 값을 보여준다. 먼저 장기급여와 단기급여를 모두 추계한 연구를 보면 정홍주 외(2005)는 2004년 현가기준으로 24조 1000억 원, 김용하 외(2008)는 2007년 현가기준으로 30조 원으로 추정했다. 후자의 내역은 장해연금 17조 2368억 원, 유족연금 8조 5752억 원, 상병보상연금 2조 1913억 원, 요양급여 1조 1578억 원, 휴업급여 8655억 원이다. 한편 장기급여인 장해연금, 유족연금, 상병보상연금만을 대상으로 추계한 문성현(2008)은 2004년 현가기준으로 15조 9982억 원을 제시했다. 이들의 추정치와

2007년부터 2010년 사이에 연금수급자가 47.5% 늘었다는 사실을 감안하여 김상호(2011, p.233)는 책임준비금이 2011년 현가기준으로 40조 원을 넘어설 것으로 전망했다.

18) 이 부분은 2012년 4월 23일에 '고용보험 및 산업재해보상보험의 보험료 징수에 관한 법률'의 시행규칙이 개정되면서 추가되었다. 내용이 다소 모호하지만 연금수급자가 지속적으로 증가하는 상황에서 장기적인 재정안정을 확보하기 위한 조항으로 이해할 수 있다.

19) 2011년에 도입된 고용정보관리를 통한 월별부과고지제도는 근로자 개인별 고용정보관리를 통해 월별보험료를 부과고지하는 것으로 건설업과 벌목업을 제외한 120만여 개 사업장이 그 대상이다. 시행 초기에 월별보험료 부과를 위한 근로자 개인별 월평균 보수 등 기초자료가 없어 한시적으로 2011년 1월에서 3월까지는 2010년도 개산보험료 등을 기준으로 월별보험료를 계산했고, 4월부터 사업주로부터 보수총액신고서를 제출받고 고용센터, 국민건강보험공단 및 국세청 등 유관기관의 자료를 연계하여 산재보험의 고용정보를 구축하고 그에 기반한 월별보험료를 산정하여 국민건강보험공단에 전송하고 있다. 또한 보험료 산정기준이 임금에서 보수로 변경되면서 급격한 보험료 증가가 예상되는 사업장의 부담완화를 위해 부담경감제도를 마련했다.

20) 김상호(2012), p.106.

21) 배준호(2007)

22) 김상호 외(2011)

23) 미국도 개별실적요율제도를 활용하고 있다. 그런데 미국 제도는 민영보험의 시장원리에 충실하게 구성되어 가입 사업장 간의 재분배는 극력 억제되고 있다. 그럼에도 미국 우량기업도 산재보험 보험료가 우리나라보다 약간 높은 수준인데, 이는 민영보험 특유의 영업비용과 수익을 반영한 '사업비'가 고려되어 보험료율이 설정되기 때문인 것으로 해석할 수 있다.

24) 연도별 평균보험료율의 추이를 보면 1992년도 1.10%, 1995년도 1.00%, 1998년도 0.91%, 2001년도 0.84%, 2003년도 0.73%, 2006년도 0.68%, 2009년도 0.54%이다.

제5장

1) Enste und Stettes(2005)

2) 바우처 제도의 적용이 가능한 영역으로 논의되고 있는 분야로 교육, 보육, 의료 서비스 및 저소득계층 주거지원 등이 있다. 이와 관련한 내용을 학문적으로 설명해 주는 자료로 장승옥·지은구·김은정(2009) 참조.

3) 그러나 부상이나 질병의 치유가 3일 이상을 요하게 될 경우 휴업급여는 이러한 대기기간(waiting period)의 적용 없이 상병의 발생 당일부터 지급한다.

4) 다만, 장해 1~3등급의 중증재해근로자에 대해서는 재요양 시 휴업급여 대신에 별도의 상병보상연금이 지급되었다.

5) 2008년 산재보험법 개정에 따른 휴업급여의 개선내용을 정리하여 제시한 논문으로 이정우(2007) 참조.

6) 이는 휴업급여의 최저기준이 되는 최저임금의 100%와 동일한 수준이다.

7) 같은 사유로 장해 1~3등급의 중대장해가 발생한 경우에도 장해특별급여가 지급될 수 있다.

제6장

1) 산업재해보상보험법 제1조.

2) 미국에 산재보험이 도입되기 이전인 1900년대 초에 위험한 직업에 종사하던 근로자들의 평균임금은 다른 근로자들에 비해 높았다.

3) 산재보험 도입 이전 미국에서 산재근로자가 임금을 보상받은 경우는 평균 40%에 불과했다.

4) 영어로는 'Accident arising out of and in the course of employment'로 표현하는데 이것을 '업무수행 중'이 아니라 '고용 중'으로 해석하고 이해하는 것이 맞다. 예를 들어 직업병은 고용 중에 발생할 수는 있지만 업무수행 중에 발생할 가능성은 낮다.

5) 근로기준법 시행령 24652호, 2013.7.1. [별표 5]

6) 산업재해보상보험법 시행령 25050호, 2014.1.1. [별표 3]

7) 원종욱(2002)

8) 업무상재해의 요양 승인은 근로복지공단 자문의사의 의학적 자문을 거쳐 근로복지공단 지사에서 최종 승인한다.

9) 근로기준법 제78조.

10) 원종욱 외(2012)

11) 원종욱·김진수 외(2010)

12) 원종욱(2010); 원종욱 외(2010)

13) 이러한 점을 우려하여 ILO는 재해발생의 보고와 자료수집, 분석체계를 확립하고 개선하는 것이 중요하다고 강조한다. 이 보고서의 필자인 헬무트 에네스(Helmut Ehnes)는 독일 BG RCI(Berufsgenossenschaft Rohstoffe und Chemische Industrie)의 예방과장으로 독일 산재보험(statutory accident insurance)의 운영 경험을 토대로 새로운 시스템의 구축 내지는 기존 시스템의 개선에 대한 구체적인 권고를 제시했다. ILO(2012b)

제7장

1) 산업안전보건법 제2조 및 시행규칙 제2조 참조.

2) 2012년의 경우 보험급여액 3조 8513억 원에서 연금급여액이 1조 6580억 원으로 43.0%를 차지했다.

3) 자연재해의 경우 재산피해액 외에 인명피해로 사망 43명(10년 평균)과 이재민 2만 8831명(10년 평균)이 있으므로 이를 고려하면 피해액 규모가 증가할 수 있다. 각각의 손실, 비용, 피해액 추정은 고용노동부(2013a), p.7, 도로교통공단(2012) 연구개요 및 안전행정부(2013), pp.244-245 참조.

4) 엄밀히 말하면 세 번째가 아닐 수 있지만 발병 환자의 숫자나 사회적 파장 등을 놓고 보면 이렇게 말할 수 있을 것이다. 1980년대 중반까지 우리나라를 대표했던 직업병은 진폐증과 소음성난청이었다. 이 중 진폐증 비중이 90% 이상을 차지했다. 두 가지 직업병이 전체 직업병의 99% 이상을 차지하여 기타 직업병은 극소수(연간 10명 미만)에 불과했다. 이러한 상황에서 원진레이온의 이황화탄소 중독과 비슷한 시기에 발생한 온도계 제조회사 협성계공의 15세 소년 근로자 문송면의 수은중독에 의한 급사가 직업병에 대한 인식을 바꾸는 계기가 되었다.

5) 한겨레신문, 1999.8.4.

6) 한겨레21, 2004.5.27.

7) 고용노동부(2013a), pp.32-33.

8) 고 문송면 군 장례위 활동 보고서 및 자료집, 산업재해노동자 장례위원회(1989)

9) 네덜란드는 급여별로 개별법이 제정되어 운영되는 점이 독특하다. 사회보장연금 안에 노령연금, 장애연금 및 유족연금이 함께 규정되어 있는 주요국과 달리 이들이 각각 다른 법에 규정되어 있다. 산재보상은 1966년의 근로자장애연금법, 1998년의 자영업자장애연금법, 1966년의 질병과 모성급여법, 1968년의 예외적의료비용법 등을 적용하여 부상과 질병 환자에의 의료 서비스, 상병급여, 장애연금이 지급된다. 또한 급여대상을 업무상재해로 한정하지 않으며 65세 이후에는 장애연금 대신 노령연금이 지급된다. SSA(2012), pp.214-218.

10) 경미한 부상의 경우 건강보험으로 치료받는 경우가 많은 것으로 알려져 있다.

11) 산업안전보건법 시행규칙 제4조 제1항 1문.

12) 산업안전보건법 시행규칙 제4조 제1항 2문.

13) 산업안전보건법 제5조 제1항.

14) 산업안전보건법 제6조.

15) 산업안전보건법 위반 시 형사기소하도록 근로감독관 직무규정에 규정되어 있고, 양형기준은 검찰 내부의 가이드라인이다.

16) 산업안전보건법 시행규칙 제4조.

17) 2013년 2월 15일 산업재해보상보험 정책전문위원회 회의자료.

18) 산업재해보상보험법 제96조 제2항.

19) 개별실적요율제도의 영어식 표현은 경험요율제도(Experience Rating Plan)이다.

20) 개별실적요율제도의 소규모 사업장 확대방안에 대해 경영자단체가 찬성하는 반면 노동조합은 반대하는 입장을 보이고 있다.

21) 고용노동부(2013b), p.86.

22) 장해등급 제1급에 대해 장해보상연금으로 평균임금의 329일분을, 장해보상일시금으로 평균임금의 1474일분을 지급한다. 장해등급 제2급에 대해서는 장해보상연금으로 291일분을, 장해보상일시금으로 1309일분을 지급한다. 장해등급 제3급에 대해서는 장해보상연금으로 257일분을, 장해보상일시금으로 1155일분을 지급한다. 장해등급 제4급에 대해서는 장해보상연금으로 224일분을, 장해보상일시금으로 1012일분을 지급한다. 장해등급 제5급에 대해서는 장해보상연금으로 193일분을, 장해보상일시금으로 869일분을 지급한다. 장해등급 제6급에 대해서는 장

해보상연금으로 164일분을, 장해보상일시금으로 737일분을 지급한다. 장해등급 제7급에 대해서는 장해보상연금으로 138일분을, 장해보상일시금으로 616일분을 지급한다.

23) 문성현(2008), p.33. 참고로 국내에는 장해보상연금과 유족보상연금 수급기간에 대한 통계가 없다.

24) 국내 병원 중 직업병 문제에 가장 먼저 착수한 곳은 성모병원이다. 가톨릭산업의 학연구소는 성모병원 내에 50병상의 직업병 클리닉을 개설하여 진폐증 환자를 치료했고 1970년에 국내 최초로 250병상의 산재병원을 설립했다. 현재 26개 병원이 진폐요양기관으로 지정되어 약 3000명의 환자가 입원 및 통원 치료를 받고 있다.

25) 이와 같은 9대 합병증 기준의 타당성에 대해 의문이 제기되면서 노동계와 재가진 폐협회는 합병증 범위에 '폐렴'을 포함시킬 것을 요구했다. 진폐환자들의 폐에는 탄가루가 붙어 있어서 산소가 공급되지 않아 단순한 감기도 폐렴으로 발전해 치명적이다. 겨울에는 호흡곤란이 심해져 심한 환자들은 혼자서 50보도 걸어가지 못한다.

제8장

1) 문성현 외(2011) p.115.

2) 고용노동부(2013b) p.30.

3) 독일 산재보험법 제26조 제3항.

4) 고용노동부(2013b) p.29.

5) 문성현 외(2011) p.115.

6) 예를 들어 오랜 기간 제빵사로 일하다가 밀가루에 대한 알레르기가 발생하는 직업 병의 경우 새로운 직업을 위한 훈련을 제공한다.

7) 폴리텍대학의 이전 명칭은 직업전문학교이다.

8) 고용노동부(2013b) p.171.

9) 고용노동부(2013b) p.173.

10) 이 분야는 근로복지공단(2012)을 참조했다.

11) 지역별로 민간훈련기관의 접근성에 제한이 있는 한계를 극복하기 위해 기숙이 가 능한 형태의 공공훈련기관 설립이 필요하다.

12) 다만, 총급여가 이전 급여보다 많지 않도록 조정한다. 이에 대한 상세한 내용은 김상호 외(2009) 참조.

13) 건설업 산재보험조합의 경우 산재근로자의 직장복귀율이 90% 이상이며 대부분 원직장으로 복귀하고 있다.

14) 이승욱(2010) p.1.

15) 동해병원, 태백병원, 정선병원 및 순천병원 등은 진폐환자 치료에 특화된 전문병원이다.

16) 근로복지공단 산재재활국 제공.

제9장

1) Blüm(1993)

2) Bollier(2003)

3) BSV(2002)

제10장

1) 이는 민주당의 은수미 의원이 2013년 8월 23일에 입법 발의한 내용이다. 그는 이와 같은 내용을 담은 '고용보험 및 산업재해보상보험의 보험료 징수 등에 관한 법률' 일부 개정법률안을 대표 발의했다. 그는 그동안 보험료 부담으로 산재보험에 가입하지 못했던 6개 직종 특수형태근로종사자들이 부담 없이 산재보험에 가입할 수 있도록 하여 이들을 재해위험으로부터 보호해야 한다고 주장한다.

참 고 문 헌

강선희(2011), 「산재보험법상 자녀의 유족보상연금 수급기준과 지급체계에 대한 고찰」, 『산업관계연구』 제21권 제2호, pp.109-132.

강성태(2007), 「특수고용직의 노동법적 보호」, 『노동정책연구』 제7권 제3호, 한국노동연구원, pp.93-117.

고용노동부(2004), 『산재보험 40년사』.

고용노동부(2013a), 「2012년 산업재해 현황분석」.

고용노동부(2013b), 『2012년도 산재보험 사업연보』.

고용노동부(2014), 보도자료 「13년 산업재해, 재해자와 사고사망자 감소추세 지속」, 2014.4.1.

권홍구(2006), 「출퇴근 재해발생 실태 및 재정소요추계에 관한 연구」, 노동부정책용역 보고서, 보험개발연구원.

근로복지공단(2012), 「신규 산재장해인 취업실태 조사결과 보고」.

근로복지공단(2013), 『2012년도 근로복지공단 통계연보』.

김상호(2011), 「산재보험제도의 주요 문제점과 개선방안」, 『사회보장연구』 제27권 제4호, pp.225-246.

김상호(2012), 「산재보험 개별실적요율제도의 주요 문제점과 개선방안」, 『사회보장연구』 제28권 제2호, pp.101-119.

김상호·심창학(2009), 「국내외 산재보험제도 운영의 비교연구」, 고용노동부 연구용역 보고서.

김상호·배준호·김창섭(2011), 「산재보험 개별실적요율제가 산재기금 재정 및 산업재해 예방에 미치는 영향 분석」, 고용노동부 연구용역보고서.

김용하 외(2008), 「산재보험 재정운용방식 개편방안 연구」, 고용노동부 연구용역보고서.

김장기·윤조덕(2012), 「2011 경제발전경험모듈화사업: 산재보험제도의 구축과 운영」, 고용노동부·근로복지공단.

김형배(2012), 『노동법』, 박영사.

김희성(2008), 「산업재해보상보험과 자동차보험의 관계에 관한 연구」, 『노동법학』 제 26호, pp.303-324.

도로교통공단(2012), 「2011 도로교통 사고비용의 추계와 평가」.

동아일보, 1977.9.9.

매일경제신문, 1970.3.10, 1990.7.4, 1992.10.2.

문성현(2008), 「산재보험 재정추계 및 보험재정 운영」, 근로복지공단 노동보험연구원.

문성현(2009), 「합리적인 산재보험 재정운영에 관한 연구」, 직업재활학회 연차학술대 회 발표논문집, pp.229-250.

문성현 외(2011), 「공무원 재활 서비스 운영방안」, 공무원연금공단.

문성현·김상호·김용하 외(2013), 「산재보험 연금부채규모 계산 및 합리적인 적립방안 에 대한 연구」, 고용노동부 정책연구보고서.

박세민(2011), 『보험법』, 박영사.

박종희(2003), 「근로기준법상 근로자개념」, 『노동법학』 제16호, 한국노동법학회, pp.69-133.

박종희(2005), 「통근도상의 재해에 관한 제문제」, 『저스티스』 통권 제85호, 2005, pp.189-225.

박종희 외(2011), 「산재보험 지속가능성 제고를 위한 정책과제와 미래구상」(고용노동 부 학술연구용역보고서), 노동법이론실무학회.

박종희 외(2012), 「산재보험제도의 지속가능한 발전을 위한 정책과제 연구」, 고용노동 부 학술용역보고서, 노동법이론실무학회.

박지순·이주원(2011), 「산재보험급여소송에서 업무상재해의 증명책임」, 『고려법학』 제 63호, 고려대학교 법학연구원, pp.37-72.

박찬임·이정우·원종학(2003), 「주요국의 산재보험 적용·징수체계」, 한국노동연구원.

배준호(2007), 「산재보험 개별실적요율제도의 재정수지와 실효보험료 부담 분석」, 『사회보장연구』 제23권 제3호, pp.125-146.

산업재해노동자 장례위원회(1989), 고 문송면 군 장례위 활동 보고서 및 자료집.

안전행정부(2013), 『2013 안전통계연보』.

오선균(2011), 「산재보험법의 사회보장적 재구성」, 고려대 박사학위논문.

우명숙(2007), 「한국의 복지제도 발전에서 산재보험 도입의 의의」, 『한국사회학』, 41(3), pp.154-185.

원종욱(2002), 「산재 근로자의 직장복귀」, 『산업보건』 제169호, pp.2-13.

원종욱(2010), 「외국의 산재의료 질 관리 제도」, 『대한직업환경의학 학술대회 논문집』 제45권, pp.81-83.

원종욱·김진수 외(2010), 「산재요양 실태 분석을 통한 산재요양제도 개선방안」, 고용노동부 연구용역보고서.

원종욱 외(2012), 「재활중심의 산재보험 의료기관 평가항목 개발과 '12년도 의료기관 평가 분석」, 근로복지공단 연구용역보고서.

윤조덕(1995), 「산업안전과 노동운동」, 한국노총 중앙연구원.

윤조덕(2010), 「산재보험제도 현황 및 발전방향」(정년퇴임기념 세미나), 한국노동연구원.

이상광(2003), 「산재보상보험법상 인과관계에 관한 고찰」, 『사회법연구』 제1호, pp.3-35.

이승욱(2010), 「선진 재활 서비스 도입방안 연구: 산재보험시설 내 효과적인 재활 서비스 제공방안을 중심으로」, 근로복지공단 산재보험연구센터.

이정우(2007), 「산재보험제도 휴업급여의 개선방안에 관한 연구」, 『사회보장연구』 제23권 제1호, pp.81-111.

이홍무(2003), 「일본의 노재보험 특별가입제도에 관한 연구」, 한국노동연구원 산업복지연구센터 워크숍 자료집, 2003.8.29.

이흥재(2000), 「업무상재해의 인정기준에 관한 판례의 경향」, 『서울대학교 법학』 제40권 제2호, 서울대학교 법학연구소, pp.182-206.

임종률(2012), 『노동법』, 박영사.

장승옥·지은구·김은정 (2009), 『복지국가와 바우처』, 학지사.

전광석(2007), 『한국사회보장법론』, 법문사.

전순옥(2004), 『끝나지 않은 시다의 노래 1970년대 한국여성노동운동에 대한 새로운 자리매김』, 한겨레신문사.

전태일(1989), 『내 죽음을 헛되이 말라』, 돌베개.

정동윤·유병현(2011), 『민사소송법』, 법문사.

정홍주 외(2005), 「산재보험 책임준비금 제도 개선방안」, 노동부 연구용역보고서.

한겨레21, 2004.5.27.

한겨레신문, 1989.1.26, 1999.8.4.

한인상(2013), 「출퇴근재해의 쟁점과 입법과제」, 『이슈와 논점』 제739호, 국회입법조사처.

古賀昭典(2001), 『社会保障論』, ミネルヴァ書房.

勞務行政硏究所(2004), 『明設勞災保險法』.

稻木健人(2008), 「民間保險市場を活用した政府勞災保險制度の再構築の檢討」, 慶應義塾大學大學院 政策メディア硏究科 修士論文.

(獨) 勞働政策硏究·硏修機構

http://www.jil.go.jp/institute/chosa/2007/documents/021_01.pdf

上田達子(2002), 「イギリス労災補償制度の現状と今後の動向」, 『同志社法学』五四巻三号.

西村健一郎(1998), 『勞働法』, 有斐閣プリマシリーズ.

井上浩(1999), 『最新 勞災保險法』, 中央經濟社.

厚生勞働省 勞働基準局(1997~), 『労災保險業務災害及び通勤災害認定の理論と実際 -上卷,下卷』, 勞務行政硏究所.

厚生勞働省勞働基準局安全衛生部安全課(2012), 「平成24年勞働災害發生狀況分析」.

Bauer, Engel, Koelsch und Krehn(1929), "Die Ausdehnung der Unfallversicherung auf Berufskrankheiten, zweite Verordnung des Reichsarbeitsministers vom 11. Februar 1929", Verlag von Reimar Hobbing in Berlin SW61.

Biesel, E.(2010), 125 Jahre Gesetzliche Unfallversicherung Stabilität-von Anfang an, DGUV.

Blüm, N.(1993), Selbstverwaltung und Politik, Deutsche Rentenversicherung, Nr. 10, pp.650-656.

Bollier, G. E.(2003), Leitfaden schweizerische Sozialversicherung.

BSV(2002), Zukunft der Schweizerischen Unfallversicherungs anstalt-Bericht der Arbeitsgruppe "Zukunft der SUVA" an das EDI.

Das Dritte Gesetz ueber Aenderung der Unfallversicherung vom 20.12.1928.

DGUV(2010), Deutsche Geschichte in Bildern und Zeugnissen in Deutschen Historischen Museum Berlin; Sicher Arbeiten-125 Jahre Gesetzliche Unfallversicherung in Deutschland 1885-2010.

Enste, D. und Stettes, O.(2005). Bildungs-und Sozialpolitik mit Gutscheinen- Zur Ökonomik von Vouchers, Analysen Forschungsberichte aus dem Institut der deutschen Wirtschaft Köln, Deutscher Instituts-Verlag.

Health and Safety Executive(2012a), "Health and Safety Executive-Annual Statistics Report for Great Britain.

Health and Safety Executive(2012b), "European Comparisons-Summary of GB Performance.

ILO(2012a), "Improvement of National Reporting, Data Collection and Analysis of Occcupational Accidents and Diseases", Programre on Safety and Health at Work and the Environment(SafeWork).

ILO(2012b), "Estimating the Economic Costs of Occcupational Injuries and Illness in Developing Countries : Essential Information for Decision Makers", Programre on Safety and Health at Work and the Environment(SafeWork).

Jahnsen, G. und Melzer, W.(1985), 'Der Bundesverband der landwirtschaftlichen Berufsgenossenschaften', in "100 Jahre gesetzliche Unfallversicherung", HVBG·LUV·BAGUV, Universum Verlagsanstalt, Wiesbaden, pp.102-113.

Kransney, O. E.,(1985), Hundert Jahre sozialgerichtliche Rechtsprechung zur gesetzlichen Unfallversicherung, in "100 Jahre gesetzliche Unfallversicherung", HVBG·LBG·BAGUV, Universum Verlagsanstalt, Wiesbaden, pp.44-61.

Krohn(1928), "Die Unfallversicherung bei Berufskrankheiten-Eine Uebersicht ueber die Rechtsentwicklung", Die Reichsversicherung, pp.187-192.

Leube, K.(1985), 'Der Bundesverband der Unfallversicherungstraeger der oeffentlichen Hand (BAGUV)' in "100 Jahre gesetzliche Unfallversicherung",

HVBG·LUV·BAGUV, Universum Verlagsanstalt, Wiesbaden, pp.114-119.

Lewis, R.(2012), "Employers' Liability and Workers' Compensation: England and Wales", in G. Wagner ed. *Employers' Liability And Workers' Compensation*, De Gruyter, pp.137-202.

Micha, J.(2009), 'Basics and Evaluation of the German pupil Accident Insurance under Public Law', 『산재보험발전과 사회안전망 확충 한·독·오 국제세미나자료집』, 한국노동연구원/농촌진흥청/연세대학교사회복지대학원, pp.53-106.

OECD(2007), *Soicety at a Glance 2006: OECD Social Indicators*.

Rothe, G und Rister-Mende, S.(2009), Kostenentwicklung bei Leistungen zur Teilhabe am Arbeitsleben, in DGUV Forum, Deutsche Gesetzliche Unfallversicherung, pp.34-41.

Schneider, M.(2000), "Kleine Geschichet der Gewerkschaften, Ihre Entwicklung in Deutschland von den Anfaengen bis heute", Verlag J.H.W. Dietz Nachf. GmbH.

Singapore Yearbook of Manpower Statistics 2013.

Skiba, R.(1985), "Taschenbuch Arbeitssicherheit", 5. völlig neubearbeitete Auflage, Erich Schmidt Verlag.

Sozialgesetzbuch Ⅶ(SGB Ⅶ), 사회법전 제7권 산재보험법

SSA(2012), *Social Security Program Throughout the World(SSPTW) Europe 2012 'Netherlands'*.

Titze, H. C. und Finkenzeller, R(1985), Besondere Probleme bei der Rehabilitation von Kindern und Jugendlichen; in "100 Jahre gesetzliche Unfallversicherung", HVBG·LUV·BAGUV, Universum Verlagsanstalt, Wiesbaden, pp.182-193.

U.S. Dept. of Labor Bureau of Labor Statistics(2013), "Number of fatal work injuries 1992-2011".

Verein Deutscher Gewerbeaufsichtsbeamten e.V.(1994), 75 Jahre Schutz von Menschen und Umwelt.

Wagner, R. und Koerner, O.(1967), 'Die geschichtliche Entwicklung der entschaedigungspflichtigen Berufskrankheiten mit statistischen Zusammenstellungen aus Jahren 1925 bis 1966' in "Arbeitsschutz" Nr. 12/1967, pp.273-284.

Weber, W.(1988), "Arbeitssicherheit Historische Beispiele-aktuelle Analysen", Rowohlt Taschenbuch Verlag GmbH.

Wickenhagen, E.(1980), "Geschichte der gewerblichen Unfallversicherung Textband", Oldenbourg Verlag GmbH, Muenchen.

Wurbs, R.(2009), 'The Agricultural Accident Insurance in Germany', 『산재보험발전과 사회안전망 확충 한·독·오 국제세미나자료집』, 한국노동연구원/농촌진흥청/연세대학교사회복지대학원, pp.247-277.

〈부표 2-1〉 독일 산재보험제도의 적용대상 확대

연도	제도 내용
1884	산업재해보험법 도입. 연간소득 2,000마르크 미만의 광산 갱내 근로자, 철거업 근로자, 공장 및 조선업 근로자, 위험시설 건설근로자, 굴뚝청소 근로자 등으로 제한하여 적용
1885	철도업, 선박업, 운수업, 우체국 및 기타 국영기업 종사 근로자의 적용을 위하여 국가 책임의 특별재해보상제도 도입
1886	농업 및 임업 부문 근로자의 당연가입과 공무원과 군인에 대한 재해보상제도 도입
1887	해운업과 건설업, 육류업에 적용
1888	지상의 고층건물 건축 작업으로 확대 적용
1900	당연적용 요건인 연소득 상한 3,000마르크
1911	제국보험법 제정. 연소득 상한 5,000마르크
1913	토목업, 목욕업, 약국, 개인차량 및 탑승용 동물 소유자에게 적용
1929	세일즈맨과 관리직 종사 근로자에게 당연적용. 공익활동 중 피해를 입은 의사상자에게 적용
1937	실습생과 직업교육 수강자에게 적용
1939	농업경영자와 그 가족종사자에게 적용
1942	전체 임금근로자로 확대
1971	유치원생, 학생 및 대학생에게 적용

자료: 박찬임 외(2003, p.50)의 〈표 Ⅳ-1〉을 토대로 보완

〈부표 2-2〉 산재보험의 기업규모별 및 업종별 적용확대 추이

	기업규모	업종 관련 비고
1964	500인 이상	광업, 제조업
1965	150인 이상	전기·가스업, 운수·창고업 추가
1966	100인 이상	유기사업(연간 25,000인 이상)
1967	100인 이상	유기사업(연간 13,000인 이상)
1968	50인 이상	(연간 13,000인 이상) 농업·임업·수렵업·어업, 교육·시험·연구 또는 조사사업, 의료보건업, 종교·사회복지사업, 기타 정치·사회·문화단체, 국가 및 지자체 사업 제외

1969	50인 이상	건설업, 서비스업, 수도·위생설비업, 통신업 신설(제외 사업에 건설공사 단위의 계약금 총액이 2,000만 원 미만의 사업 추가)
1971	30인 이상	(연간 8,000인 이상) 제외사업: 농업·임업·수렵업·어업, 도매업·소매업 및 부동산업, 서비스업(예외: 경비·노무용역업, 세탁업, 영화제작업·라디오방송업·TV방송업·영화관·경마장 및 골프장, 위생서비스업, 수선업, 국가·지자체 사업
1973	16인 이상	(연간 4,200인 이상) 제외사업: 농업·임업·수렵업·어업, 금융업·보험업·증권업·도매업·소매업 및 부동산업, 서비스업(예외: 경비·노무용역업, 세탁업, 영화제작업·라디오방송업·TV방송업·영화배급업·영화상영업·연극제작업·경마장 및 골프장, 위생서비스업, 수선업, 국가·지자체 사업, 건설공사에 있어서 도급계약이 1,000만 원 미만인 공사)
1974	16인 이상	
1975	16(5)인 이상	광업과 제조업 중 화학, 석유, 석탄, 고무 또는 플라스틱 제품 제조업으로서 상시 5인 이상의 근로자 사용 사업, 기간의 정함이 있는 사업(건설공사 제외) 또는 계절 사업으로 연간 4,200인 이상의 근로자 사용 사업 포함
1976	16(5)인 이상	광업, 제조업 중 화학, 석유, 석탄, 고무, 플라스틱 제조업은 5인 이상
1982	10(5)인 이상	벌목업 추가, (연간 2,700인 이상), 건설공사에 있어서 총 공사금액이 4,000만 원 이상인 공사
1983	10(5)인 이상	농산물위탁판매업 및 중개업 추가
1986	10(5)인 이상	베니어판 제조업 등 14개 업종 5인 이상
1987	10(5)인 이상	목제품 제조업 등 20개 업종 5인 이상
1988	5인 이상	전자제품 제조업 등 16개 업종 5인 이상
1991	5(10)인 이상	광업, 임업, 어업, 수렵업, 도소매업, 부동산업 10인 이상 확대
1992	5인 이상	광업, 임업, 수렵업, 도소매업, 부동산업 5인 이상
1996	5인 이상	교육서비스업, 보건 및 사회복지사업, 연구개발업
1998	5인 이상	해외파견자(임의적용)와 현장실습생(강제적용)의 적용특례 실시, 금융·보험업 추가
2000	1(5)인 이상	근로자 1인 이상 사업장으로 적용 확대. 국제 및 기타 외국기관, 기타 공공·사회 및 개인서비스업종 중 회원단체 추가, 중소기업 사업주 임의가입 근로자
2001	1(5)인 이상	국가 및 지방자치단체에서 행하는 사업 추가
2005	1(5)인 이상	자영업자 임의가입(근로자를 사용하지 않는 사업주)
2008	1(5)인 이상	특수형태근로종사자 특례가입(보험설계사, 학습지 교사, 골프장 캐디, 레미콘 차량 운전자)

<표 4-1> 산재기금의 재정수지와 적립금(2007~2012)

(단위: 억 원, %)

구 분		2007	2008	2009	2010	2011	2012
재정수지	수입	48,120	52,987	52,386	50,299	51,946	59,149
	지출	39,823	41,846	42,096	43,332	44,938	47,134
	수지	8,297	11,141	10,290	6,967	7,008	12,015
평균보험료율		1.95	1.95	1.80	1.80	1.77	1.77
적립금	법정책임준비금 (A)	57,826	32,423	34,219	34,631	35,237	36,253
	적립금 (B)	27,171	38,312	48,602	55,569	62,577	74,578
	적립률 (B/A 100)	47.0	118.2	142.0	160.5	177.6	205.7
	과부족 (B-A)	-30,655	5,889	14,383	20,938	27,340	38,325

자료: 고용노동부(2013b) 외

〈부표 4-2〉 산재기금의 수입과 지출(2012)

(단위: 억 원)

수입		지출	
구분	수납액	구분	지출액
합계	74,796	합계	74,796
사회보장기여금	55,124	【사업비】	44,938
재산수입	877	산재보험	41,298
경상이전수입	1,606	─산재보험급여	38,513
재화 및 용역 판매수입	93	─산재근로자재활복지	478
관유물매각대	11	─산재보험급여관리	53
융자 및 전대차권 원금회수	1,093	─산재의료사업지원	248
정부 내부수입 및 기타	3,345	─산재보험시설	422
─ 일반회계전입금	155	─산재보험료 반환	1,096
─ 기금예탁원금 회수	3,000	─산재보험정보시스템구축	98
─ 기금예탁이자수입	190	─산재보험료징수관리	162
차입금 및 여유자금 회수	12,647	─산재근로자복지(융자)	228
		산업재해예방	2,991
		노동행정지원	2,845
		【여유자금 운용】	24,663

주: 결산기준

자료: 고용노동부, 내부 자료

318

<부표 4-3> 연도별·급여종류별 연금수급자와 연금액(1978~2012)

(단위: 명, 억 원)

	합계		장해보상연금		유족보상연금		상병보상연금	
	수급자	금액	수급자	금액	수급자	금액	수급자	금액
1978		0.03		0.03				
1980	2	0.06	2	0.06				
1985	255	10	101	3	3	0.2	151	7
1990	2,915	167	913	90	48	3	1,954	75
1995	5,963	684	3,124	415	135	13	2,704	256
2000	13,311	2,145	8,380	1,367	770	62	4,161	717
2005	38,141	6,610	22,427	4,164	9,776	1,043	5,938	1,403
2010	76,251	12,712	52,272	8,444	17,528	2,440	6,451	1,829
2011	80,690	14,144	56,016	9,725	18,799	2,691	5,875	1,729
2012	84,173	16,579	58,091	11,533	20,187	3,094	5,895	1,952

자료: 고용노동부, 「2012년도 산재보험사업연보」 제3편 산재보험통계 4-14
　　　근로복지공단(2013), 「2012년도 근로복지공단 통계연보」 제3장 보상

<부표 4-4> 개별실적요율제도의 할인율과 할증률

구분		할인율과 할증률			
보험 수지율	건설업 및 벌목업을 제외한 사업	상시근로자수 1,000명 이상	상시근로자 수 150명 이상 1,000명 미만	상시근로자 수 30명 이상 150명 미만	상시근로자수 20명 이상 30명 미만
	건설업 중 일괄적용사업	총공사실적액 2,000억 원 이상	총공사실적액 300억 원 이상 2,000억 원 미만	공사실적액 60억 원 이상 300억 원 미만	공사실적액 40억 원 이상 60억 원 미만
5% 이하		50.0% 인하	40.0% 인하	30.0% 인하	20.0% 인하
5% 초과 ~ 10%		48.0% 인하	38.4% 인하	28.0% 인하	18.4% 인하
10% 초과 ~ 20%		42.0% 인하	33.6% 인하	24.5% 인하	16.1% 인하
20% 초과 ~ 30%		36.0% 인하	28.8% 인하	21.0% 인하	13.8% 인하
30% 초과 ~ 40%		30.0% 인하	24.0% 인하	17.5% 인하	11.5% 인하
40% 초과 ~ 50%		24.0% 인하	19.2% 인하	14.0% 인하	9.2% 인하
50% 초과 ~ 60%		18.0% 인하	14.4% 인하	10.5% 인하	6.9% 인하
60% 초과 ~ 70%		12.0% 인하	9.6% 인하	7.0% 인하	4.6% 인하
70% 초과 ~ 75%		6.0% 인하	4.8% 인하	3.5% 인하	2.3% 인하
75% 초과 ~ 85%		0	0	0	0
85% 초과 ~ 90%		6.0% 인상	4.8% 인상	3.5% 인상	2.3% 인상
90% 초과 ~ 100%		12.0% 인상	9.6% 인상	7.0% 인상	4.6% 인상
100% 초과 ~ 110%		18.0% 인상	14.4% 인상	10.5% 인상	6.9% 인상
110% 초과 ~ 120%		24.0% 인상	19.2% 인상	14.0% 인상	9.2% 인상
120% 초과 ~ 130%		30.0% 인상	24.0% 인상	17.5% 인상	11.5% 인상
130% 초과 ~ 140%		36.0% 인상	28.8% 인상	21.0% 인상	13.8% 인상
140% 초과 ~ 150%		42.0% 인상	33.6% 인상	24.5% 인상	16.1% 인상
150% 초과 ~ 160%		48.0% 인상	38.4% 인상	28.0% 인상	18.4% 인상
160% 초과		50.0% 인상	40.0% 인상	30.0% 인상	20.0% 인상

자료: 고용보험 및 산업재해보상보험의 보험료징수 등에 관한 법률 시행령 제18조 제1항 관련 [별표 1]

〈부표 5–1〉 장해등급별 장해급여의 지급기준

장해등급	장해보상연금	장해보상일시금
제1급	329일분(90%)	1,474일분(4년분)
제2급	291일분(80%)	1,309일분
제3급	257일분(70%)	1,155일분
제4급	224일분(61%)	1,012일분
제5급	193일분(53%)	869일분
제6급	164일분(45%)	737일분
제7급	138일분(38%)	616일분
제8급		495일분
제9급		385일분
제10급		297일분
제11급		220일분
제12급		154일분
제13급		99일분
제14급		55일분

⟨부표 6-1⟩ 재해자 수, 요양급여 수급자 수 및 요양금액

(단위: 명, 억 원, 만 원)

연도	산재보험 적용 근로자 수	재해자 수	요양급여		
			수급자수	총 금액 (억 원)	1인당 금액 (만 원)
2005	1,207만	8.5만	16.0만	7,692	481
2006	1,168만	8.9만	16.6만	8,004	481
2007	1,253만	9.0만	16.0만	7,630	477
2008	1,349만	9.6만	19.0만	8,123	427
2009	1,388만	9.8만	19.5만	8,001	409
2010	1,420만	9.9만	18.3만	7,665	420
2011	1,436만	9.3만	20.5만	7,615	371
2012	1,555만	9.2만	16.3만	7,180	439

자료: 연도별 『산재보험 사업연보』. 근로복지공단

<부표 7-1> 일본의 산업재해 발생 추이

연도	종합공사업 제외		종합공사업	
	도수율	강도율	도수율	강도율
1952	39.24	3.02	59.59	6.99
1960	17.43	1.83	27.88	5.44
1970	9.20	0.88	15.44	3.56
1980	3.59	0.32	6.67	0.90
1990	1.95	0.18	1.76	1.71
2000	1.82	0.18	1.10	0.70
2001	1.79	0.13	1.61	0.47
2002	1.77	0.12	1.04	0.28
2003	1.78	0.12	1.61	0.25
2004	1.85	0.12	1.77	0.57
2005	1.95	0.12	0.97	0.14
2006	1.90	0.12	1.55	0.37
2007	1.83	0.11	1.95	0.33
2008	1.75	0.10	1.89	0.41
2009	1.62	0.09	1.09	0.14
2010	1.61	0.09	1.56	0.61

자료: 후생노동성 내부자료

〈부표 8-1〉심리재활, 의료재활 및 사회재활 사업의 내용

구분	사 업 명	사 업 내 용
심리재활	심리상담	요양 중 심리안정과 재활의욕 고취를 위한 개별 심리상담
	희망키움	– 대상: 급성기 단계의 요양 중인 산재환자 – 내용: 요양초기 사고로 인한 스트레스, 정신불안 해소 및 심리안정을 지원하여 조속한 사회 및 직업 복귀 촉진
	희망찾기	– 대상: 회복기 단계의 요양환자와 치료 종결자 – 내용: 지속적인 심리상담과 치료 서비스 제공
의료재활	합병증 등 예방 관리	치료 종결 이후 업무상 상병의 악화, 재발 또는 합병증 방지를 위한 진료비 및 약제비 지원
사회재활	재활 스포츠	– 대상: 통원요양환자와 산재장애인(60세 미만)으로 팔·다리, 척추 등의 기능에 장해가 남은 자(예정자) – 내용: 스포츠 활동에 월 10만 원 이내의 수강료 지원
	사회적응 프로그램	– 대상: 업무상 재해로 입원, 통원요양 중인 자 및 산재장애인 – 내용: 장애인복지관 등 전문기관에 위탁(참여자는 1일당 교통비 실비, 식비 5,000원 지원)
	진폐환자 취미활동	진폐 등 진행성 질병으로 입원 중인 산재근로자에게 취미활동 지원 (월 4만 5,000원 이내의 실비 지원)

자료: 고용노동부(2013b), p.31.

〈부표 8-2〉취업지원 실시 건수 및 취업성공률 추이

연도	취업지원 실시 건수(A)	취업 성공 건수(B)	취업성공률((B/A)×100)
2001	9,935	8,107	81.6
2002	8,836	8,051	81.9
2003	9,997	8,254	82.6
2004	11,043	9,318	84.4
2005	12,558	10,734	85.5
2006	12,856	11,479	89.3
2007	12,070	10,902	90.3

주: 취업성공률은 직업재활훈련 종료 연도의 재취업 성공 여부로 측정함.
자료: Rothe 외(2009), p.40.

〈부표 8-3〉 한국과 독일의 제도 비교

항목	한국	독일
1. 직업재활급여	연간 600만 원(2회만 지급)	전환급여로 평균임금의 52.8–60.0%
2. 사내훈련 지원		다양하게 지원
3. 직업훈련기관		훈련기간이 2년이며 6만 유로 이상의 비용 소요
4. 직장복귀지원금	1년간 정액 (장해등급 1–3급 월 60만 원, 장해등급 4–9급 월 45만 원, 장해등급 10급–12급 월 30만 원)	2년간 최대 총임금의 70%
5. 시험채용보조금	없음	3개월간 인건비 전액
6. 작업시설 변경 비용	장애인고용촉진기금에서 융자	지원 실시
7. 주거지원 등의 추가지원	장애인고용촉진기금에서 융자	다양하게 있음
8. 사회재활	초기 단계	다양하게 지원
9. 재활상담원의 역할	재활상담원이 재활 분야 담당	요양과 재활 분야 포괄하여 관리

자료: 김상호(2011), p.241.

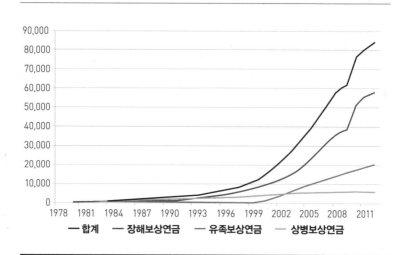

〈부도 4-1〉 연도별·급여종류별 연금수급자(명)

자료: 연도별 수치는 〈부표 4-3〉 참조

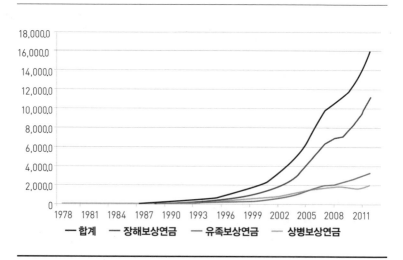

〈부도 4-2〉 연도별·급여종류별 연금액(억 원)

자료: 연도별 숫치는 〈부표 4-3〉 참조